# LA JUSTICIA Y LA CORRUPCIÓN EN LA BIBLIA

BELÉN BERNALDO DE QUIRÓS

Primera edición: diciembre 2020

ISBN: 978-2-9602540-2-0

# Dedicatoria

# ÍNDICE


**INTRODUCCIÓN** ...........................................................1

**PARTE PRIMERA: EL PENTATEUCO** ............................9

Capítulo 1: La Justicia y la corrupción............................ 11

Capítulo 2: Los Pilares del Templo ............................ 15

El conocimiento del Bien y del Mal ...................... 16

La obligación de ser justo ................................. 16

La inclinación al Mal ..................................... 21

La meta de ser santo ..................................... 31

Dios busca a los justos ...................................34

Capítulo 3: Milagros del hombre perfecto ...................... 41

El Mar Rojo..............................................42

La lucha contra Amalec ................................ 46

Las diez plagas de Egipto ............................... 49

Cómo erradica el Eterno ............................... 51

Capítulo 4: La Ley de Dios ...................................55

Los Diez Mandamientos ................................55

Las abominaciones .................................... 61

Capítulo 5: La Justicia ......................................75

El juez gobernante....................................... 76

El Derecho ...............................................83

La corrupción de la Justicia y del derecho .............. 85

Capítulo 6: La Benevolencia del Eterno .......................97

Alianza con el ser humano..............................98

Consagración de los primogénitos ...................... 103

Capítulo 7: Ruptura del Pacto ............................. 105

**PARTE SEGUNDA: LIBROS HISTÓRICOS, SAPIENCIALES, PROFETAS Y SALMOS**......................................................... 115

Capítulo 8 : La tendencia al Mal del ser humano ...................... 117

La búsqueda de los justos ............................................. 121

Satanás prueba al justo .................................................132

Capítulo 9: Culto a otros dioses ....................................... 139

La perfectibilidad del ser humano .................................157

Capítulo 10: Gobernar es impartir Justicia.......................... 161

Preceptos de Justicia ....................................................169

Guía para el buen gobierno de los reyes .........................173

Capítulo 11: La corrupción ............................................... 179

Capítulo 12: Mandatos de la Ley ....................................... 189

Capítulo 13: Dios es misericordioso....................................205

**PARTE TERCERA: LOS EVANGELIOS**............................ 211

Capítulo 14: La maldad del hombre .................................... 213

Capítulo 15: Jesús contra la corrupción...............................217

Capítulo 16: La corrupción en tiempos de Jesús...................223

Sepulcros blanqueados....................................................223

Capítulo 17: Lo que contamina al hombre ...........................229

Capítulo 18: Jesús vence a Satanás.....................................237

Capítulo 19: Oración, fe y prudencia...................................245

**CONCLUSIÓN** ................................................................ 251

**BIBLIOGRAFÍA**................................................................263

# Agradecimientos

A las autoridades de este mundo, religiosas, políticas y judiciales, cuyo desempeño confirma la necesidad de recordar los preceptos sobre la Justicia y la corrupción en la Biblia.

Y a mi familia, siempre.

# Introducción

El tema elegido para este ensayo es el binomio Justicia y corrupción en la Biblia. Desde la exégesis, resulta indispensable analizarlo en profundidad y recordar sus principios rectores debido a la extraordinaria importancia que el tema reviste en el texto bíblico. Desde la óptica presente, es oportuno compararlo con la influencia que ejerce en la sociedad actual.

En la Biblia, la Justicia es la virtud por excelencia, es una emanación directa del poder divino y el reflejo del orden de Dios sobre la tierra y, a escala humana, se plasma en el derecho, que es el reflejo de lo justo. De ahí que, los conceptos de Justicia, Ley y derecho estén estrechamente relacionados. Constituyen un triángulo virtuoso entre lo inmanente, que corresponde a la Justicia que es la Ley de Dios, su plasmación en el derecho que estructura a la sociedad y, en fin, el comportamiento justo.

Gracias a la Justicia se edifica la *Civitas Dei*, o la ciudad de Dios y, a fuerza de corrupción, se erige la *Civitas Diaboli*, o la ciudad del demonio.

Así, la Justicia divina es la que restablece el orden colectivo, el equilibrio necesario entre el Bien y el Mal que conduce al bien supremo garante de la supervivencia del planeta.

Por su parte, la corrupción se percibe en la Biblia como un residuo maléfico que se va acumulando a partir de las transgresiones a la Ley de Dios y de las abominaciones perpetradas. Es un poso dañino, una roña corrosiva, un grumo pestilente que va sedimentándose a fuerza de pecados, esto es, de violaciones a la Ley de Dios. Utilizando un símil moderno, podría afirmarse que la corrupción es la polución del campo energético de la humanidad. Ello acaba por destruir a la sociedad infractora y, en último término, a la humanidad, llegando incluso a erradicar la vida sobre el planeta como demostró el castigo del diluvio.

Así pues, según las Escrituras, lo más peligroso para la colectividad es permitir que la corrupción se instale porque, de no ser atajada, acaba destruyéndolo todo.

La Biblia abunda en el hecho de que la corrupción es como un cáncer que va minando la sociedad y no tiene vuelta atrás. La expiación y la contrición no bastan para erradicar sus efectos, se requiere una transformación grupal profunda y en ocasiones, una purificación colectiva.

En una época en la que se han impuesto el relativismo moral y la prevaricación, reflexionar sobre las máximas de la Biblia acerca de la Justicia y la corrupción es indispensable sabiendo que, según la Palabra de Dios, la cualidad suprema sobre la tierra es la Justicia.

Tanto es así que, en la Biblia, la Justicia se asimila al gobierno y lo que el rey hace es administrarla. Gobernar es pues hacer Justicia, esto es, conformarse a lo bueno, a lo correcto, a lo justo y guardar la Ley de Dios. Es referirse a Dios en todos sus actos, consultarle en todo momento, encomendarse a Él.

Como se verá en el texto bíblico, el justo a ojos de Dios es el que se conduce con rectitud y el que obra de acuerdo con Su Ley. Es quien actúa honradamente y con nobleza, cumple con su deber y es integro moral y materialmente. Es el que muestra compasión a su prójimo y no transige con la ética, incluso si es contraria a sus intereses. Es el que actúa de acuerdo con la voluntad divina, sea cual sea, y sigue el patrón de conducta que el Eterno ha previsto para él.

Y aquel que obra con Justicia refleja el Reino de Dios sobre la tierra y, con ello, honra a su especie. A veces, incluso, la redime.

Por ello, de la virtud de la Justicia derivan todas las demás y también todos los derechos.

Antes de entrar en materia de Justicia y corrupción en la Biblia, conviene resaltar que todos los libros sagrados demuestran el deseo de la divinidad de tutelar a un pueblo de justos y devotos. Así, aunque el ser humano esté naturalmente inclinado al Mal y sea fácilmente corruptible, los esfuerzos de Dios son constantes por elevarle y purificarle.

El Eterno eligió un vínculo sobre la tierra para expresarse y, para ello, creó la raza humana a su imagen. Estableció un nexo con la humanidad y esa es la razón de que apoye infatigablemente a criaturas tan imperfectas, con la voluntad de convertirlas en algo grande y noble. De ahí la dicotomía entre la misericordia del Eterno, permanente en la Biblia frente a una humanidad transgresora, y la decepción y la ira de Dios ante las múltiples abominaciones de sus criaturas.

Los humanos son la cabeza de puente de Dios sobre el planeta y ello supone que cada individuo deba decidir si apuesta por el Bien, cuya senda es ardua y dolorosa, o si sigue la corriente y se deja tentar por el Mal para obtener bienes materiales y poder.

El ser humano se abriga con un envoltorio carnal en el curso de su existencia, por tanto, la pugna que se establece entre la divina esencia que alberga y la materia que le aprisiona, que tiende al Mal y comporta podredumbre, se libra en un combate diario e intenso.

Sin embargo, el ser humano vive para darse cuenta de que su alma es divina, en virtud de lo cual, debe emular a Dios, su Creador. Y cuando Dios crea lo hace mediante un acto de amor puro y universal, por ello, los justos se refugian en ese amor para que la vida les duela menos en un mundo que les es hostil.

Firmes en ese empeño, los justos se han refugiado desde la antigüedad en su consciencia para entrever las chispas divinas que atesora y obtener así consuelo y guía.

Los justos son enlaces de Dios sobre el planeta y están investidos de la misión de guiar a la humanidad y salvarla. Ellos entienden que, para agradar al Señor y satisfacer sus expectativas, es indispensable superar la naturaleza inherente a la materia y que esa, y solo esa, es la razón de la encarnación.

Sin embargo, la desesperanza del justo que sigue a Dios es inevitable. Durante los años de su peregrinación sobre la tierra, rara vez ve recompensados sus esfuerzos y, a menudo, atraviesa largas noches del alma porque, ciertamente, seguir a Dios, bendito sea, no es tarea fácil.

Es este un planeta en el que los impulsos animales dominan y en el que solo una minoría merece plenamente el calificativo de hija de Dios. La mayoría se solaza en su naturaleza densa y no ve más allá de la satisfacción de sus pasiones. El ser humano peca, sin conciencia, como si no hubiese consecuencias ni mañana, aunque espiritualmente todo acto deja huella, por lo que su desnortada conducta corroe lenta pero inexorablemente su alma, la del planeta y termina por atraer desastres colectivos.

En cuanto al equilibrio global entre el Bien y el Mal, la perspectiva que dibuja el devenir de la sociedad es inquietante por ser la resultante de los comportamientos individuales. Lo torturado del mundo en estos tiempos excepcionales hace suponer que la humanidad pueda estar perdida, encaminándose hacia una purga general a causa de su lamentable nivel de corrupción.

Y ello, sin tardar, porque el género de adversidades a las que hoy hace frente el planeta apunta en la dirección de un desastre colectivo que alejará al ser humano de lo que le hace divino, un mundo sin Dios y sin alegría, poblado por seres que serán extraños para sus semejantes.

Tristemente, la imagen del mundo por venir evoca a los fondos abisales, sin luz, sin sonido, sin calor. Así será el halo de la humanidad cuando el Mal haya vencido.

Las crisis recientes hacen sospechar a algunos místicos que

Dios haya podido dar rienda suelta a los agentes del Mal, depredadores de sus semejantes, que ya se han apoderado de las posiciones de mando.

Si esta hipótesis se revelase cierta y esta fuera la suerte de los hombres sobre la tierra, habría que entender la prueba en ciernes como una manifestación de la Justicia divina que solo se ejecuta después de haber acumulado amplios merecimientos.

En esas particulares circunstancias que a todos afectan y que implican elección y riesgo, es preciso volver a los fundamentos espirituales y seguir una guía segura. Es la que propone la Biblia, fuente de sabiduría e inspiración.

La Palabra de Dios pone al descubierto la raíz del Mal escondida en el ser humano y hace entender que en él está tanto el problema como la solución. Ofrece, además, el manual de instrucciones para salvarse, indicando que no es demasiado tarde.

En fin, conviene añadir un último inciso que facilitará la comprensión del texto bíblico.

En la búsqueda de Dios que describe toda obra revelada se detecta, por una parte, la perfección espiritual de los canalizadores que la escriben, y por otra, la influencia que sobre ellos ejercen los prejuicios y las costumbres de su época, lo que es natural e inevitable porque, fuera de contexto, el mensaje que pretendían transmitir no hubiese sido entendido por sus contemporáneos.

Solo así se explican las instrucciones que da el Pentateuco para la realización de holocaustos, como las que se encuentran en el primer capítulo del Libro del Levítico: *"Es un holocausto, un manjar abrasado de calmante aroma para el Señor."*

Sin embargo, convendrá analizar más adelante lo que hay o no de cierto respecto a la satisfacción que Dios experimentaba ante tales prácticas.

La realidad histórica es que, los hombres de la antigüedad trataban de agradar a su dios o a sus dioses de la manera usual, es decir, ofreciendo sacrificios, a menudo humanos, que eran los ritos tradicionales de adoración entre los pueblos de los que procedían.

No obstante, a pesar de la existencia innegable de tales prácticas horrendas, es de ley subrayar que los preceptos de la Biblia representan un gran adelanto civilizacional ya que el Dios de los hebreos prohibió taxativamente los sacrificios humanos, habituales en aquel tiempo, como los que realizaban los cananeos a Moloc, un demonio que exigía la inmolación de niños.

Los hebreos procedían de las crueles costumbres de Mesopotamia y de Canaán y habían sido educados en ellas. En su mayor parte, se trataba de culturas en las que la ofrenda para el holocausto eran los hijos primogénitos. En este sentido, limitarse a sacrificar animales, aun siendo cruento, es un progreso y representa un avance contra la barbarie que da buena prueba de la superioridad ética del Dios de los hebreos en comparación con los dioses venerados por sus vecinos.

Desde la óptica actual, es legítimo preguntarse si no resulta contradictorio que un gran profeta como Moisés afirme que Dios aprecia rituales con sacrificios de sangre y humo como *"calmante aroma"* para ser venerado, obtener sus dádivas o el perdón de los pecados. Sin embargo, como se ha indicado, en la antigüedad, la inmolación era sistemática en el culto a los dioses y por ello, el mensaje bíblico hubo de insertarse en su contexto histórico y adaptarse a la mentalidad de la época.

A ello conviene añadir que, las transiciones en religión siempre ocurren progresivamente y con lentitud.

Es bien cierto que, aquel que examina el Antiguo Testamento al pie de la letra, podría ver su fe puesta a prueba a causa del rechazo provocado por la impresión de un Dios supremo que requiere holocaustos. Se trata de únicamente de una suposición que ya no se plantea en los Evangelios.

La interpretación literal del texto bíblico no es, pues, una opción válida para comprender su verdadero sentido. Por ello, no será retenida en este ensayo, cuyo propósito es captar el significado profundo de la Palabra que Dios transmite a los seres humanos.

En puridad, la Biblia es un libro codificado. Su mensaje no puede ser desvelado a través de una lectura simple. Para captar su vertiente espiritual es preciso entrecruzar los textos buscando paralelismos y recurrir a la interpretación mística y oculta.

Además de tropezar con obstáculos éticos tales como los holocaustos, la lectura literal de la Biblia podría provocar cierta repulsa por la cantidad de engaños, traiciones, tropelías y hasta masacres que contiene. Ese es el aspecto humano que se limita al contexto social de la época y es la primera prueba que debe superar el lector porque en verdad es una peripecia, una excusa para que Dios guíe al hombre en su devenir de la oscuridad a la luz. Desde su honda imperfección a la elevación espiritual.

Por tanto, en medio de los sucesos descritos por el texto, lo esencial es identificar la Palabra de Dios que es excelsa, universal y atemporal.

Lo mismo sucede con los libros sagrados de otras tradiciones en los que la historia relatada suele ser chocante en adecuación con las pasiones y vicios humanos que reflejan. No así el mensaje directo de la divinidad, o de su enviado, que se aplica a la humanidad de todos los tiempos y siempre constituye una guía inapreciable.

El mensaje de Dios, que es Uno y está muy por encima de las deidades propias a cada cultura, se encuentra oculto en esos textos y es preciso escrutarlos y analizarlos minuciosamente para conocerlo.

Dios habla a la humanidad a través de sus libros sagrados y las indicaciones que proporciona para vencer el Mal y alcanzarle son las únicas que encierran la verdad sin matices.

Por tanto, el buscador del Eterno se esfuerza por identificar y sacar a la luz la Palabra de Dios contenida en los libros revelados, en este caso, la Biblia.

De modo que, el método seguido en este ensayo consistirá en extraer y examinar los mensajes que el Eterno ha transmitido directamente a sus profetas, justos, santos, ungidos o mesías.

En consecuencia, el análisis comprenderá la totalidad del Antiguo Testamento y las enseñanzas de Jesús en los Evangelios. No incluirá la obra de los apóstoles porque el objetivo es captar exclusivamente la Palabra de Dios.

# Parte Primera

# El Pentateuco

*<sup>18</sup> Cuando yo diga al impío: «Ciertamente morirás», si no le adviertes, si no hablas para advertir al impío de su mal camino a fin de que viva, ese impío morirá por su iniquidad, pero yo demandaré su sangre de tu mano.*

*<sup>19</sup> Pero SI TÚ HAS ADVERTIDO AL IMPÍO, y este no se aparta de su impiedad ni de su camino impío, morirá él por su iniquidad, pero tú habrás librado tu vida.*

*<sup>20</sup> Y cuando un justo se desvíe de su justicia y cometa iniquidad, yo pondré un obstáculo delante de él, y morirá; porque tú no le advertiste, él morirá por su pecado, y las obras de justicia que había hecho no serán recordadas, pero de su sangre yo te pediré cuentas a ti.*

*<sup>21</sup> Sin embargo, SI TÚ HAS ADVERTIDO AL JUSTO para que el justo no peque, y él no peca, ciertamente vivirá porque aceptó la advertencia, y tú habrás librado tu vida.*

*EZEQUIEL 3*

# Capítulo 1

# La Justicia y la corrupción

La primera parte de este libro aborda la Justicia y la corrupción en el Pentateuco, que es la colección de los primeros cinco libros de la Biblia: el Génesis, el Éxodo, el Levítico, los Números y el Deuteronomio. Los judíos lo denominan la Torá.

En el Pentateuco están inscritas las reglas de conducta que el Altísimo impone y, en sus libros, se encuentran tanto la Ley de Dios como los preceptos fundamentales. Dichas normas son numerosas y muy detalladas, sin dejar resquicios para la interpretación.

Además de los mandamientos y de las prohibiciones, el Pentateuco desvela las expectativas del Eterno respecto a los seres humanos. Este aspecto es de extraordinaria importancia y es, asimismo, un inmenso regalo puesto que las Sagradas Escrituras contienen una relación precisa acerca de lo que Dios espera de la humanidad y permiten entrever al Altísimo a través de su interacción con Sus criaturas.

Partiendo de las bases primordiales establecidas por el Pentateuco, el resto del texto bíblico desarrolla y abunda en los mismos preceptos sin contradicción o vulneración alguna. Es el caso de la segunda parte del Antiguo Testamento en sus libros históricos, sapienciales, salmos y profetas y es, notablemente, el caso de Jesús, conocedor sin igual de las Escrituras y uno de sus intérpretes más exigentes.

Algunos podrán pensar que el mensaje de una serie de libros con tres mil años de antigüedad ha quedado obsoleto y no se aplica a la humanidad actual. Es una percepción falsa y superficial porque el camino que lleva a Dios siempre ha sido y será el mismo. Son las leyes atemporales de la ética y de la moral. Desde los mandamientos como *"no matarás"* hasta la última de las abominaciones, las disposiciones del Pentateuco siguen siendo de aplicación y lo serán durante los milenios por venir. En lo que a los requerimientos de Dios se refiere, sus directivas son claras y con ellas no se transige. No hay componendas posibles.

Sin intención alguna de propugnar una vuelta al pasado, importa conservar intacto el camino señalado que lleva a la virtud, entonces y ahora. Es el punto que tienen en común los libros sagrados de todas las religiones y espiritualidades, el hecho de atesorar mensajes inestimables para los hombres de todas las épocas.

Antes de iniciar el recorrido bíblico sobre la Justicia y la corrupción en el Pentateuco, es preciso aclarar que la expresión *"temor de Dios"* ha de entenderse como *"aborrecer el mal"* y no de otro modo, como se comprobará en el Libro de los Proverbios. Ese *"temor"* de ninguna manera implica un miedo reverencial que paralizaría el comportamiento. Temer a Dios significa entregarse a Él en plena confianza y abandonarse a su voluntad con un respeto profundo. Se trata de aceptarle como el referente superior dotado de inmensa benevolencia. Implica hacerle sitio y tenerle presente como interlocutor principal y guía. Temer a Dios es profesarle un amor sin fisuras y referirse a Él en todo momento.

Asimismo, cabe resaltar que, en latín, *corrumpere* significa echar a perder, dañar, sobornar o falsificar, que deriva de *cor* y *rumpere*, corazón y romper, o romper desde dentro o, lo que es lo mismo, romper el corazón. Y eso es exactamente lo que sucede cuando un ser humano o una colectividad se contaminan por la corrupción, se quiebran por dentro.

En la primera parte de este ensayo se abordarán, pues, la Justicia y la corrupción tal y como las describe el Pentateuco. En primer lugar, se analizarán los que pueden ser considerados como pilares del Templo de Dios sobre la tierra que es el ser humano: la obligación de ser justo, la inclinación al Mal, la meta de ser santos y la búsqueda por parte del Eterno de los justos. De ello se deducen las nociones fundamentales que cada hombre debe tener presentes:

- que su fondo es inherentemente malo por la materia en la que se encuentra enfangado,
- que tiene la obligación de ser justo al discernir el Bien del Mal,
- que, a término, ha de ser santo emulando a su Creador.
- y, en fin, que Dios busca y recompensa a los justos.

En segundo lugar, se analizarán los milagros del ser humano perfecto, como los que realizó Moisés con la apertura de las aguas del Mar Rojo, la lucha de los hebreos contra Amalec y las diez plagas de Egipto. Son los prodigios que una persona espiritualmente muy avanzada puede llegar a efectuar siguiendo la voluntad del Eterno. Asimismo, se examinará con cierto detalle el método seguido por Dios para aniquilar el Mal sobre la tierra.

En tercer lugar, se detallarán los preceptos de la Ley de Dios que comprenden los Diez Mandamientos y las abominaciones. Si bien los Diez Mandamientos son conocidos de la práctica totalidad de aquellos que se han educado bajo la influencia cultural judía o cristiana, no es ese el caso de las abominaciones que son múltiples, muy precisas y que podrán llegar a sorprender a algunos.

En cuarto lugar, se abordará el tema de la Justicia desde sus varias manifestaciones que incluyen la administración de Justicia, el derecho, pero también la corrupción de la Justicia y del derecho. Se verá que, en la Biblia, el máximo gobernante es en realidad el juez de su comunidad, se recorrerán las normas del derecho y se estudiará la corrupción de la Justicia y del derecho según la Torá.

En quinto lugar, se tratará de la benevolencia del Eterno que se manifiesta en la alianza con el ser humano y en la consagración de los primogénitos.

En fin, se detallarán las terribles consecuencias de la ruptura del Pacto con el Eterno.

Y, con todo ello, se comprobará que lo que desvela el Pentateuco es esplendoroso y fuente de fe.

En lo que concierne a la segunda y la tercera parte de este ensayo, que corresponden respectivamente a la segunda parte del Antiguo Testamento y a los Evangelios, se seguirán los temas troncales marcados por el Pentateuco.

Ciertamente, los preceptos recogidos en la segunda parte del Antiguo Testamento se inscriben fielmente y en continuidad con el Pentateuco. Sus libros tratan de la inclinación al Mal del ser humano, de la búsqueda por Dios de los justos y las pruebas a las que Satanás les somete; del culto a otros dioses y la perfectibilidad del ser humano; del vínculo entre gobernar y hacer justicia dentro de los preceptos del derecho; de la guía de buen gobierno para los reyes; de la corrupción; de los mandatos de la Ley y, en fin, de la misericordia de Dios.

En cuanto a la tercera parte que atañe a los Evangelios, se estudiará la excelsa interpretación de Jesús sobre la maldad del ser humano, su denuncia de la corrupción en todas su formas y la corrupción de la sociedad de su tiempo, lo que predicaba sobre lo que contamina al hombre, su gran victoria sobre Satanás y, en fin, sus consejos respecto al ministerio y a la prudencia espirituales.

# Capítulo 2

# Los Pilares del Templo

El ser humano es el templo del Eterno sobre la tierra y para poder cumplir con su misión de reflejar a Dios en la materia ha venido equipado con fuerzas, pero también lastrado por flaquezas.

Entre sus fuerzas destacan, de manera prominente, su origen divino por haber sido creado por Dios a su imagen, y también el conocimiento del Bien y del Mal que le conmina a ser justo.

Entre las flaquezas, la principal es su inclinación al Mal que viene dada por la materia en la que está enfangado. Y esa inclinación al Mal es la raíz de todas sus desgracias y, a veces, de la pérdida de su alma después de transgresiones continuadas en el tiempo y en los tiempos.

Por ello, para que Su Plan se cumpla, Dios demanda que los seres humanos sean justos y busca incesantemente a los que han llegado a serlo. Pero también manda que el hombre sea santo como Él es santo.

Grande es, pues, la responsabilidad espiritual depositada sobre la humanidad por el Eterno, aunque en toda su historia y como colectivo, nunca haya podido estar a la altura de las esperanzas de su Creador. Solo unos pocos se han acercado a Dios y ellos han sido los faros que la han iluminado entera.

# El conocimiento del Bien y del Mal: La obligación de ser justo

La Biblia trata del binomio Bien y Mal desde su inicio.

Las importantes revelaciones que encierra el Libro del Génesis son muy numerosas y cada una abre la vía a la siguiente.

En este extraordinario texto del Antiguo Testamento se hallan las claves esenciales que permiten entender los motivos del Eterno para conferir un origen divino al ser humano, la misión que le ha encomendado sobre la tierra y las consecuencias de sus transgresiones.

El Libro del Génesis explica que el Eterno creó la raza humana a su imagen y la destinó a la pureza y a la incorruptibilidad.

Detalla, además, Sus altas expectativas respecto a Sus criaturas, que se concretan en los deberes del ser humano hacia la divinidad.

Así, la primera revelación del Libro del Génesis es la creación del ser humano a imagen de Dios, de la que deriva su obligación categórica de ser justo y, ulteriormente, de ser santo.

Por asemejarse al Altísimo, el ser humano tiene el deber de emularle y Dios es santo y es justo:

*²⁷CREÓ, PUES, DIOS AL HOMBRE A IMAGEN SUYA, A IMAGEN DE DIOS LO*

*CREÓ; VARÓN Y HEMBRA LOS CREÓ.*
*GÉNESIS 1*

A continuación, el Libro del Génesis refiere que Dios creó el Árbol de la Vida y el Árbol del conocimiento del Bien y del Mal:

*[9] Y el Señor Dios hizo nacer de la tierra todo árbol agradable a la vista, y bueno para comer: también EL ÁRBOL DE LA VIDA EN MEDIO DEL HUERTO, Y EL ÁRBOL DEL CONOCIMIENTO DEL BIEN Y EL MAL.*
*GÉNESIS 2*

Y relata que Dios prohibió comer de sus frutos a Adán y Eva, la pareja humana primigenia. Era una interdicción severa que estaba acompañada de la amenaza de morir si se contravenía:

*[16] Y ordenó el Señor Dios al hombre, diciendo: De todo árbol del huerto podrás comer*
*[17] pero DEL ÁRBOL DEL CONOCIMIENTO DEL BIEN Y EL MAL NO COMERÁS; PORQUE EL DÍA QUE DE ÉL COMIERES, CIERTAMENTE MORIRÁS.*
*GÉNESIS 2*

Ese mismo episodio narra cómo los primeros humanos eran puros y vivían benditos y en paz en el Jardín de Edén hasta que la serpiente, identificada con el demonio y el Mal, la fuerza adversaria, vino a tentar a Eva para persuadirla de probar el fruto del Árbol del conocimiento del Bien y del Mal, acto vedado por Dios.

Hacerlo significaba vulnerar el plan divino respecto a la raza humana que no incluía poseer el conocimiento del Bien y del Mal, propio de los dioses. Lo relata el Génesis en su capítulo tercero:

*[1] Y la serpiente era más astuta que cualquiera de los animales del campo que Dios había hecho. Y dijo a la mujer: ¿Conque Dios os ha dicho: «No comeréis de ningún árbol del huerto»?*

*² Y la mujer respondió a la serpiente: Del fruto de los árboles del huerto podemos comer;*
*³ pero del fruto del árbol que está en medio del huerto, ha dicho Dios: «NO COMERÉIS DE ÉL, NI LO TOCARÉIS, PARA QUE NO MURÁIS».*
*⁴ Y la serpiente dijo a la mujer: Ciertamente no moriréis.*
*⁵ Pues Dios sabe que el día que de él comáis, SERÁN ABIERTOS VUESTROS OJOS Y SERÉIS COMO DIOSES, CONOCIENDO EL BIEN Y EL MAL.*
*GÉNESIS 3*

La inicua y exitosa traición de la serpiente provoca la cólera de Dios y desencadena Su maldición en modo superlativo, siendo esta la primera maldición bíblica, la que Dios lanza al Mal.

Dios es el Bien y el Mal le repugna. Este episodio desvela que, desde el inicio de los tiempos, el Mal quedó maldito.

Dios condena, además, a la serpiente a vivir en enemistad eterna con el ser humano, y especialmente con la mujer y su linaje:

*¹⁴ Y el Señor Dios dijo a la serpiente: Por cuanto has hecho esto, MALDITA SERÁS más que todos los animales, y más que todas las bestias del campo; sobre tu vientre andarás y polvo comerás todos los días de tu vida.*
*¹⁵ Y PONDRÉ ENEMISTAD ENTRE TÚ Y LA MUJER, y entre tu linaje y su linaje; él te herirá en la cabeza, y tú lo herirás en el talón.*
*GÉNESIS 3*

El castigo para Eva, y a través de ella para todas las mujeres, fue el del dolor del parto y la dependencia, como atestigua el versículo siguiente:

*¹⁶ A la mujer dijo: En gran manera multiplicaré tu dolor en el parto, con dolor darás a luz los hijos; y con todo, tu deseo será para tu marido, y él tendrá dominio sobre ti.*
*GÉNESIS 3*

Pero la transgresión de Adán tuvo incluso mayores consecuencias puesto que hizo caer un anatema global sobre la tierra. En puridad, la maldición de la tierra es la segunda en la Biblia:

> *¹⁷ Entonces dijo a Adán: Por cuanto has escuchado la voz de tu mujer y has comido del árbol del cual te ordené, diciendo: «No comerás de él», MALDITA SERÁ LA TIERRA POR TU CAUSA; con trabajo comerás de ella todos los días de tu vida.*
> *¹⁸ Espinos y abrojos te producirá, y comerás de las plantas del campo.*
> *¹⁹ Con el sudor de tu rostro comerás el pan HASTA QUE VUELVAS A LA TIERRA, PORQUE DE ELLA FUISTE TOMADO; PUES POLVO ERES, Y AL POLVO VOLVERÁS.*
> *GÉNESIS 3*

Es inevitable subrayar que el acceso al conocimiento del Bien y del Mal por parte de la raza humana se debió a su primera transgresión. Sin embargo, aquella nueva aptitud no redundó en beneficio alguno para el ser humano.

Cabe, pues, preguntarse qué bendiciones habría reservado el Eterno al hombre si hubiese seguido el plan divino, además de la pureza y la incorruptibilidad, indispensables para vivir en el entorno del Eterno.

De modo que, Adán y Eva desobedecieron y, a pesar de ello, Dios no les quitó la vida, sino que fueron perdonados en una nueva muestra de la benevolencia del Altísimo.

Sin embargo, por su pecado, la pareja primigenia murió a su condición de residente en la morada de Dios para renacer en el fango de la materia.

Aun si el Eterno fue misericordioso al perdonarles la vida, se inquietó frente a la posibilidad de que Adán y Eva, una vez manchados por el estigma de la desobediencia, pudieran agravar su transgresión comiendo de los frutos del Árbol de la Vida, acto que les convertiría en inmortales.

Ante esa perspectiva, el Altísimo decidió expulsarles del Jardín del Edén:

> *²² Y dijo el Señor Dios: He aquí el hombre es como uno de nosotros sabiendo el bien y el mal; AHORA, PUES, PARA QUE NO META SU MANO, Y TOME TAMBIÉN DEL ÁRBOL DE LA VIDA, Y COMA, Y VIVA PARA SIEMPRE;*
> *²³ Y el Señor Dios le echó del huerto del Edén, para que labrara la tierra de la cual fue tomado.*
> *²⁴ Expulsó pues al hombre; y al oriente del huerto del Edén puso querubines, y una espada encendida que giraba en todas direcciones, PARA GUARDAR EL CAMINO DEL ÁRBOL DE LA VIDA.*
>
> GÉNESIS 3

Y, con la expulsión del Jardín del Edén, la raza humana perdió el derecho a vivir en un estado de bienaventuranza en el ámbito de Dios, destruyó su condición de compañera de la divinidad y se hundió irrevocablemente en la materia con la que habría que lidiar penosamente a lo largo de toda su existencia.

La expulsión del Jardín del Edén se interpreta a menudo como la primera maldición bíblica, aunque, como se ha visto, ese episodio encierra en realidad un racimo de maldiciones: la maldición a la serpiente que es el Mal, a la mujer, al hombre y, a través de este último, a la tierra y, en fin, la evicción propiamente dicha del Jardín del Edén que representa la primera muerte espiritual de la especie humana, a la que sigue la muerte física.

Es imposible pasar por alto que, desde el instante en que desobedeció, el ser humano tuvo que hacer frente a una existencia penosa, a pesar de haber sido pertrechado con el discernimiento del Bien y del Mal, que no le sirvió más que para acumular obligaciones.

Nada cambió, sin embargo, respecto a su origen divino, por lo que también conservó el deber ineludible de asemejarse el Eterno.

El hecho de haber sido creado a imagen de Dios, sumado a su nueva habilidad de discernir el Bien del Mal, hizo que el ser humano cargará para siempre con la inexcusable obligación de superar la prueba de elegir el Bien en lugar del Mal y, por ende, de ser justo, con todas las consecuencias que eso conlleva.

Así pues, por designio divino, la especie humana es depositaria de una gran responsabilidad y esta representa el compromiso central de su existencia. Es también la alta esperanza que el Eterno alberga respecto a Su criatura.

# La inclinación al Mal

A partir de la desobediencia de Adán y Eva y de su expulsión del Jardín del Edén, el Eterno hubo de rendirse a la evidencia de que, el ser humano, al que destinaba a la perfección, la pureza y la incorruptibilidad por haberlo creado a su imagen, estaba inclinado al Mal.

En Su criatura, la materia se impuso sobre el espíritu. Materia perecedera y corruptible que habría de domeñar a lo largo de su vida para restablecer el equilibrio con el Bien al que estaba abocado debido a su obligación de ser justo como consecuencia de saber discernir el Bien del Mal.

Por ello, Dios califica con desprecio al hombre reduciéndole a la condición de carne, esto es, de naturaleza opuesta al espíritu:

*³ Entonces el Señor dijo: NO CONTENDERÁ MI ESPÍRITU PARA SIEMPRE CON EL HOMBRE, PORQUE CIERTAMENTE ES CARNE.*
*GÉNESIS 6*

Lo que implica que la carne no merece el afán de Dios.

Ya que el hombre es carne, se siente impelido a cometer iniquidades y el Eterno hubo de concluir que la intención de los seres humanos era y es hacer continuamente el Mal.

Esa es pues su naturaleza profunda que no su esencia.

Ello llevó al Altísimo a declarar amargamente su pesar por haber creado a la raza humana y a tomar la decisión de erradicarla junto con todas las formas de vida que había puesto a su servicio.

El versículo siguiente del Libro del Génesis decreta: *"Y le pesó al Señor haber hecho al hombre en la tierra, y sintió tristeza en su corazón"*.

*⁵ Y EL SEÑOR VIO QUE ERA MUCHA LA MALDAD DE LOS HOMBRES EN LA TIERRA, Y QUE TODA INTENCIÓN DE LOS PENSAMIENTOS DE SU CORAZÓN ERA SOLO HACER SIEMPRE EL MAL.*

*⁶ Y le PESÓ AL SEÑOR HABER HECHO AL HOMBRE EN LA TIERRA, Y SINTIÓ TRISTEZA EN SU CORAZÓN.*

*⁷ Y el Señor dijo: BORRARÉ DE LA FAZ DE LA TIERRA AL HOMBRE QUE HE CREADO, desde el hombre hasta el ganado, los reptiles y las aves del cielo, PORQUE ME PESA HABERLOS HECHO.*

*GÉNESIS 6*

No es difícil imaginar lo insondable de la decepción divina con el ser humano, aquel en el que había depositado tantas esperanzas y al que había insuflado chispas de su divinidad. Tan hondo desengaño motivó que Dios decidiera exterminarlo, pero no aniquilar su raza completamente.

Para asistirle en tamaña empresa de exterminio general Dios eligió a Noé, un hombre justo:

*²⁸ Y Lamec vivió ciento ochenta y dos años, y engendró un hijo.*

*²⁹ Y le puso por nombre Noé, diciendo: ESTE NOS DARÁ DESCANSO de nuestra labor y del trabajo de nuestras manos, POR CAUSA DE LA TIERRA QUE EL SEÑOR HA MALDECIDO.*

*GÉNESIS 5*

Noé es calificado en las Escrituras como el varón más justo de su generación, el que más estrictamente cumplía con su deber de plegarse la voluntad de Dios.

Incontestablemente, a pesar de lo espantoso de la misión que le fue encomendada, Noé obedeció punto por punto las órdenes del Señor porque era justo y sin tacha.

El versículo siguiente del Libro del Génesis recoge que Noé era justo, perfecto y andaba con Dios:

> [8] *Mas Noé halló gracia ante los ojos del Señor.*
> [9] *. . .NOÉ ERA UN HOMBRE JUSTO, PERFECTO entre sus contemporáneos; NOÉ ANDABA CON DIOS.*
> *GÉNESIS 6*

Cuando llegó el punto de saturación en que la tierra desbordaba de perversión, en que sus habitantes se refocilaban en toda suerte de indignidades y estaban plenamente instalados en sus abominaciones y transgresiones, el planeta se corrompió por la violencia que ello implicaba.

Los versículos correspondientes del Libro del Génesis no dejan lugar a duda al especificar con rotundidad lo siguiente: *"la tierra se había corrompido delante de Dios, y estaba la tierra llena de violencia"* y también *"toda carne había corrompido su camino sobre la tierra"*:

> [11] *Y LA TIERRA SE HABÍA CORROMPIDO DELANTE DE DIOS, Y ESTABA LA TIERRA LLENA DE VIOLENCIA.*
> [12] *Y miró Dios a la tierra, y he aquí que estaba corrompida, porque TODA CARNE HABÍA CORROMPIDO SU CAMINO SOBRE LA TIERRA.*
> *GÉNESIS 6*

Ello provocó que Dios decidiese *"poner fin a toda carne"* y destruir a los vivientes sobre la tierra. Y, al aniquilar al hombre sobre la faz de la tierra, serían eliminados los animales y todo lo que en ella crece.

Semejante expiación liberaría a la tierra de la maldición que pesaba sobre ella como consecuencia de la transgresión de Adán.

Por ello, la purificación debía implicar purga y exterminio general para que la maldición fuese borrada:

> *¹³ Entonces Dios dijo a Noé: HE DECIDIDO PONER FIN A TODA CARNE, porque la tierra está llena de violencia por causa de ellos; y he aquí, VOY A DESTRUIRLOS JUNTAMENTE CON LA TIERRA.*
> *GÉNESIS 6*

Y la manera que el Eterno eligió para destruir *"toda carne en que hay aliento"* sobre la tierra fue desencadenar un diluvio universal por el que quedaría purificada:

> *¹⁷ Y he aquí, yo traeré un DILUVIO sobre la tierra, para destruir TODA CARNE EN QUE HAY ALIENTO DE VIDA DEBAJO DEL CIELO; TODO LO QUE HAY EN LA TIERRA PERECERÁ.*
> *GÉNESIS 6*

Sin embargo, como se ha indicado, la voluntad divina no fue eliminar definitivamente la vida sobre la tierra. El Eterno se limitó a renovarla para que todo pudiera empezar de nuevo.

Así, para preservar un remanente de vida, hubo de designar un núcleo a partir del cual esta pudiera reproducirse y eligió a un hombre perfecto para acompañar tamaño designio.

Por tanto, mandó a Noé que, en previsión de la aniquilación global, construyese un arca en la que instalaría a su familia junto a ejemplares de cada especie para que, una vez pasado el diluvio, la tierra pudiera ser repoblada:

> *¹⁷ Y he aquí, YO TRAERÉ UN DILUVIO SOBRE LA TIERRA, para destruir toda carne en que hay aliento de vida debajo del cielo; todo lo que hay en la tierra perecerá.*

*<sup>18</sup> Pero ESTABLECERÉ MI PACTO CONTIGO; y entrarás en el arca tú, y contigo tus hijos, tu mujer y las mujeres de tus hijos.*
*<sup>19</sup> Y de todo ser viviente, de toda carne, meterás dos de cada especie en el arca, para preservarles la vida contigo; macho y hembra serán.*
*<sup>20</sup> De las aves según su especie, de los animales según su especie y de todo reptil de la tierra según su especie, dos de cada especie vendrán a ti para que les preserves la vida.*
*<sup>21</sup> Y tú, toma para ti de todo alimento que se come, y guárdatelo, y será alimento para ti y para ellos.*
*<sup>22</sup> Y ASÍ LO HIZO NOÉ; CONFORME A TODO LO QUE DIOS LE HABÍA MANDADO, ASÍ HIZO.*
GÉNESIS 6

Conviene profundizar en la aparente paradoja por la que Dios permite que Noé sea el representante de la especie humana destinado a salvarse y, de paso, ser testigo del mayor sufrimiento colectivo que haya existido jamás. Se explica porque el Eterno busca a los justos y comunica con ellos y Noé era el único justo a Sus ojos entre todos sus contemporáneos. Por tanto, era el único encargado posible para la misión divina.

Lo indican, como se ha visto, el capítulo sexto del Libro del Génesis y también el versículo siguiente del capítulo séptimo:

*<sup>1</sup> Entonces el Señor dijo a Noé: Entra en el arca tú y todos los de tu casa; porque he visto que SOLO TÚ ERES JUSTO DELANTE DE MÍ EN ESTA GENERACIÓN.*
GÉNESIS 7

Finalmente, el día diecisiete del segundo mes el Eterno rompió *"todas las fuentes del gran abismo y las compuertas del cielo fueron abiertas"* y las lluvias anegaron la tierra durante cuarenta días:

*[11] El año seiscientos de la vida de Noé, el mes segundo, a los diecisiete días del mes, en ese mismo día SE ROMPIERON TODAS LAS FUENTES DEL GRAN ABISMO, Y LAS COMPUERTAS DEL CIELO FUERON ABIERTAS.*
*[12] Y cayó la lluvia sobre la tierra por cuarenta días y cuarenta noches.*
*GÉNESIS 7*

Manteniéndose la superficie terrestre inundada durante ciento cincuenta días:

*[24] Y prevalecieron las aguas sobre la tierra ciento cincuenta días.*
*GÉNESIS 7*

También en un día diecisiete, esta vez del mes séptimo, el arca pudo posarse en fin sobre tierra firme:

*[4] Y en el mes séptimo, el día diecisiete del mes, el arca descansó sobre los montes de Ararat.*
*GÉNESIS 8*

Acabado el diluvio y apaciguada la cólera divina, el Eterno renovó el Pacto con la especie humana que Adán y Eva habían roto y pronunció la promesa de no maldecirla en el futuro ni volver a destruir a *"todo ser viviente"*, aun aceptando dolorosamente que *"la intención del corazón del hombre es mala desde su juventud"*.

Este aspecto es de extraordinaria importancia y conviene tenerlo muy presente, juntamente con la capacidad del ser humano de discernir el Bien del Mal. Es la dicotomía original que obliga al ser humano a privilegiar el Bien y descartar el Mal a pesar de su permanente inclinación a enlodarse en este último. Es también la pista principal acerca de las expectativas divinas respecto al ser humano en el marco de los límites propios de su especie:

*<sup>21</sup> (Dijo el Señor) . . . NUNCA MÁS VOLVERÉ A MALDECIR LA TIERRA POR CAUSA DEL HOMBRE, PORQUE LA INTENCIÓN DEL CORAZÓN DEL HOMBRE ES MALA DESDE SU JUVENTUD; NUNCA MÁS VOLVERÉ A DESTRUIR TODO SER VIVIENTE COMO LO HE HECHO.*

*GÉNESIS 8*

Una vez purificada la tierra, el Eterno estableció su Pacto con los seres humanos y con los seres vivos que poblaban la tierra.

Sin embargo, también a partir de entonces, Dios albergó el convencimiento de que la naturaleza del ser humano estaba inevitable y perdurablemente inclinada al Mal, lo que modificaría para siempre Su actitud hacia la humanidad.

En el siguiente versículo del Libro del Génesis, Dios establece su Pacto con Noé y a través de él con su pueblo, promete que no volverá a exterminar toda carne y precisa que el arco iris será la señal de ese Pacto:

*<sup>11</sup> Yo establezco mi pacto con vosotros, y NUNCA MÁS VOLVERÁ A SER EXTERMINADA TODA CARNE POR LAS AGUAS DEL DILUVIO, NI HABRÁ MÁS DILUVIO PARA DESTRUIR LA TIERRA.*
*<sup>12</sup> Y dijo Dios: Esta es la señal del Pacto que hago entre yo y vosotros y todo ser viviente que está con vosotros, por todas las generaciones:*
*<sup>13</sup> pongo MI ARCO EN LAS NUBES Y SERÁ POR SEÑAL DEL PACTO ENTRE YO Y LA TIERRA.*

*GÉNESIS 9*

A las primeras maldiciones que Dios hace caer sobre el Mal, por medio de la serpiente, sobre especie humana a través de la primera pareja y sobre la tierra por la transgresión de Adán - que tiene como consecuencia la expulsión del Jardín del Edén y la pérdida del estado de beatitud -, siguió la aniquilación de la vida sobre la tierra mediante el diluvio que liberó al planeta del anatema que pesaba sobre él.

A las anteriores imprecaciones, sucede la maldición de la Torre de Babel que responde a la misma precaución divina de evitar que el hombre, que ha demostrado ser carne y estar inclinado al Mal, llegue a ser semejante a Dios.

Es inevitable constatar que la execración cae sobre los humanos no tanto por la construcción de la torre, sino por la fuerza que les otorgaba hablar una sola lengua. Ello les hacía imparables.

Así, el Eterno atribuye a la utilización de un idioma único el poder de acercar a la humanidad de la condición divina. Ergo, la multiplicación de lenguas entre los hombres les aleja de su esencia.

Siguiendo la lógica bíblica, conviene reseñar lo revelador que resulta ese dato de lo alejada que se encuentra la presente humanidad de sus raíces divinas puesto que hoy en día se hablan más de 7.000 lenguas y dialectos en el planeta, aunque, felizmente, su número decrece en lugar de aumentar:

[1] *TODA LA TIERRA HABLABA LA MISMA LENGUA Y LAS MISMAS PALABRAS.*
[2] *Y aconteció que según iban hacia el oriente, hallaron una llanura en la tierra de Sinar, y se establecieron allí.*
[3] *Y se dijeron unos a otros: Vamos, fabriquemos ladrillos y cozámoslos bien. Y usaron ladrillo en lugar de piedra, y asfalto en lugar de mezcla.*
[4] *Y dijeron: Vamos, edifiquémonos una ciudad y una torre cuya cúspide llegue hasta los cielos, y hagámonos un nombre famoso, para que no seamos dispersados sobre la faz de toda la tierra.*
[5] *Y el Señor descendió para ver la ciudad y la torre que habían edificado los hijos de los hombres.*
[6] *Y dijo el Señor: HE AQUÍ, SON UN SOLO PUEBLO Y TODOS ELLOS TIENEN LA MISMA LENGUA. Y ESTO ES LO QUE HAN COMENZADO A HACER, Y AHORA NADA DE LO QUE SE PROPONGAN HACER LES SERÁ IMPOSIBLE.*
[7] *Vamos, bajemos y allí confundamos su lengua, para que nadie entienda el lenguaje del otro.*
[8] *Así los dispersó el Señor desde allí sobre la faz de toda la tierra,*

*y dejaron de edificar la ciudad.*
*⁹ POR ESO FUE LLAMADA BABEL, PORQUE ALLÍ CONFUNDIÓ EL SEÑOR*
*LA LENGUA DE TODA LA TIERRA; Y DE ALLÍ LOS DISPERSÓ EL SEÑOR*
*SOBRE LA FAZ DE TODA LA TIERRA.*
*GÉNESIS 11*

En el segundo libro del Pentateuco, el Libro del Éxodo, queda reflejada de nuevo la lacra de la inclinación al Mal de la especie humana. Ello queda de manifiesto, en concreto, en la advertencia del Eterno a Moisés sobre la corrupción que ha ganado al pueblo de Dios:

*⁷ Entonces el Señor habló a Moisés: Desciende pronto, porque tu pueblo, que sacaste de la tierra de Egipto, SE HA CORROMPIDO.*
*ÉXODO 32*

Cuando Moisés le pide cuentas a su hermano Aarón del comportamiento del pueblo que ha caído en idolatría al esculpir un becerro de oro mientras el profeta se encontraba en el monte Sinaí, Aarón lo justifica por la inclinación al Mal del pueblo:

*²² Y respondió Aarón: No se enoje mi señor; TÚ CONOCES AL PUEBLO, QUE ES INCLINADO AL MAL.*
*ÉXODO 32*

Sin embargo, y esta es una constante en todo el texto bíblico, el Eterno es magnánimo y perdona a su pueblo que le suplica clemencia y está dispuesto a pertenecerle:

*⁹ y dijo: Si ahora, Señor, he hallado gracia ante tus ojos, vaya ahora el Señor en medio de nosotros, aunque el pueblo sea de dura cerviz; y perdona nuestra iniquidad y nuestro pecado, y tómanos por posesión tuya.*
*ÉXODO 34*

El Libro del Deuteronomio aclara a quién atribuir la culpa de la inclinación al Mal del ser humano. El texto afirma que el Señor es la Roca de obra perfecta, que es veraz, justo y recto y que la corrupción procede de sus hijos que son una generación torcida y perversa. Dios afirma pues que *"la corrupción no es suya, de sus hijos es la mancha"*.

En la tercera parte de este ensayo se verá que Jesús utiliza exactamente la misma expresión de *"generación torcida y perversa"* para referirse a sus coetáneos.

*[3] Porque el Nombre del Señor proclamaré. Engrandeced a nuestro Dios.*
*[4] El es la Roca, cuya obra es perfecta, porque todos sus caminos son justos;*
*Dios de verdad, y sin ninguna iniquidad en él; es justo y recto.*
*[5] LA CORRUPCIÓN NO ES SUYA; DE SUS HIJOS ES LA MANCHA, GENERACIÓN TORCIDA Y PERVERSA.*
*DEUTERONOMIO 32*

En fin, no se analiza demasiado a menudo el impacto y significación de la triste constatación del Creador cuando hubo de rendirse a la evidencia de que Su progenitura estaba inclinada al Mal y tendía a corromperse. Y, sin embargo, es absolutamente capital porque imprimió y marcó para siempre la relación de Dios con Sus criaturas.

Algunos exégetas han concluido falsamente que Dios cometió un error en su creación. Al contrario, el Eterno puso a prueba el poder corruptor de la materia sobre el espíritu, constató que era pujante y resaltó el valor y el mérito del justo al ser capaz de seguir la vía trazada por la divinidad a pesar de la corrosión constante que supone vivir encarnado. Le designó como nexo suyo sobre el planeta y como ejemplo a seguir para la humanidad.

Aunque, desde entonces, la humanidad ha estado bajo sospecha y ha de demostrar incesantemente que merece las infinitas gracias que Dios le otorgó al crearla a su imagen y con una fracción de su divinidad.

# La meta de ser santo

Después de desobedecer a Dios y adquirir con ello la capacidad de discernir entre el Bien y el Mal, al ser humano se le impuso la obligación principal de ser justo, lo que conllevaba observar la Ley de Dios reflejada en los mandatos que el Eterno transmitió a su pueblo a través de Moisés.

Como se verá a continuación, lo esencial de las instrucciones divinas radica en escuchar la Voz del Señor, expresada a través de su Escrituras, de su Ángeles y de sus profetas, y respetar Su Pacto, esto es, cumplir su Ley. Lo recoge el Libro del Éxodo:

*5 Ahora pues, SI EN VERDAD ESCUCHÁIS MI VOZ Y GUARDÁIS MI PACTO, seréis mi especial tesoro entre todos los pueblos, porque mía es toda la tierra;*
*6 y VOSOTROS SERÉIS PARA MÍ UN REINO DE SACERDOTES Y UNA NACIÓN SANTA. Estas son las palabras que dirás a los hijos de Israel.*
*ÉXODO 19*

En el Pentateuco, la voz del Eterno es anunciada por sus mensajeros, los Ángeles, y por la de Moisés, que es su profeta.

Los Ángeles están investidos de un mandato divino y lo que exigen del ser humano es única y exclusivamente lo que Dios requiere. Preceden a los ungidos y al pueblo de Dios para protegerles:

*²⁰ He aquí, yo enviaré un Ángel delante de ti, para que te guarde en el camino y te traiga al lugar que yo he preparado.*
*²¹ Sé prudente delante de él y obedece su voz; no seas rebelde contra él, pues no perdonará vuestra rebelión, porque en él está mi nombre.*
*²² PERO SI EN VERDAD OBEDECES SU VOZ Y HACES TODO LO QUE YO DIGO, ENTONCES SERÉ ENEMIGO DE TUS ENEMIGOS Y ADVERSARIO DE TUS ADVERSARIOS.*
*ÉXODO 23*

El último de los versículos precedentes recoge la poderosa promesa de que Dios luchará por aquellos que obedezcan Su Voz y Sus mandatos. Afirma textualmente, *"entonces seré enemigo de tus enemigos y adversario de tus adversarios"*.

Es el premio por cumplir con la obligación de ser justo, a la que se añade la de ser santo.

El Libro del Levítico refleja la instrucción conminatoria que el Eterno dirige a los seres humanos de ser santos: *"Seréis santos porque yo, el Señor vuestro Dios, soy santo."* Es una orden expresa, sin matices o fisuras, y que deriva ineluctablemente del origen divino de la humanidad:

*¹ Entonces habló el Señor a Moisés, diciendo:*
*² Habla a toda la congregación de los hijos de Israel y diles:*
*"SERÉIS SANTOS PORQUE YO, EL SEÑOR VUESTRO DIOS, SOY SANTO."*
*LEVÍTICO 19*

Esa misma exigencia es reiterada, en términos casi análogos, en el capítulo vigésimo del Libro del Levítico. Insta, además, a guardar los estatutos divinos y a cumplirlos, indicando que es el Señor el que santifica a sus siervos:

*⁷ Santificaos, pues, y SED SANTOS, PORQUE YO SOY EL SEÑOR VUESTRO DIOS.*

*⁸ Guardad mis estatutos y cumplidlos. Yo soy el Señor que os santifico.*
*LEVÍTICO 20*

La exigencia de ser santo se repite una tercera vez, algo más adelante en el mismo capítulo vigésimo del Libro del Levítico, insistiendo, tal y como indicaba el capítulo décimo noveno, que el pueblo de Dios ha de ser santo porque el Eterno es santo:

*²⁶ ME SERÉIS, PUES, SANTOS, PORQUE YO, EL SEÑOR, SOY SANTO, y os he apartado de los pueblos para que seáis míos.*
*LEVÍTICO 20*

Son tres, pues, las referencias encontradas en la Biblia acerca de la meta fijada al ser humano de alcanzar la santidad. Y cuando la Palabra de Dios se repite, el mensaje que encierra es de capital importancia.

La obligación de ser justo y la de ser santo son obviamente difíciles de satisfacer, teniendo en cuenta el trasfondo indeleble de inclinación al Mal del ser humano. En consecuencia, Dios valora como a tesoros vivientes a los justos y aún más a los santos.

Por ello, como punto de partida en su interacción con la humanidad, el Altísimo busca constantemente a los justos que son dignos de la esencia divina que Él insufló en el ser humano en el momento de su creación. Son los únicos que la han sabido preservar intacta sabiendo que está llena de amor incondicional, la energía creadora que les acerca a Dios.

Es interesante subrayar que los seres puros, como los niños, están llenos de luz y amor, lo que a menudo se va difuminando con la edad, como resultado de la perniciosa influencia del mundo.

A menudo también, los seres humanos deben aislarse del mundo, como ermitaños, para recuperar su pureza inicial y su capacidad de amar universalmente, esto es, de crear.

Es el caso de los santos que suelen desarrollar la capacidad de hacer milagros una vez que se han apartado del contacto con sus semejantes.

# Dios busca a los justos

Abraham, originario de la ciudad de Ur en Sumer y primer patriarca, es el personaje bíblico a través del cual el Eterno se pronuncia sobre el Mal consustancial a la naturaleza humana, y al que confía Su permanente búsqueda de los justos entre su pueblo. Ello sucede en forma de diálogos entre Dios y Abraham que resultan altamente esclarecedores acerca de las expectativas del Eterno.

Este empeño divino está recogido por el Libro del Génesis en el episodio de Sodoma y Gomorra, que es de una belleza y una profundidad espiritual extraordinarias.

El texto explica que los hombres de Sodoma y Gomorra se habían corrompido por sus perversiones sexuales y por su maldad y pecaban contra el Señor en grado sumo:

> [13] *Y los hombres de Sodoma eran malos y pecadores contra el Señor en gran manera.*
> *GÉNESIS 13*

Escuchando el clamor que se elevaba hacia el cielo, el Señor proyectó destruir ambas ciudades y decidió no ocultar sus planes a Abraham, al que había elegido para devenir patriarca del pueblo judío *"haciendo justicia y juicio"*, esto es, impartiendo justicia y respetando el derecho:

*<sup>17</sup> Y el Señor dijo: ¿Ocultaré a Abraham lo que voy a hacer,*
*<sup>18</sup> puesto que ciertamente Abraham llegará a ser una nación*
*grande y poderosa, y en él serán benditas todas las naciones de la*
*tierra?*
*<sup>19</sup> Porque yo lo he escogido para que mande a sus hijos y a su casa*
*después de él que guarden el camino del Señor, HACIENDO JUSTICIA*
*Y JUICIO, para que el Señor cumpla en Abraham todo lo que Él ha*
*dicho acerca de él.*
*GÉNESIS 18*

La historia de Sodoma y Gomorra demuestra que, cuando la corrupción impregna completamente una sociedad, el Señor está abocado a destruirla porque no puede tolerar que siga existiendo lo que es completamente malo. Solo aquello que conserva una chispa de bondad puede mantenerse en vida.

En el caso de las colectividades corrompidas, únicamente la presencia de justos, y naturalmente de santos, puede proteger a esos grupos humanos de una destrucción segura.

A partir de esa constatación, el Libro del Génesis describe la búsqueda incesante del Eterno para dar con el justo, la persona recta que no hace el mal sino el bien, aquel que es capaz con su integridad de redimir a sus semejantes y reivindicar su especie a ojos del Altísimo.

El capítulo décimo octavo del Libro del Génesis ilustra este empeño divino. En él se transcribe una conversación entre el Eterno y Abraham, en el curso de la cual, Abraham intercede por Sodoma a la que el Altísimo se dispone a aniquilar debido a sus abominaciones. Durante ese intercambio, el Señor acepta salvar a la ciudad de la exterminación que le tiene prometida si en ella se encuentran algunos justos.

El diálogo es absolutamente esplendoroso y de él pueden extraerse varias claves. Entre ellas, la enseñanza fundamental es la importancia que Dios atribuye al justo, a la persona que se adapta a Sus expectativas, a aquel que por su comportamiento irreprochable tiene el poder de proteger a toda una población y librarla de una suerte infausta, si fuera necesario.

Toda persona comprometida con el desarrollo espiritual ha de tener muy en cuenta esta revelación del texto del Génesis puesto que, gracias a ella, queda patente que, si hay justos en una ciudad, sean cuales fueran las transgresiones de sus habitantes, el Eterno pasará por alto la retribución debida a su conducta.

La segunda lección inapreciable que ofrece este capítulo es el testimonio de la benevolencia del Eterno hacia la humanidad. En él se observa la disposición del Altísimo a aceptar que el número de justos requeridos para salvar la ciudad se vaya reduciendo progresivamente desde cincuenta hasta llegar a diez. Pero, ni aun así se les puede encontrar.

En fin, la tercera lección que conviene retener es que, en ese diálogo, Dios y Abraham conversan como si de dos personas se tratase. Ello permite albergar la esperanza de que las grandes almas humanas hayan sido, y sean, capaces de comunicar con la divinidad casi directamente.

Sin embargo, nadie puede ver el rostro de Dios y seguir viviendo, como el Señor reveló a Moisés según el Libro del Éxodo:

*[20] Y añadió: NO PUEDES VER MI ROSTRO; PORQUE NADIE PUEDE VERME, Y VIVIR.*
*ÉXODO 33*

Ciertamente, Moisés pudo hablar de primera mano con el Eterno y la Biblia refiere que el hecho de estar en Su presencia hizo que su piel resplandeciese. El mismo efecto se producía en Jesús durante sus diálogos con Dios, como relatan los Evangelios. Los textos afirman que ambos, Moisés y Jesús, se transfiguraban:

*[29] Y aconteció que cuando Moisés descendía del monte Sinaí con las dos tablas del testimonio en su mano, al descender del monte, Moisés no sabía que LA PIEL DE SU ROSTRO RESPLANDECÍA POR*

*HABER HABLADO CON DIOS.*
*ÉXODO 34*

Este ha de ser probablemente uno de los rasgos distintivos de los grandes maestros, guías de la humanidad, que llegan a transfigurarse y, su cuerpo, al llenarse de la luz de Dios, resplandece.

En fin, la historia de Sodoma y Gomorra se encuentra entre los versículos vigésimo al trigésimo tercero del capítulo décimo octavo del Génesis:

²⁰ *Y el Señor dijo: EL CLAMOR DE SODOMA Y GOMORRA CIERTAMENTE ES GRANDE, Y SU PECADO ES SUMAMENTE GRAVE.*

²¹ *Descenderé ahora y veré si han hecho en todo conforme a su clamor, el cual ha llegado hasta mí; y si no, lo sabré.*

²² *Y se apartaron de allí los hombres y fueron hacia Sodoma, mientras Abraham estaba todavía de pie delante del Señor.*

²³ *Y Abraham se acercó, y dijo: ¿EN VERDAD DESTRUIRÁS AL JUSTO JUNTO CON EL IMPÍO?*

²⁴ *Tal vez haya cincuenta justos dentro de la ciudad; ¿en verdad la destruirás y no perdonarás el lugar por amor a los cincuenta justos que hay en ella?*

²⁵ *Lejos de ti hacer tal cosa: matar al justo con el impío, de modo que el justo y el impío sean tratados de la misma manera. ¡Lejos de ti! El Juez de toda la tierra, ¿no hará justicia?*

²⁶ *ENTONCES EL SEÑOR DIJO: SI HALLO EN SODOMA CINCUENTA JUSTOS DENTRO DE LA CIUDAD, PERDONARÉ A TODO EL LUGAR POR CONSIDERACIÓN A ELLOS.*

²⁷ *Y Abraham respondió, y dijo: He aquí, ahora me he atrevido a hablar al Señor, yo que soy polvo y ceniza.*

²⁸ *Tal vez falten cinco para los cincuenta justos, ¿destruirás por los cinco a toda la ciudad? Y ÉL RESPONDIÓ: NO LA DESTRUIRÉ SI HALLO ALLÍ CUARENTA Y CINCO.*

²⁹ *Abraham le habló de nuevo, y dijo: Tal vez se hallen allí cuarenta. Y ÉL RESPONDIÓ: NO LO HARÉ, POR CONSIDERACIÓN A LOS*

*CUARENTA.*

*[30] Entonces Abraham dijo: No se enoje ahora el Señor, y hablaré; tal vez se hallen allí treinta. Y ÉL RESPONDIÓ: NO LO HARÉ SI HALLO ALLÍ TREINTA.*

*[31] Y Abraham dijo: He aquí, ahora me he atrevido a hablar al Señor; tal vez se hallen allí veinte. Y ÉL RESPONDIÓ: NO LA DESTRUIRÉ POR CONSIDERACIÓN A LOS VEINTE.*

*[32] Entonces dijo Abraham: No se enoje ahora el Señor, y hablaré solo esta vez; tal vez se hallen allí diez. Y ÉL RESPONDIÓ: NO LA DESTRUIRÉ POR CONSIDERACIÓN A LOS DIEZ.*

*[33] Y el Señor se fue tan pronto como acabó de hablar con Abraham; y Abraham volvió a su lugar.*

*GÉNESIS 18*

No habiendo encontrado el número convenido de justos que hubiese podido salvar a ambas ciudades, el Eterno ratifica la condena de aniquilación de Sodoma y Gomorra que será llevada a cabo por Sus Ángeles. Estos también se presentan con forma humana para ayudar a Lot, el único justo en Sodoma.

La escena de Lot con los Ángeles da prueba fehaciente de la guía que estos procuran al ser humano.

El versículo siguiente recoge el anuncio de los Ángeles a Lot sobre la inminente destrucción la ciudad a causa de los lamentos tan grandes que se han elevado hacia el Altísimo:

*[13] porque vamos a destruir este lugar, pues su clamor ha llegado a ser tan grande delante del Señor, que EL SEÑOR NOS HA ENVIADO A DESTRUIRLO.*

*GÉNESIS 19*

Acto seguido, los Ángeles urgen a Lot a dejar la ciudad con su familia para no ser eliminados juntamente con ella:

*[15] Y al amanecer, los Ángeles apremiaban a Lot, diciendo:*

*Levántate, toma a tu mujer y a tus dos hijas que están aquí, PARA*
*QUE NO SEÁIS DESTRUIDOS EN EL CASTIGO DE LA CIUDAD.*
*GÉNESIS 19*

Llegado el momento del exterminio, el Eterno deja caer *"azufre y fuego"* sobre ambas ciudades, borrándolas completamente del mapa:

*²⁴ Entonces el Señor hizo llover sobre Sodoma y Gomorra azufre y*
*fuego, como signo suyo desde los cielos;*
*²⁵ y destruyó aquellas ciudades y todo el valle y todos los*
*habitantes de las ciudades y todo lo que crecía en la tierra.*
*GÉNESIS 19*

El Libro del Génesis confirma igualmente el papel del Ángel de la guarda como el enviado del Eterno para la protección del justo:

*¹⁵ El Dios delante de quien anduvieron mis padres Abraham e*
*Isaac, el Dios que ha sido mi pastor toda mi vida hasta este día,*
*¹⁶ EL ÁNGEL QUE ME HA RESCATADO DE TODO MAL, bendiga a estos*
*muchachos; y viva en ellos mi nombre, y el nombre de mis padres*
*Abraham e Isaac; y crezcan para ser multitud en medio de la*
*tierra.*
*GÉNESIS 48*

Es asimismo el Libro del Génesis el que da el testimonio más firme acerca del control absoluto de Dios sobre la vida de sus siervos. Decreta que todo en la vida del justo sucede por voluntad del Eterno.

-   Desde el auxilio que recibe:

*⁷ . . . DIOS, sin embargo, NO LE HA PERMITIDO PERJUDICARME.*
*GÉNESIS 31*

- Pasando por la guía constante con la que el Eterno bendice a los justos para que avancen en sus proyectos:

> *23 . . . porque EL ETERNO ESTABA CON ÉL, Y TODO LO QUE ÉL EMPRENDÍA, EL SEÑOR LO HACÍA PROSPERAR.*
> *GÉNESIS 39*

- Hasta afirmar que cada paso del justo está decidido por Dios:

> *8 Ahora pues, NO FUISTEIS VOSOTROS LOS QUE ME ENVIASTEIS AQUÍ, SINO DIOS.*
> *GÉNESIS 45*

La importancia de los justos es tal que Moisés pide al Eterno que se acuerde de sus ancestros, que llegaron a ser célebres por su Justicia impecable, y que perdone por su intercesión las transgresiones de su pueblo.

La cita se encuentra en el Libro del Deuteronomio:

> *27 Acuérdate de tus siervos Abraham, Isaac y Jacob; no mires la dureza de este pueblo ni su maldad ni su pecado.*
> *DEUTERONOMIO 9*

Ese es el gran poder de los justos, salvar a toda la comunidad gracias a su virtud.

Entender el vínculo indestructible que tiene el justo con la divinidad resultará capital para comprender por qué y cómo se producen los milagros y prodigios que es capaz de realizar el ser humano perfecto. Ese será el tema del próximo capítulo.

# Capítulo 3

# Milagros del hombre perfecto

Los episodios bíblicos que se analizarán a continuación desvelan el poder mágico que posee el hombre espiritualmente perfecto. De ello darán prueba sucesivamente los relatos de la apertura de las aguas del Mar Rojo, la lucha contra Amalec y, en fin, las diez plagas de Egipto.

Que el ser humano sea capaz de realizar tales milagros se explica por su origen divino y por su perfección espiritual gracias a los cuales pueden llegar a manifestar prodigios inexplicables, siempre que se mantenga abierta la conexión con Dios y se cumpla Su voluntad. Entonces, el hombre deviene el instrumento más acabado del Altísimo sobre la tierra. Tomar conciencia de ello es crucial para el buscador del Eterno.

Respecto al proceso de erradicación que lleva a cabo el Señor, importa precisar que, en él, el hombre perfecto carece de rol activo y se limita a actuar como el nexo indispensable sobre el que se apoya la divinidad para ejecutarlo.

Estas revelaciones completan el capítulo precedente acerca de la inclinación al Mal del ser humano, su deber de ser justo y, en último término, santo. Confirman que el camino de la virtud es el único capaz de neutralizar la podredumbre ligada a la materia.

Solo Dios basta cuando el ser humano se encuentra confrontado con el odio ciego, como en la persecución de los hebreos por el ejército egipcio; con el Mal absoluto, como en el episodio de Amalec y con la diabólica soberbia, como la del Faraón que permite la destrucción de su Reino con tal de no rectificar en el episodio de las diez plagas.

La conexión indestructible del hombre perfecto con Dios le une a Su poder y le salva en casos de extrema necesidad. Dios es siempre el último recurso y obra a través de sus ungidos, mesías o profetas.

Estas revelaciones extraordinarias permiten entrever la cúspide de la virtud humana, y cuando llega a su máximo nivel, el hombre se transforma en taumaturgo y en el utensilio preferido del Altísimo.


# El Mar Rojo


El Libro del Éxodo describe los aspectos troncales del vínculo que une al Eterno con sus ungidos. Como se ha apuntado, el primer episodio que ilustra esta realidad espiritual es el paso del Mar Rojo.

El relato comienza afirmando la presencia del Señor al lado del pueblo hebreo, cuando este se encuentra sin escapatoria posible frente a las aguas del Mar Rojo con el ejército egipcio detrás que avanza para masacrarlo.

En semejante tesitura, el Eterno sorprende a Moisés al

preguntarle por qué le pide auxilio para vencer el obstáculo del mar cuando él es capaz de solventarlo por sí mismo. Así, el Eterno ordena a Moisés que levante su vara y divida las aguas del mar por sí solo, teniendo fe en que Dios secundará a su pueblo:

> *14 EL SEÑOR PELEARÁ POR VOSOTROS MIENTRAS VOSOTROS OS QUEDÁIS CALLADOS.*
>
> *15 Entonces dijo el Señor a Moisés: ¿Por qué clamas a mí? Di a los hijos de Israel que se pongan en marcha.*
>
> *16 Y tú, LEVANTA TU VARA Y EXTIENDE TU MANO SOBRE EL MAR Y DIVÍDELO; y los hijos de Israel pasarán por en medio del mar, sobre tierra seca.*
>
> *ÉXODO 14*

Moisés es capaz de efectuar tamaños prodigios gracias a las chispas divinas que atesora, a su fe sin fisuras y a su largo proceso de purificación espiritual. Y tanta es su elevación, que realiza imponentes milagros en varias ocasiones.

Puede que el más espectacular sea el de abrir las aguas del Mar Rojo para salvar a su pueblo y cerrarlas después para sumergir a los egipcios.

El relato de esa asombrosa hazaña espiritual se encuentra en el Libro del Éxodo y se inicia explicando que, tanto el Ángel de Dios como la columna en forma de nube que designa la presencia del Eterno, se apartan precediendo el movimiento de las aguas.

Ello da a entender que Dios dejó espacio a Moisés para que realizase el milagro:

> *19 Y EL ÁNGEL DE DIOS que había ido delante del campamento de Israel, SE APARTÓ, e iba tras ellos; Y LA COLUMNA DE NUBE que había ido delante de ellos, SE APARTÓ, Y SE LES PUSO DETRÁS.*
>
> *20 Y vino a colocarse entre el campamento de Egipto y el campamento de Israel; y estaba la nube junto con las tinieblas; sin embargo, de noche alumbraba a Israel, y en toda la noche no se*

*acercaron los unos a los otros.*
*ÉXODO 14*

Siguen los versículos que describen la apertura de las aguas del Mar Rojo en los que se registra que, después de que Moisés diera la orden por indicación del Eterno, el Señor hizo soplar un viento solano durante toda la noche para que el mar retrocediese:

*²¹ EXTENDIÓ MOISÉS SU MANO SOBRE EL MAR; Y EL SEÑOR, POR MEDIO DE UN FUERTE VIENTO SOLANO QUE SOPLÓ TODA LA NOCHE, HIZO QUE EL MAR RETROCEDIERA; Y CAMBIÓ EL MAR EN TIERRA SECA, Y FUERON DIVIDIDAS LAS AGUAS.*
*²² Y los hijos de Israel entraron por en medio del mar, en seco, y las aguas les eran como un muro a su derecha y a su izquierda.*
*ÉXODO 14*

Continúa relatando el Libro del Éxodo cómo los egipcios siguieron a los hebreos por el pasadizo que se había formado en el Mar Rojo y cómo el Señor introdujo la confusión en sus filas entorpeciendo las ruedas de sus carros. Ello les empujó a huir, volviendo sobre sus pasos, porque entendieron que se estaban enfrentando contra el Dios de Israel que peleaba por los suyos:

*²³ Entonces los egipcios reanudaron la persecución, y entraron tras ellos en medio del mar todos los caballos de Faraón, sus carros y sus jinetes.*
*²⁴ Y aconteció que a la vigilia de la mañana, el Señor miró el ejército de los egipcios desde la columna de fuego y de nube, y sembró la confusión en el ejército de los egipcios.*
*²⁵ Y entorpeció las ruedas de sus carros, e hizo que avanzaran con dificultad. Entonces los egipcios dijeron: Huyamos ante Israel, porque el Señor pelea por ellos contra los egipcios.*
*ÉXODO 14*

Y el Libro del Éxodo continúa narrando cómo las aguas del Mar Rojo se cerraron para aniquilar al ejército egipcio.

Una vez más, por indicación del Eterno, es Moisés quien da la orden a las aguas de volver a su ser y, con ello, de anegar a los soldados egipcios:

*26 ENTONCES EL SEÑOR DIJO A MOISÉS: EXTIENDE TU MANO SOBRE EL MAR PARA QUE LAS AGUAS VUELVAN SOBRE LOS EGIPCIOS, SOBRE SUS CARROS Y SU CABALLERÍA.*

*27 Y EXTENDIÓ MOISÉS SU MANO SOBRE EL MAR, Y AL AMANECER, REGRESÓ EL MAR A SU ESTADO NORMAL, y los egipcios al huir se encontraban con él; así derribó el Señor a los egipcios en medio del mar.*

*28 Y las aguas volvieron y cubrieron los carros y la caballería, a todo el ejército de Faraón que había entrado tras ellos en el mar; no quedó ni uno de ellos.*

*ÉXODO 14*

Sin embargo, los hebreos consiguieron salvarse pasando en seco en medio del mar. Viendo los cadáveres de los egipcios sobre la orilla, entendieron el poder del Señor y creyeron:

*29 Mas los hijos de Israel pasaron en seco por en medio del mar, y las aguas les eran como un muro a su derecha y a su izquierda.*

*30 Aquel día salvó el Señor a Israel de mano de los egipcios; e Israel vio a los egipcios muertos a la orilla del mar.*

*31 Cuando Israel vio el gran poder que el Señor había usado contra los egipcios, el pueblo temió al Señor, y creyeron en el Señor y en Moisés, su siervo.*

*ÉXODO 14*

Así pues, la historia del paso del Mar Rojo contiene la enseñanza oculta respecto al poder mágico del ser humano.

Como se ha indicado, el secreto estriba en mantener sólida

la fe e intacto el vínculo con Dios. Entonces, el hombre perfecto espiritualmente deviene un enlace con la deidad que se expresa a través suyo sobre la tierra.

Y la Biblia afirma que ese poder es accesible a todos los humanos que posean semejante nivel de evolución. No hay prueba mayor acerca de la naturaleza divina del ser humano.

El paso del Mar Rojo es el primer gran milagro que realiza Moisés a partir de su fe inquebrantable y de su indestructible conexión con Dios.

La Biblia narra, además, dos grandes episodios cuyo estudio es preceptivo. Se trata de la lucha de los hebreos contra los amalecitas y del episodio de las diez plagas de Egipto, referidos asimismo por el Libro del Éxodo.

# La lucha contra Amalec

El segundo gran milagro realizado por Moisés por orden del Eterno se produce durante la lucha de su pueblo contra los amalecitas. Como en la historia del Mar Rojo, este relato pone de relieve que la fe es absolutamente indispensable para que Moisés se convierta en taumaturgo y llegue a ejecutar los prodigios que Dios le manda.

También durante este acontecimiento, la vara de Moisés es utilizada como instrumento físico para canalizar la fuerza divina.

El Libro del Éxodo indica que, cuando Moisés consigue mantener su vara en alto, esto es, su cuando conserva intacta su fe, los hebreos prevalecen, pero, cuando su brazo se resiente, es decir, cuando su fe decae, los amalecitas avanzan para masacrar a los hebreos. El episodio demuestra que nada es posible sin la fe, sin entregarse a la divinidad plenamente:

> *⁸ Entonces vino Amalec y peleó contra Israel en Refidim.*
> *⁹ Y Moisés dijo a Josué: Escógenos hombres, y sal a pelear contra Amalec. MAÑANA YO ESTARÉ SOBRE LA CUMBRE DEL COLLADO CON LA VARA DE DIOS EN MI MANO.*
> *¹⁰ Y Josué hizo como Moisés le dijo, y peleó contra Amalec; y Moisés, Aarón y Hur subieron a la cumbre del collado.*
> *¹¹ Y SUCEDIÓ QUE MIENTRAS MOISÉS TENÍA EN ALTO SU MANO, ISRAEL PREVALECÍA; Y CUANDO DEJABA CAER LA MANO, PREVALECÍA AMALEC.*
> *¹² Pero las manos de Moisés se le cansaban. Entonces tomaron una piedra y la pusieron debajo de él, y se sentó en ella; y Aarón y Hur le sostenían las manos, uno de un lado y otro del otro. Así estuvieron sus manos firmes hasta que se puso el sol.*
> *ÉXODO 17*

Conviene anotar que la posición elevada de los brazos de Moisés parece actuar como un vector de la fuerza divina para que el prodigio se manifieste.

Los siguientes versículos del Libro del Éxodo reflejan la voluntad del Eterno de que el milagro quede registrado, así como su formidable promesa de luchar contra el Mal, simbolizado por Amalec, de generación en generación:

> *¹³ Y Josué deshizo a Amalec y a su pueblo a filo de espada.*
> *¹⁴ Entonces dijo el Señor a Moisés: Escribe esto en un libro para que sirva de memorial, y haz saber a Josué que yo borraré por completo la memoria de Amalec de debajo del cielo.*
> *¹⁵ Y edificó Moisés un altar, y le puso por nombre El Señor es mi Estandarte,*
> *¹⁶ y dijo: El Señor lo ha jurado; EL SEÑOR HARÁ GUERRA CONTRA AMALEC DE GENERACIÓN EN GENERACIÓN.*
> *ÉXODO 17*

Los versículos precedentes, que tratan de la fe, indican que el Bien prevalece mientras se mantiene el contacto con la Luz, que es la energía original y eterna, el Infinito, lo Absoluto, Dios. Al contrario, el Mal predomina cuando el ser humano se aleja del Eterno.

Esta revelación es de importancia capital y cada buscador de Dios ha de integrarla en su vida hasta las últimas consecuencias. Nutrir la Fe y preservarla sólida e intacta es prioritario, pase lo que pase, por el bien del alma y del espíritu.

Respecto al equilibrio entre el Bien y el Mal, conviene recordar que los sabios cabalistas declaran que el conocimiento oculto no se entrega más que a aquellos que ya no son capaces de destruir el mundo. Son los que han vencido la mala inclinación, esto es, la inclinación al Mal. Al contrario, los que se dejan llevar por ella, siguen siendo capaces de cualquier destrucción.

La mala inclinación es pues la manifestación de Amalec, asimilado en la religión judía con el Mal, que es inherente a la naturaleza humana.

Lo desvela el Libro del Génesis:

> [5] *Y EL SEÑOR VIO QUE ERA MUCHA LA MALDAD DE LOS HOMBRES EN LA TIERRA, Y QUE TODA INTENCIÓN DE LOS PENSAMIENTOS DE SU CORAZÓN ERA SOLO HACER SIEMPRE EL MAL.*
>
> *GÉNESIS 6*

De modo que, Amalec es la encarnación del Mal absoluto y de la negatividad que se apodera del ser humano cuando surgen las dudas, cuando vacila y se tambalea su fe en Dios.

Amalec se expresa a través del odio ciego, visceral, brutal, la voluntad absoluta de destrucción. Es la pulsión que lleva al suicidio y al asesinato, el deseo irrefrenable de muerte que, al pasar al acto, apacigua el ánimo y produce placer al hombre trastornado.

Amalec representa pues lo más aterrador de la naturaleza humana, hasta el punto de que los cabalistas procuran no nombrarlo para no atraer su nefasta energía.

En consecuencia, el *"estado"* de Amalec se apodera de la persona o de la colectividad cuando están totalmente separadas de la luz, inmersas en la materia y con ansias de destrucción.

Felizmente, el Libro del Éxodo en su capítulo décimo séptimo tranquiliza a las gentes de bien afirmando que es Dios mismo quien se erige en campeón contra el Mal absoluto: *"El Señor lo ha jurado; el Señor hará guerra contra Amalec de generación en generación."*

Dios lucha por el hombre y a Él nada puede oponerse porque no existe campeón más poderoso.


# Las diez plagas de Egipto


En fin, la última sucesión de grandes milagros realizados por Moisés bajo mandato divino queda registrada en el episodio de las diez plagas de Egipto, descritas desde el capítulo séptimo al duodécimo del Libro del Éxodo.

Esos relatos también ponen de relieve el papel de la vara de Moisés y de Aarón como canalizadores energéticos, símbolo de su fe y de su conexión con Dios.

Siguiendo las órdenes del Eterno, primero Aarón y luego Moisés, utilizaron sus varas para lanzar sobre los egipcios cada una de las plagas con las que el Eterno decidió afligirles.

Por la extensión de la narración, no cabe reproducir en su integralidad los capítulos que describen cada una de las diez plagas, aunque son un relato impresionante cuya lectura atenta es indispensable. Su impacto se describirá más adelante.

El litigio que provocó la sucesión de las plagas fue la negativa del Faraón a permitir que el pueblo hebreo abandonase Egipto para instalarse en la tierra prometida. Ello dio lugar a una serie de enfrentamientos entre los magos de Egipto, por una parte, y Moisés y Aarón, por otra.

Así, durante las primeras seis plagas, el Eterno actuó a través de Aarón, guiado por Moisés, y en las cuatro últimas, por medio de Moisés mismo.

Y cada vez que descendía una plaga, el Faraón dudaba en dejar partir a los hebreos, pero el Señor *"endurecía su corazón"* y el Faraón acababa retractándose. De modo que, se desencadenaba la siguiente con el objetivo de doblegar el orgullo del gobernante y demostrar el poder del Altísimo frente a los dioses egipcios.

Al inicio del relato de las diez plagas, Moisés, obedeciendo la voluntad de Dios, dió orden a Aarón de utilizar su vara para convertirla en serpiente. De tal manera, actuó imitando a los magos egipcios y demostró que su poder mágico era equivalente.

A partir de entonces, y a lo largo de la secuencia de las diez plagas, los grandes magos egipcios se midieron con Moisés y con Aarón quienes sistemáticamente demostraron un mayor poder al estar respaldados por Dios.

Así, Aarón, siguiendo las instrucciones de Moisés provocó sucesivamente que:

- las aguas del Nilo se convirtieran en sangre, 1ª plaga;
- el Nilo rebosase de ranas que invadieron las casas, 2ª plaga;
- el territorio egipcio se cubriera de piojos, 3ª plaga;
- Egipto fuera invadido por enjambres de insectos, 4ª plaga;
- la peste cayera sobre el ganado egipcio, 5ª plaga, y
- brotasen úlceras en los egipcios y en sus animales, 6ª plaga.

Por indicación del Eterno, a partir de la séptima plaga Moisés intervino en solitario y levantó su mano contra Egipto para:

- lanzar un granizo pesado que ardía al impactar sobre la tierra, 7ª plaga;
- lanzar la plaga de langostas, 8ª plaga;
- sumir el país en tinieblas durante tres días, 9ª plaga, en fin;
- posibilitar la muerte de los primogénitos de Egipto, tanto humanos como animales, como castigo último a la soberbia del Faraón, 10ª plaga.

Esta última plaga, que conlleva la muerte de los primogénitos egipcios, interpela acerca de la manera en la que erradica el Eterno.


# Cómo erradica el Eterno


La décima plaga aporta la prueba fehaciente de que Dios aniquila lo que condena. Ello quedó patente en el relato de Sodoma y Gomorra por el que pudo constatarse que Dios destruye lo que es completamente malo.

Dar con el significado profundo de esa revelación es transcendental y exige analizar los textos que describen de qué manera erradica el Eterno.

En ese proceso, la nota liminar es que, para suprimir a un ser humano o grupo malvado, el Eterno se limita a *"PASAR"*.

Así está escrito en tres ocasiones en el Libro del Éxodo en sus capítulos undécimo y duodécimo.

- La primera mención reza así:

*⁴ Y Moisés dijo: Así dice el Señor: «Como a medianoche yo PASARÉ por toda la tierra de Egipto,
⁵ y morirá todo primogénito en la tierra de Egipto, desde el primogénito de Faraón que se sienta en su trono, hasta el primogénito de la sierva que está detrás del molino; también todo primogénito del ganado.
⁶ Y se elevará en todo el país de Egipto un alarido tan grande como nunca lo hubo ni lo habrá.*
ÉXODO 11

- La segunda afirmación acerca del *"PASO"* del Señor es la siguiente:

*¹² Porque esa noche PASARÉ por la tierra de Egipto, y heriré a todo primogénito en la tierra de Egipto, tanto de hombre como de animal; y ejecutaré juicios contra todos los dioses de Egipto. Yo, el Señor.
¹³ Y la sangre os será por señal en las casas donde estéis; y cuando yo vea la sangre pasaré sobre vosotros, y ninguna plaga vendrá sobre vosotros para destruiros cuando yo hiera la tierra de Egipto.
¹⁴ Y este día os será memorable y lo celebraréis como fiesta al Señor; lo celebraréis por todas vuestras generaciones como ordenanza perpetua.*
ÉXODO 12

- Y la tercera aserción precisa que *"el Señor PASARÁ PARA HERIR"*:

*²³ Pues EL SEÑOR PASARÁ para herir a los egipcios; y cuando vea la sangre en el dintel y en los dos postes de la puerta, el Señor PASARÁ DE LARGO aquella puerta, y no permitirá que el Ángel*

*destructor entre en vuestras casas para heriros.*
*ÉXODO 12*

Como se ha visto, cuando el Señor reitera una afirmación, ha de entenderse que el mensaje que contiene reviste una importancia extraordinaria.

En este caso la mención de *"PASAR"* se repite tres veces y serían en realidad cuatro, contando con la formulación negativa siguiente: *"el Señor PASARÁ DE LARGO aquella puerta, y no permitirá que el Ángel destructor entre en vuestras casas para heriros"*.

Por ende, los sabios intérpretes de sueños saben que, si un sueño se repite en dos ocasiones, refleja la voluntad de Dios e indica que se cumplirá inexorablemente.

Así lo confirma el Libro del Génesis en la interpretación hecha por José, hijo de Jacob, del sueño del Faraón:

*[32] Y en cuanto a la repetición del sueño a Faraón dos veces, QUIERE DECIR QUE EL ASUNTO ESTÁ DETERMINADO POR DIOS, Y DIOS LO HARÁ PRONTO.*
*GÉNESIS 41*

En fin, hay que añadir que el Libro del Éxodo precisa que la condena contra los primogénitos de Egipto se llevó a ejecución a medianoche, en el umbral entre dos tiempos:

*[29] Y sucedió que A LA MEDIANOCHE, EL SEÑOR HIRIÓ A TODO PRIMOGÉNITO EN LA TIERRA DE EGIPTO, desde el primogénito de Faraón que se sentaba sobre su trono, hasta el primogénito del cautivo que estaba en la cárcel, y todo primogénito del ganado.*
*ÉXODO 12*

De modo que, el Señor *"PASA"* y su santidad atrae como un imán el remanente de bondad que subsiste en la persona o en el grupo. Al producirse la desconexión sobreviene su fallecimiento instantáneo.

En ese contexto, es importante retener que el Señor no levanta su mano contra nadie. Se limita a extraer la chispa de bondad restante y, puesto que es del todo imposible sobrevivir para el que solo alberga maldad, este perece bruscamente. Así pues, es la falta de bondad la que mata o, formulado de otro modo, la iniquidad mata, no el Eterno.

El Libro del Génesis corrobora asimismo que el Altísimo no desea que la persona que es completamente mala siga viva. Más exactamente, el Eterno no puede tolerarlo por ir en contra de sus designios.

Esa es la razón que Le lleva a quitar la vida a Er, un rey malvado a Sus ojos:

> *⁷ Pero Er, primogénito de Judá, ERA MALVADO ANTE LOS OJOS DEL ETERNO, Y EL SEÑOR LE QUITÓ LA VIDA.*
> *GÉNESIS 38*

Sin embargo, el Pacto del Señor con Sus criaturas es firme y Su protección se expresa de múltiples maneras.

La prueba más tangible de su amparo es la transmisión a la humanidad de Su Ley y Sus preceptos para que pueda orientar su conducta. También, la consagración de los primogénitos.

# Capítulo 4

# La Ley de Dios

Las normas bíblicas son fundamentalmente de dos rangos, primero, los Diez Mandamientos y, después, los preceptos aplicables a todos los aspectos de la vida. La Ley está recogida en los mandamientos y los preceptos se completan con la lista de abominaciones y transgresiones a evitar imperativamente.

Este capítulo pondrá a disposición del siervo de Dios la recopilación de las instrucciones divinas para alcanzar un comportamiento justo.

## Los Diez Mandamientos

El capítulo vigésimo del Libro del Éxodo reproduce lo

escrito en las tablas de la Ley. Son los Diez Mandamientos:

*¹ Y habló Dios todas estas palabras, diciendo:*
*² Yo soy el Señor tu Dios, que te saqué de la tierra de Egipto, de la casa de servidumbre.*
*³ NO TENDRÁS OTROS DIOSES DELANTE DE MÍ.*
*⁴ NO TE HARÁS ÍDOLO, ni semejanza alguna de lo que está arriba en el cielo, ni abajo en la tierra, ni en las aguas debajo de la tierra.*
*⁵ No los adorarás ni los servirás; porque yo, el Señor tu Dios, soy Dios celoso, que castigo la iniquidad de los padres sobre los hijos hasta la tercera y cuarta generación de los que me aborrecen,*
*⁶ y muestro misericordia a millares, a los que me aman y guardan mis mandamientos.*
*⁷ NO TOMARÁS EL NOMBRE DEL SEÑOR TU DIOS EN VANO, porque el Señor no tendrá por inocente al que tome su nombre en vano.*
*⁸ Acuérdate del día de reposo para santificarlo.*
*⁹ Seis días trabajarás y harás toda tu obra,*
*¹⁰ mas EL SÉPTIMO DÍA ES DÍA DE REPOSO PARA EL SEÑOR TU DIOS; no harás en él obra alguna, tú, ni tu hijo, ni tu hija, ni tu siervo, ni tu sierva, ni tu ganado, ni el extranjero que está contigo.*
*¹¹ Porque en seis días hizo el Señor los cielos y la tierra, el mar y todo lo que en ellos hay, y reposó en el séptimo día; por tanto, el Señor bendijo el día de reposo y lo santificó.*
*¹² HONRA A TU PADRE Y A TU MADRE, para que tus días sean prolongados en la tierra que el Señor tu Dios te da.*
*¹³ NO MATARÁS.*
*¹⁴ NO COMETERÁS ADULTERIO.*
*¹⁵ NO HURTARÁS.*
*¹⁶ NO DARÁS FALSO TESTIMONIO CONTRA TU PRÓJIMO.*
*¹⁷ NO CODICIARÁS la casa de tu prójimo; no codiciarás la mujer de tu prójimo, ni su siervo, ni su sierva, ni su buey, ni su asno, ni NADA QUE SEA DE TU PRÓJIMO.*
*ÉXODO 20*

La Ley queda reflejada asimismo en el capítulo quinto del Libro del Deuteronomio:

*⁶ Yo soy el Señor tu Dios, que te saqué de la tierra de Egipto, de la casa de servidumbre.*

*⁷ NO TENDRÁS OTROS DIOSES DELANTE DE MÍ.*

*⁸ No te harás ningún ídolo, ni semejanza alguna de lo que está arriba en el cielo, ni abajo en la tierra, ni en las aguas debajo de la tierra.*

*⁹ No los adorarás ni los servirás; porque yo, el Señor tu Dios, soy Dios celoso, que castigo la iniquidad de los padres sobre los hijos, y sobre la tercera y la cuarta generación de los que me aborrecen,*

*¹⁰ pero que muestro misericordia a millares, a los que me aman y guardan mis mandamientos.*

*¹¹ NO TOMARÁS EN VANO EL NOMBRE DEL SEÑOR TU DIOS, porque el Señor no tendrá por inocente a quien tome su nombre en vano.*

*¹² GUARDARÁS EL DÍA DE REPOSO PARA SANTIFICARLO, como el Señor tu Dios lo ha mandado.*

*¹³ Seis días trabajarás y harás todo tu trabajo,*

*¹⁴ mas el séptimo día es día de reposo para el Señor tu Dios; no harás en él ningún trabajo, tú, ni tu hijo, ni tu hija, ni tu siervo, ni tu sierva, ni tu buey, ni tu asno, ni ninguno de tus animales, ni el forastero que está contigo, para que tu siervo y tu sierva también descansen como tú.*

*¹⁵ Y acuérdate que fuiste esclavo en la tierra de Egipto, y que el Señor tu Dios te sacó de allí con mano fuerte y brazo extendido; por lo tanto, el Señor tu Dios te ha ordenado que guardes el día de reposo.*

*¹⁶ HONRA A TU PADRE Y A TU MADRE, como el Señor tu Dios te ha mandado, para que tus días sean prolongados y te vaya bien en la tierra que el Señor tu Dios te da.*

*¹⁷ NO MATARÁS.*

*¹⁸ NO COMETERÁS ADULTERIO.*

*¹⁹ NO HURTARÁS.*

[20] *NO DARÁS FALSO TESTIMONIO CONTRA TU PRÓJIMO.*
[21] *NO CODICIARÁS la mujer de tu prójimo, y no desearás la casa de tu prójimo, ni su campo, ni su siervo, ni su sierva, ni su buey, ni su asno, ni NADA QUE SEA DE TU PRÓJIMO».*

*DEUTERONOMIO 5*

Algo más adelante, el Libro del Deuteronomio detalla las bases fundamentales de la relación del ser humano con Dios. Se resumen en los mandatos siguientes:

- *"Amarás al Señor tu Dios con todo tu corazón, con toda tu alma y con toda tu fuerza",*
- *"no seguiréis a otros dioses",* lo que establece el monoteísmo,
- *"harás lo que es justo y bueno a los ojos del Señor para que te vaya bien"* y, en fin,
- *"habrá justicia para nosotros si cuidamos de observar todos estos mandamientos delante del Señor nuestro Dios, tal como Él nos ha mandado".*

Importa subrayar que, en estos versículos, la Justicia se identifica una vez más como el bien máximo al que el ser humano debe tender. Es la quintaesencia del Bien.

Y el gran mandamiento es el amor a Dios:

[4] *Escucha, oh Israel, el Señor es nuestro Dios, el Señor uno es.*
[5] *AMARÁS AL SEÑOR TU DIOS CON TODO TU CORAZÓN, CON TODA TU ALMA Y CON TODA TU FUERZA.*

*DEUTERONOMIO 6*

A Dios se ha de amar y a Él solo se le dará culto, rechazando por completo a otros dioses:

[13] *Temerás solo al Señor tu Dios; y a Él adorarás, y jurarás por su*

*nombre.*
*[14] NO SEGUIRÉIS A OTROS DIOSES, a ninguno de los dioses de los pueblos que os rodean,*
*[15] porque el Señor tu Dios, que está en medio de ti, es Dios celoso, no sea que se encienda la ira del Señor tu Dios contra ti, y Él te borre de la faz de la tierra.*
*DEUTERONOMIO 6*

Del amor profundo y único a Dios se deriva la Justicia sobre la tierra, resumida en el mandato de hacer *"lo que es justo y bueno a los ojos del Señor"* y añade *"para que te vaya bien"*.

*[18] Y HARÁS LO QUE ES JUSTO Y BUENO A LOS OJOS DEL SEÑOR, PARA QUE TE VAYA BIEN, y para que entres y tomes posesión de la buena tierra que el Señor juró que daría a tus padres,*
*DEUTERONOMIO 6*

Si se observan los mandamientos, se obtendrá justicia:

*[25] Y HABRÁ JUSTICIA PARA NOSOTROS SI CUIDAMOS DE OBSERVAR TODOS ESTOS MANDAMIENTOS DELANTE DEL SEÑOR NUESTRO DIOS, TAL COMO ÉL NOS HA MANDADO.*
*DEUTERONOMIO 6*

Respecto a la exclusividad de culto exigida por el Eterno, el Libro del Deuteronomio reitera que solo el Señor será venerado.

En el siguiente versículo, la expresión *"temerás"* que se encuentra igualmente en el versículo décimo tercero del capítulo sexto del Libro del Deuteronomio es equivalente a *"reverenciarás"* y así debe ser entendida:

*[20] Temerás al Señor tu Dios; le servirás, te allegarás a Él y solo en su nombre jurarás.*
*[21] Él es el objeto de tu alabanza y Él es tu Dios, que ha hecho por*

*ti estas cosas grandes y portentosas que tus ojos han visto.*
*DEUTERONOMIO 10*

Como se ha indicado más arriba, el Eterno reclama un culto exclusivo, lo que implica erradicar la veneración a dioses foráneos. Si el pueblo obedece, el Señor le bendecirá y le librará de las enfermedades:

*24 No adorarás sus dioses, ni los servirás, ni harás lo que ellos hacen; sino que los derribarás totalmente y harás pedazos sus pilares sagrados.*
*25Mas serviréis al Señor vuestro Dios, y Él bendecirá tu pan y tu agua; y yo quitaré las enfermedades de en medio de ti.*
*ÉXODO 23*

En fin, el Libro del Deuteronomio indica que la Ley de Dios no admite ni interpretaciones ni modificaciones:

*2 No añadiréis nada a la palabra que yo os mando, ni quitaréis nada de ella, para que guardéis los mandamientos del Señor vuestro Dios que yo os mando.*
*DEUTERONOMIO 4*

El Libro del Éxodo desvela que el que haya pecado contra el Eterno será erradicado del Libro del Señor, del registro de aquellos que serán salvos. No hay mayor pena y se la conoce como segunda muerte. Por tanto, la conducta abominable provoca la muerte del alma, excluye del pueblo de Dios y aparta de la vida eterna:

*33 Y el Señor dijo a Moisés: Al que haya pecado contra mí, lo borraré de mi libro.*
*. . . Al que pecare contra mí, a éste rayaré yo de mi libro.*
*ÉXODO 32*

# Las abominaciones

La Biblia registra múltiples tipos de abominaciones. Entre ellas, se encuentra la adoración a otros dioses.

En el Libro del Deuteronomio, el Eterno manda erradicar el culto a Asera, denominada *"Reina de los Cielos"* en la Biblia, asimilada a la diosa madre en Babilonia y en Canaán.

Según la historiografía, y a diferencia de los cultos a Moloc o a Baal, el de Asera era pacífico y se limitaba a ofrendar tortas, flores, frutas e incienso. Por tanto, la prohibición del culto a Asera no obedecía a la crueldad de sus rituales, aunque se justificaba por el monoteísmo absoluto impuesto por el Dios de los hebreos:

*[21] No plantarás para ti Asera de ninguna clase de árbol junto al altar del Señor tu Dios que harás para ti.*
*[22] Ni levantarás para ti pilar sagrado, lo cual aborrece el Señor tu Dios.*
*DEUTERONOMIO 16*

Respecto a la amplia lista de abominaciones que abarcan todos los aspectos de la conducta, el Libro del Levítico es el que las describe con más detalle y las registra en sus capítulos décimo octavo, décimo noveno y vigésimo. Conviene leer con atención estos tres capítulos a fin de tener presente cuáles son las conductas que resultan execrables a los ojos del Eterno.

La primera relación de los actos que el Eterno considera abominación queda consignada en el capítulo décimo octavo del Libro del Levítico. Aborda las abominaciones de orden moral que son muy detalladas y precisas. En ellas, la expresión bíblica *"descubrir la desnudez"* significa copular.

La larga lista de abominaciones transcrita a continuación comienza con los preceptos relativos al incesto:

> *⁶ Ninguno de vosotros se acercará a una parienta cercana suya para descubrir su desnudez; yo soy el Señor.*
> *⁷ No descubrirás la desnudez de tu padre, o la desnudez de tu madre. Es tu madre, no descubrirás su desnudez.*
> *⁸ No descubrirás la desnudez de la mujer de tu padre; es la desnudez de tu padre.*
> *⁹ La desnudez de tu hermana, sea hija de tu padre o de tu madre, nacida en casa o nacida fuera, su desnudez no descubrirás.*
> *¹⁰ La desnudez de la hija de tu hijo, o de la hija de tu hija, su desnudez no descubrirás; porque su desnudez es la tuya.*
> *¹¹ La desnudez de la hija de la mujer de tu padre, engendrada de tu padre, su desnudez no descubrirás; tu hermana es.*
> *¹² No descubrirás la desnudez de la hermana de tu padre; parienta de tu padre es.*
> *¹³ No descubrirás la desnudez de la hermana de tu madre; parienta de tu madre es.*
> *¹⁴ No descubrirás la desnudez del hermano de tu padre; no te acercarás a su mujer, tu tía es.*
> *¹⁵ No descubrirás la desnudez de tu nuera; es mujer de tu hijo, no descubrirás su desnudez.*
> *¹⁶ No descubrirás la desnudez de la mujer de tu hermano; es la desnudez de tu hermano.*
> *¹⁷ No descubrirás la desnudez de una mujer y la de su hija, ni tomarás la hija de su hijo ni la hija de su hija para descubrir su desnudez; son parientas. Es aborrecible.*
> *¹⁸ No tomarás mujer juntamente con su hermana, para que sea rival suya, descubriendo su desnudez mientras está viva.*
>
> *LEVÍTICO 18*

La Ley de Dios recogida en el Pentateuco y, después, en el resto de la Biblia, afirma tajantemente que toda forma de incesto es una abominación que corrompe al hombre y a la sociedad.

El Libro del Levítico prosigue con una serie de preceptos relativos a la prohibición de cometer adulterio, tanto como de practicar la sodomía, que Dios tacha de abominación, o la zoofilia, que es perversión. También incluye la proscripción de la mayor de todas las aberraciones que es el sacrifico de los hijos a Moloc. El Eterno afirma que estas conductas depravadas generan corrupción, con su consiguiente efecto devastador para la colectividad:

*[20] No te acostarás con la mujer de tu prójimo, contaminándote con ella.*

*[21] TAMPOCO DARÁS HIJO TUYO PARA OFRECERLO A MOLOC, ni profanarás el nombre de tu Dios; yo soy el Señor.*

*[22] No te acostarás con varón como los que se acuestan con mujer; es una abominación.*

*[23] No te ayuntarás con ningún animal, contaminándote con él, ni mujer alguna se pondrá delante de un animal para ayuntarse con él; es una perversión.*

*LEVÍTICO 18*

Efectivamente, en el Libro del Levítico, el Eterno proscribe categóricamente los sacrificios de hijos a Moloc. Tener que formular semejante prohibición da una idea de la barbarie de los pueblos que rodeaban a los hebreos y de los que procedían. El sacrificio humano, en particular el de los hijos, representa el súmmum de las aberraciones, siendo la característica propia del culto al maligno. Es execración para el Eterno. De hecho, sacrificar hijos a los dioses es la abominación de las abominaciones y, en consecuencia, acarrea el castigo máximo para el transgresor que es la muerte física con expulsión del pueblo de Dios, esto es, ser excluido de la salvación.

El capítulo vigésimo del Libro del Levítico refleja la cólera del Eterno contra el culto a Moloc y las prácticas demoniacas que conlleva. Semejante horror es la peor de las profanaciones y contaminaciones:

*¹ Y el Señor habló a Moisés, diciendo:*
*² Dirás también a los hijos de Israel: «Cualquier hombre de los hijos de Israel, o de los extranjeros que residen en Israel, que DÉ ALGUNO DE SUS HIJOS A MOLOC, ciertamente se le dará muerte; EL PUEBLO DE LA TIERRA LO MATARÁ A PEDRADAS.*
*³ Yo pondré mi rostro contra ese hombre y LO CORTARÉ DE ENTRE SU PUEBLO, porque ha dado de sus hijos a Moloc, CONTAMINANDO ASÍ MI SANTUARIO Y PROFANANDO MI SANTO NOMBRE.*
*⁴ Pero si el pueblo de la tierra cierra sus ojos con respecto a ese hombre, cuando él ofrezca alguno de sus hijos a Moloc, para no darle muerte,*
*⁵ entonces yo mismo pondré mi rostro contra ese hombre y contra su familia; y lo cortaré de entre su pueblo, a él y a todos los que con él se prostituyan, fornicando en pos de Moloc.*
*LEVÍTICO 20*

En el Libro del Deuteronomio, la palabra del Señor alerta incesantemente a los hebreos contra las abominaciones perpetradas por otras naciones durante los ritos de adoración a sus dioses y califica como acción execrable quemar a sus vástagos en honor de sus deidades. El Altísimo declara odiar esas prácticas:

*²⁸ Escucha con cuidado todas estas palabras que te mando, para que te vaya bien a ti y a tus hijos después de ti para siempre, porque estarás haciendo lo que es bueno y justo delante del Señor tu Dios.*
*²⁹ Cuando el Señor tu Dios haya destruido delante de ti las naciones que vas a desposeer, y las hayas desposeído y habites en su tierra,*
*³⁰ cuídate de no caer en una trampa imitándolas, después que hayan sido destruidas delante de ti, y de no buscar sus dioses, diciendo: «¿Cómo servían estas naciones a sus dioses para que yo haga lo mismo?».*
*³¹ No procederás así para con el Señor tu Dios, porque toda acción*

*abominable que EL SEÑOR ODIA ellos la han hecho en honor de sus dioses; porque AUN A SUS HIJOS Y A SUS HIJAS QUEMAN EN EL FUEGO EN HONOR A SUS DIOSES.*
*DEUTERONOMIO 12*

Esas aberraciones corrompen la tierra, por lo que *"la tierra ha vomitado a sus moradores"*. Es una gigantesca transgresión que tiene un desmesurado impacto negativo, por lo que la Biblia advierte constantemente acerca de las terribles consecuencias que la corrupción acarrea para el grupo humano en el que se incrusta:

*24 No os contaminéis con ninguna de estas cosas, porque por todas estas cosas se han contaminado las naciones que voy a echar de delante de vosotros.*
*25 Porque ESTA TIERRA SE HA CORROMPIDO, por tanto, HE CASTIGADO SU INIQUIDAD SOBRE ELLA, Y LA TIERRA HA VOMITADO A SUS MORADORES.*
*LEVÍTICO 18*

Por ende, el Señor exhorta a sus siervos a no incurrir en ninguna de esas abominaciones para que la tierra no les *"vomite por haberla contaminado"*. Tanta es la capacidad corruptora de esos horrores que aquellos que los perpetran serán irreparablemente cortados de su pueblo, es decir, del pueblo de Dios o del Libro del Eterno. No hay mayor castigo y, para purgar semejantes pecados, la contrición, la confesión y la expiación son vanas e inoperantes. El texto bíblico exige a los hebreos que comprendan que esas abominaciones son como un cáncer para la tierra y que, por mucho que la sociedad las disculpe o las tolere, Dios no lo hace:

*26 Pero en cuanto a vosotros, guardaréis mis estatutos y mis leyes y NO HARÉIS NINGUNA DE ESTAS ABOMINACIONES, ni el nativo ni el forastero que reside entre vosotros*
*27 (porque los hombres de esta tierra que fueron antes de vosotros*

*han hecho todas estas abominaciones, y la tierra se ha contaminado),*
*²⁸ no sea QUE LA TIERRA OS VOMITE POR HABERLA CONTAMINADO, como vomitó a la nación que estuvo antes de vosotros.*
*²⁹ Porque todo el que haga cualquiera de ESTAS ABOMINACIONES, AQUELLAS PERSONAS QUE LAS HAGAN, SERÁN CORTADAS DE ENTRE SU PUEBLO.*
*³⁰ Por tanto, GUARDARÉIS MI ORDENANZA, NO PRACTICANDO NINGUNA DE LAS COSTUMBRES ABOMINABLES QUE SE PRACTICARON ANTES DE VOSOTROS, PARA QUE NO OS CONTAMINÉIS CON ELLAS; yo soy el Señor vuestro Dios.*
*LEVÍTICO 18*

El capítulo vigésimo del Libro del Levítico continúa enumerando las transgresiones en materia de conducta. Algunas, como el adulterio, el incesto, la sodomía o la zoofilia, repiten lo ya dispuesto en el capítulo décimo octavo del Libro Levítico.

A ellas se añade maldecir a los padres que llevará culpa de sangre:

*⁹ Todo aquel que MALDIGA A SU PADRE O A SU MADRE, ciertamente se le dará muerte; ha maldecido a su padre o a su madre, su culpa de sangre sea sobre él.*
*¹⁰ Si un hombre comete ADULTERIO con la mujer de otro hombre, (que cometa adulterio con la mujer de su prójimo), el adúltero y la adúltera ciertamente han de morir.*
*¹¹ Si alguno se acuesta con la mujer de su padre, ha descubierto la desnudez de su padre; ciertamente han de morir los dos; su culpa de sangre sea sobre ellos.*
*¹² Si alguno se acuesta con su nuera, ciertamente han de morir los dos, han cometido grave perversión; su culpa de sangre sea sobre ellos.*
*¹³ Si alguno se acuesta con varón como los que se acuestan con mujer, los dos han cometido abominación; ciertamente han de*

*morir. Su culpa de sangre sea sobre ellos.*
*[14] Si alguno toma a una mujer y a la madre de ella, es una*
*inmoralidad; él y ellas serán quemados para que no haya*
*inmoralidad entre vosotros.*
*[15] Si alguno se ayunta con un animal, ciertamente se le dará*
*muerte; también mataréis al animal.*
*[16] Si alguna mujer se llega a un animal para ayuntarse con él,*
*matarás a la mujer y al animal; ciertamente han de morir. Su*
*culpa de sangre sea sobre ellos.*
*[17] Si alguno toma a su hermana, hija de su padre o hija de su*
*madre, viendo la desnudez de ella, y ella ve la desnudez de él, es*
*cosa abominable; serán exterminados a la vista de los hijos de su*
*pueblo. Él ha descubierto la desnudez de su hermana, lleva su*
*culpa.*
*LEVÍTICO 20*

En el mismo capítulo, el Libro del Levítico continúa detallando las prohibiciones complementarias concernientes al incesto cometido con otros parientes:

*[19] No descubrirás tampoco la desnudez de la hermana de tu madre,*
*ni la de la hermana de tu padre, porque el que lo haga ha*
*desnudado a su pariente carnal, ellos llevarán su culpa.*
*[20] Si alguno se acuesta con la mujer de su tío, ha descubierto la*
*desnudez de su tío; ellos llevarán su pecado. Sin hijos morirán.*
*[21] Si alguno toma a la mujer de su hermano, es cosa aborrecible;*
*ha descubierto la desnudez de su hermano. Serán sin hijos.*
*LEVÍTICO 20*

El corolario del capítulo vigésimo del Libro del Levítico es la exigencia de observar los estatutos y ordenanzas de Dios para que la tierra no *"vomite"* a la humanidad.

El rigor y la responsabilidad bíblica chocan con la inversión de valores de las sociedades modernas en las que buena parte de las abominaciones listadas más arriba es legal y muchas de ellas son consideradas como demostraciones de libertad y de modernidad.

Sin embargo, el Pentateuco relaciona reiteradamente la corrupción del ser humano con un reflejo de rechazo del planeta que acaba por *"vomitar"* a la humanidad.

Y de la repetición de esa enseñanza idéntica en los libros de la Ley, se extrae una conclusión fundamental, a saber, que la vida recta y justa no redunda en beneficio del Eterno, sino que es una medida conservadora esencial para garantizar la supervivencia de la humanidad.

Existe, pues, un equilibrio sutil entre el Bien y el Mal que rige el planeta y si el Mal prevalece, la tierra se libra de los transgresores. Entonces, la humanidad se transforma en el verdadero peligro y quizá en la única enemiga del mundo:

> [22] *Guardad, por tanto, todos mis estatutos y todas mis ordenanzas, y cumplidlos, A FIN DE QUE NO OS VOMITE LA TIERRA a la cual os llevo para morar en ella.*
> [23] *Además, no andéis en las costumbres de la nación que yo echaré de delante de vosotros; porque ellos hicieron todas estas cosas, yo los aborrecí.*
> [24] *Por eso os he dicho: "Vosotros poseeréis su tierra, y yo mismo os la daré para que la poseáis, una tierra que mana leche y miel". Yo soy el Señor vuestro Dios, que os he apartado de los pueblos.*
> *LEVÍTICO 20*

El Libro del Levítico también subraya la correlación entre la prostitución y la corrupción que produce, que es capaz de llenar la tierra y destruirla. Establece, además, las prohibiciones relativas a los tatuajes y las marcas en el cuerpo:

> [28] *No haréis sajaduras en vuestro cuerpo por un muerto, ni os haréis tatuajes; yo soy el Señor.*

*²⁹ No degradarás a tu hija haciendo que se prostituya, PARA QUE LA TIERRA NO SE ENTREGUE A LA PROSTITUCIÓN NI SE LLENE DE CORRUPCIÓN.*
*LEVÍTICO 19*

Los preceptos relativos a la condena de la prostitución incluyen su vertiente homosexual. El versículo siguiente trata de aquella consagrada a un culto pagano. Lógicamente, traer los frutos de dicha actividad a la casa del Señor es abominación:

*¹⁷ Ninguna de las hijas de Israel será RAMERA DE CULTO PAGANO; tampoco ninguno de los hijos de Israel será SODOMITA DE CULTO PAGANO.*
*¹⁸ No traerás la paga de una ramera ni el sueldo de un sodomita a la casa del Señor tu Dios para cualquier ofrenda votiva, porque los dos son abominación para el Señor tu Dios.*
*DEUTERONOMIO 23*

Siguen las prohibiciones relativas a la adivinación y al espiritismo que también son abominaciones para el Eterno, como la de inmolar a su prole. Y se acompañan del precepto de ser intachable a ojos de Dios:

*⁹ Cuando entres en la tierra que el Señor tu Dios te da, no aprenderás a hacer las cosas abominables de esas naciones.*
*¹⁰ NO SEA HALLADO EN TI NADIE QUE HAGA PASAR A SU HIJO O A SU HIJA POR EL FUEGO, NI QUIEN PRACTIQUE ADIVINACIÓN, NI HECHICERÍA, O SEA AGORERO, O HECHICERO,*
*¹¹ O ENCANTADOR, O MÉDIUM, O ESPIRITISTA, NI QUIEN CONSULTE A LOS MUERTOS.*
*¹² Porque cualquiera que hace estas cosas es abominable al Señor; y por causa de estas abominaciones el Señor tu Dios expulsará a esas naciones de delante de ti.*
*¹³ SERÁS INTACHABLE DELANTE DEL SEÑOR TU DIOS.*

*14 Porque esas naciones que vas a desalojar escuchan a los que practican hechicería y a los adivinos, pero a ti el Señor tu Dios no te lo ha permitido.*
*15 Un profeta de en medio de ti, de tus hermanos, como yo, te levantará el Señor tu Dios; a él oiréis.*
DEUTERONOMIO 18

Como indican los versículos precedentes, el Señor rechaza la adivinación y la hechicería y lo mismo se aplica a la consulta a médiums o espiritistas, a los que se recurre para contactar con los muertos. Es abominación. La condena se repite en el capítulo décimo noveno del Libro del Levítico:

*31 No os volváis a los médium ni a los espiritistas, ni los busquéis para ser contaminados por ellos. Yo soy el Señor vuestro Dios.*
LEVÍTICO 19

Adivinos, hechiceros, médiums o espiritistas contaminan y corrompen por estar al servicio de las fuerzas tenebrosas que canalizan para sus adivinaciones. Por ende, el castigo recibido por incurrir en semejante transgresión es el peor de todos. De modo que, aquellos que frecuentan a los médiums o espiritistas serán cortados del pueblo de Dios:

*6 En cuanto a la persona que vaya a los médiums o a los espiritistas, para prostituirse en pos de ellos, también pondré mi rostro contra esa persona y la cortaré de entre su pueblo.*
LEVÍTICO 20

Tanto es así que, el Libro Primero de las Crónicas relata que el rey Saúl murió por no haber guardado la palabra del Señor *"y también porque consultó y pidió consejo a una médium y no consultó al Señor"*.

Ciertamente, cuando el siervo de Dios necesita consejo, ha

de dirigirse al Eterno y de ningún modo a seres humanos que pueden estar parasitados por fuerzas oscuras:

*¹³ Así murió Saúl por la transgresión que cometió contra el Señor por NO HABER GUARDADO LA PALABRA DEL SEÑOR, Y TAMBIÉN PORQUE CONSULTÓ Y PIDIÓ CONSEJO A UNA MÉDIUM,*
*¹⁴ Y NO CONSULTÓ AL SEÑOR. Por tanto, Él le quitó la vida y transfirió el reino a David, hijo de Isaí.*
I CRÓNICAS 10

La pena para los médiums y espiritistas es la muerte del cuerpo:

*²⁷ Si hay médium o espiritista entre ellos, hombre o mujer, ciertamente han de morir; serán apedreados; su culpa de sangre sea sobre ellos.*
LEVÍTICO 20

Dios transmite Su Voz a los profetas. En el capítulo décimo octavo del Libro del Deuteronomio, el Eterno subraya el absoluto respeto con el que transmiten Su Palabra, afirmando lo siguiente: *"pondré mis palabras en su boca, y él les hablará todo lo que yo le mande"*. Por ello, cuando un profeta habla en Nombre del Señor sus vaticinios se cumplen.

Hablar falazmente en Nombre del Eterno es ofender a Dios, es un pecado gravísimo. En consecuencia, la muerte será el destino de los falsos profetas y de aquellos que hablen en nombre de otros dioses, que engañen escudándose en el Señor y auguren lo que no acontece. Todos ellos son videntes ficticios que descarrían al pueblo:

*¹⁸ Un profeta como tú levantaré de entre sus hermanos, y pondré mis palabras en su boca, y él les hablará todo lo que yo le mande.*
*¹⁹ Y sucederá que a cualquiera que no oiga mis palabras que él ha*

*de hablar en mi nombre, yo mismo le pediré cuenta.*
*[20] Pero el profeta que hable con presunción en mi nombre una palabra que yo no le haya mandado hablar, o que hable en el nombre de otros dioses, ese profeta morirá».*
*[21] Y si dices en tu corazón: «¿Cómo conoceremos la palabra que el Señor no ha hablado?».*
*[22] Cuando un profeta hable en el nombre del Señor, si la cosa no acontece ni se cumple, esa es palabra que el Señor no ha hablado; con arrogancia la ha hablado el profeta; no tendrás temor de él.*
*DEUTERONOMIO 18*

El Pentateuco enumera asimismo los mandatos acerca del trato debido a los extranjeros.

En este aspecto de la conducta, la exigencia ética es máxima puesto que Dios manda amar al forastero como a uno mismo. Este precepto se basa en la justa reciprocidad ya que los hebreos fueron extranjeros en Egipto. Así lo refleja el Libro del Levítico:

*[33] Cuando un extranjero resida con vosotros en vuestra tierra, no lo maltrataréis.*
*[34] El extranjero que resida con vosotros os SERÁ COMO UNO NACIDO ENTRE VOSOTROS, y LO AMARÁS COMO A TI MISMO, porque extranjeros fuisteis vosotros en la tierra de Egipto; yo soy el Señor vuestro Dios.*
*LEVÍTICO 19*

El Libro del Deuteronomio recoge igualmente el mandato de amar al extranjero con parecidos argumentos a los esgrimidos por el Libro del Levítico:

*[17] Porque el Señor vuestro Dios es Dios de dioses y Señor de señores, Dios grande, poderoso y temible que no hace acepción de personas ni acepta soborno.*
*[18] Él hace justicia al huérfano y a la viuda, y muestra su amor al*

*extranjero dándole pan y vestido.*
*[19] Mostrad, pues, amor al extranjero, porque vosotros fuisteis*
*extranjeros en la tierra de Egipto.*
*DEUTERONOMIO 10*

En cuanto a las ofensas hechas al Eterno, el Libro del Levítico incluye la blasfemia, indicando que maldecir a Dios conlleva su castigo:

*[15] Y a los hijos de Israel hablarás, diciendo: Cualquiera que*
*maldijere a su Dios, llevará su castigo.*
*LEVÍTICO 24*

Y la sanción para los blasfemos, sean nativos o extranjeros, será la expulsión del pueblo de Dios. Como se ha indicado anteriormente, es un castigo irreversible porque equivale a ser excluido del Libro del Eterno, de aquellos que serán salvos:

*[30] Pero aquel que obre con desafío, ya sea nativo o extranjero, ese*
*blasfema contra el Señor, y esa persona será cortada de entre su*
*pueblo.*
*[31] Porque ha menospreciado la palabra del Señor, y ha*
*quebrantado su mandamiento, esa persona será enteramente*
*cortada; su culpa caerá sobre ella.*
*NÚMEROS 15*

En términos generales, para no generar corrupción, conviene extremar las precauciones, porque el pecado cometido por inadvertencia, aun por error, también requiere expiación, aunque el perdón en estos casos sea posible. En cierta medida, es la lógica que subyace en la máxima *"la ignorancia de la ley no exime de su cumplimiento"* que se aplica al derecho moderno:

*[28] Y el sacerdote HARÁ EXPIACIÓN delante del Señor por la persona*

*que ha COMETIDO ERROR, cuando peca inadvertidamente, haciendo expiación por él, Y SERÁ PERDONADO.*
*NÚMEROS 15*

El Libro del Deuteronomio resume la Ley de Dios, afirmando que consiste en observar sus estatutos y aborrecer el mal, esto es, temer al Señor:

*²⁴ Y el Señor nos mandó que observáramos todos estos estatutos, y que temiéramos siempre al Señor nuestro Dios para nuestro bien y para preservarnos la vida, como hasta hoy.*
*DEUTERONOMIO 6*

En fin, no está de más subrayar que la Biblia insiste en que, si el pueblo persevera en las transgresiones y en las abominaciones descritas en el Pentateuco, la tierra se contaminará y acabará *"vomitando a sus moradores"*. Ello es gravísimo porque conduce a una aniquilación general:

*²⁵ Y LA TIERRA FUE CONTAMINADA; Y YO VISITÉ SU INIQUIDAD SOBRE ELLA, Y LA TIERRA VOMITÓ SUS MORADORES.*
*LEVÍTICO 18*

Estableciendo un paralelismo entre la actualidad y la consecuencia de la contaminación, convendría preguntarse si las crisis que atraviesa la humanidad en tiempos presentes pudieran ser debidas al cúmulo de transgresiones humanas durante siglos y al poso de corrupción que han dejado y que, para ser evacuado, se precisase una purificación general.

Naturalmente, la humanidad no es consciente de ese riesgo porque ha sido educada para ver con normalidad todo tipo de infracciones a la Ley de Dios. Solo algunos sensitivos, en todas las espiritualidades, entienden que el peligro es real.

# Capítulo 5

# La Justicia

Como se ha venido explicando en capítulos anteriores, la Justicia es la virtud máxima a ojos del Eterno. Es la quintaesencia del Bien sobre la tierra. Esforzarse por vivir con Justicia ha de ser la aspiración máxima del devoto comprometido con la Ley de Dios.

Y el mayor exponente del ser humano que sigue el camino del Señor es el JUSTO. Cuando su evolución espiritual está finalizada, se transforma en santo y, después, según los cabalistas, en ángel.

Antes de llegar al nivel del justo, el devoto experimenta la Justicia internamente y ello se exterioriza en su ejemplo de vida.

En el Pentateuco, la primera manifestación de la Justicia como excelsa virtud es la función que asume el gobernante, que es la de impartir justicia a su pueblo y, se completa con el derecho, esto es, con las normas de justicia.

Sin olvidar que la perversión de la Justicia y del derecho genera un detrito de corrupción que se incrusta poco a poco en la sociedad y que, al llegar a un cierto nivel, la destruye.

# El juez gobernante

Moisés, el profeta del Altísimo, es la máxima autoridad y guía del pueblo hebreo, lo que en la Biblia se conoce como el JUEZ, aquel que está investido en Nombre del Señor del poder de arbitrar los problemas que le someten los ciudadanos.

Tal como relata el Libro del Éxodo en su capítulo décimo octavo, la función del juez gobernante implica convertirse en el portavoz de Dios: *"el pueblo viene a mí para consultar a Dios"*, dice Moisés, y añade: *"Cuando tienen un pleito, vienen a mí, y yo juzgo entre uno y otro, dándoles a conocer los estatutos de Dios y sus leyes."*

> *[13] Y aconteció que al día siguiente Moisés se sentó a juzgar al pueblo; y el pueblo estuvo delante de Moisés desde la mañana hasta el atardecer.*
>
> *[14] Cuando el suegro de Moisés vio todo lo que él hacía por el pueblo, dijo: ¿Qué es esto que haces por el pueblo? ¿Por qué juzgas tú solo, y todo el pueblo está delante de ti desde la mañana hasta el atardecer?*
>
> *[15] Y respondió Moisés a su suegro: Porque EL PUEBLO VIENE A MÍ PARA CONSULTAR A DIOS.*
>
> *[16] CUANDO TIENEN UN PLEITO, VIENEN A MÍ, Y YO JUZGO ENTRE UNO Y OTRO, DÁNDOLES A CONOCER LOS ESTATUTOS DE DIOS Y SUS LEYES.*
>
> *ÉXODO 18*

Moisés asume la función de juez en solitario con el ánimo de servir a los hebreos, hasta que su carga de trabajo es tan aplastante que ha de proceder al nombramiento de jueces auxiliares destinados a solventar los asuntos menores, guardando para sí los de mayor importancia. Con esta medida, Moisés crea lo que se ha dado en llamar la administración de justicia.

El capítulo décimo octavo del Libro del Éxodo precisa que los jueces serán *"hombres capaces, temerosos de Dios, hombres veraces que aborrezcan las ganancias deshonestas"*. Esto es, hombres justos:

*¹⁷ Y el suegro de Moisés le dijo: No está bien lo que haces.*
*¹⁸ Con seguridad desfallecerás tú, y también este pueblo que está contigo, porque el trabajo es demasiado pesado para ti; no puedes hacerlo tú solo.*
*¹⁹ Ahora, escúchame; yo te aconsejaré, y Dios estará contigo. SÉ TÚ EL REPRESENTANTE DEL PUEBLO DELANTE DE DIOS, Y SOMETE LOS ASUNTOS A DIOS.*
*²⁰ Y ENSÉÑALES LOS ESTATUTOS Y LAS LEYES, Y HAZLES SABER EL CAMINO EN QUE DEBEN ANDAR Y LA OBRA QUE HAN DE REALIZAR.*
*²¹ Además, escogerás de entre todo el pueblo HOMBRES CAPACES, TEMEROSOS DE DIOS, HOMBRES VERACES QUE ABORREZCAN LAS GANANCIAS DESHONESTAS, y los pondrás sobre el pueblo como jefes de mil, de cien, de cincuenta y de diez.*
*²² Y que juzguen ellos al pueblo en todo tiempo; y que traigan a ti todo pleito grave, pero que ellos juzguen todo pleito sencillo. Así será más fácil para ti, y ellos llevarán la carga contigo.*
*²³ Si haces esto, y Dios te lo manda, tú podrás resistir y todo este pueblo por su parte irá en paz a su lugar.*
*ÉXODO 18*

El Libro del Deuteronomio registra en su primer capítulo el relato de los jueces gobernantes destinados a asistir a Moisés. En los versículos que se transcriben a continuación, figura el mandato de juzgar justamente, y se introducen los preceptos relativos a la imparcialidad en el juicio: *"No mostraréis parcialidad en el juicio; lo mismo oiréis al pequeño que al grande. No tendréis temor del hombre, porque el juicio es de Dios. Y el caso que sea muy difícil para vosotros, me lo traeréis a mí, y yo lo oiré.".*

De ello se desprende que la administración de justicia es de crucial importancia puesto que, como dicen los anteriores versículos, *"el juicio es de Dios".* Así pues, el juez es nada menos que el instrumento del Eterno sobre la tierra para que impere la Justicia:

*⁹ Y en aquel tiempo os hablé, diciendo: «Yo solo no puedo llevar la carga de todos vosotros.*

*¹⁰ El Señor vuestro Dios os ha multiplicado y he aquí que hoy sois como las estrellas del cielo en multitud.*

*¹¹ Que el Señor, el Dios de vuestros padres, os multiplique mil veces más de lo que sois y os bendiga, tal como os ha prometido.*

*¹² ¿Cómo puedo yo solo llevar el peso y la carga de vosotros y vuestros litigios?*

*¹³ Escoged de entre vuestras tribus HOMBRES SABIOS, ENTENDIDOS Y EXPERTOS, y yo los nombraré como vuestros jefes».*

*¹⁴ Y vosotros me respondisteis, y dijisteis: «Bueno es que se haga lo que has dicho».*

*¹⁵ Entonces tomé a los principales de vuestras tribus, hombres sabios y expertos, y los nombré como dirigentes vuestros, jefes de mil, de cien, de cincuenta, y de diez, y oficiales para vuestras tribus.*

*¹⁶ Y en aquella ocasión mandé a vuestros jueces, diciendo: «Oíd los pleitos entre vuestros hermanos, y JUZGAD JUSTAMENTE entre un hombre y su hermano o el forastero que está con él.*

*¹⁷ NO MOSTRARÉIS PARCIALIDAD EN EL JUICIO; LO MISMO OIRÉIS AL PEQUEÑO QUE AL GRANDE. NO TENDRÉIS TEMOR DEL HOMBRE, PORQUE EL JUICIO ES DE DIOS. Y EL CASO QUE SEA MUY DIFÍCIL PARA VOSOTROS, ME LO TRAERÉIS A MÍ, Y YO LO OIRÉ.»*

*DEUTERONOMIO 1*

El capítulo décimo sexto del Libro del Deuteronomio enumera igualmente los preceptos que deben guiar el desempeño de los jueces. Se resumen en no torcer la justicia, no hacer acepción de personas y no aceptar soborno, porque pervierte al sabio y al justo. En fin, la misión de los jueces puede resumirse en el lema siguiente: *"la justicia y solo la justicia buscarás"*.

*[18] Nombrarás para ti jueces y oficiales en todas las ciudades que el Señor tu Dios te da, según tus tribus, y ellos juzgarán al pueblo con justo juicio.*
*[19] NO TORCERÁS LA JUSTICIA; NO HARÁS ACEPCIÓN DE PERSONAS, NI TOMARÁS SOBORNO, PORQUE EL SOBORNO CIEGA LOS OJOS DEL SABIO Y PERVIERTE LAS PALABRAS DEL JUSTO.*
*[20] LA JUSTICIA, Y SOLO LA JUSTICIA BUSCARÁS, para que vivas y poseas la tierra que el Señor tu Dios te da.*
*DEUTERONOMIO 16*

El Libro del Deuteronomio insiste en su capítulo décimo noveno acerca de la necesidad de efectuar encuestas judiciales minuciosas y detalla las precauciones que se han de tomar contra los falsos testimonios y las condenas pronunciadas sin contar con dos o tres testigos. Decreta, además, que el testigo falso será castigado con la sanción que proyectaba para aquel al que acusó falsamente. Semejante retribución se consideraba necesaria como escarmiento para extirpar el mal de la colectividad:

*[15] No se levantará un solo testigo contra un hombre por cualquier iniquidad o por cualquier pecado que haya cometido; el caso será confirmado por el testimonio de dos o tres testigos.*
*[16] Si un testigo falso se levanta contra un hombre para acusarle de transgresión,*
*[17] los dos litigantes se presentarán delante del Señor, delante de los sacerdotes y de los jueces que haya en esos días.*
*[18] Y los jueces investigarán minuciosamente; y si el testigo es un testigo falso y ha acusado a su hermano falsamente,*
*[19] entonces le haréis a él lo que él intentaba hacer a su hermano.*

*Así quitarás el mal de en medio de ti.*
*[20] Los demás oirán y temerán, y nunca más volverán a hacer una maldad semejante en medio de ti.*
*[21] Y no tendrás piedad: vida por vida, ojo por ojo, diente por diente, mano por mano, pie por pie.*
*DEUTERONOMIO 19*

En su capítulo vigésimo quinto, el Libro del Deuteronomio ordena taxativamente absolver al justo y condenar al culpable:

*[1] Si hubiere pleito entre algunos, y acudieren al tribunal para que los jueces los juzguen, éstos ABSOLVERÁN AL JUSTO, Y CONDENARÁN AL CULPABLE.*
*DEUTERONOMIO 25*

Asimismo, el Libro del Levítico en su capítulo décimo noveno confirma el mandato de juzgar con justicia al prójimo, esto es, no hacer injusticia en el juicio para favorecer al pobre o complacer al rico:

*[15] NO HARÁS INJUSTICIA EN EL JUICIO; no favorecerás al pobre ni complacerás al rico, sino que con justicia juzgarás a tu prójimo.*
*LEVÍTICO 19*

Y, en fin, el Libro del Levítico insiste en la regla absoluta de no hacer injusticia en los juicios, del deber de cumplir todos los estatutos y ordenanzas del Señor y lo acompaña de la obligación de tener pesos y balanzas justos, de ahí el conocido símbolo de la justicia que ha llegado hasta la actualidad:

*[35] NO HARÉIS INJUSTICIA EN LOS JUICIOS, ni en las medidas de peso ni de capacidad.*
*[36] Tendréis balanzas justas, pesas justas, un efa justo y un hin justo. Yo soy el Señor vuestro Dios que os saqué de la tierra de*

*Egipto.*
*[37] Así pues, OBSERVARÉIS TODOS MIS ESTATUTOS Y TODAS MIS ORDENANZAS, Y LOS CUMPLIRÉIS; YO SOY EL SEÑOR».*
*LEVÍTICO 19*

En cuanto a las jerarquías que imparten justicia y a sus respectivos niveles de responsabilidad, el Libro del Deuteronomio establece que, en caso de duda sobre una sentencia, los jueces han de consultar a los sacerdotes:

*[8] Si un caso es demasiado difícil para que puedas juzgar, como entre una clase de homicidio y otra, entre una clase de pleito y otra, o entre una clase de asalto y otra, siendo casos de litigio en tus puertas, te levantarás y subirás al lugar que el Señor tu Dios escoja,*
*[9] y vendrás al sacerdote levita o al juez que oficie en aquellos días, e inquirirás de ellos, y ellos te declararán el fallo del caso.*
*[10] Y harás conforme a los términos de la sentencia que te declaren desde aquel lugar que el Señor escoja; y cuidarás de observar todo lo que ellos te enseñen.*
*[11] Según los términos de la ley que ellos te enseñen, y según la sentencia que te declaren, así harás; no te apartarás a la derecha ni a la izquierda de la palabra que ellos te declaren.*
*[12] Y el hombre que proceda con soberbia, no escuchando al sacerdote que está allí para servir al Señor tu Dios, ni al juez, ese hombre morirá; así quitarás el mal de en medio de Israel.*
*[13] Entonces todo el pueblo escuchará y temerá, y no volverá a proceder con presunción.*
*DEUTERONOMIO 17*

Por su parte, el Libro del Éxodo confirma los preceptos destinados a los jueces alertándoles contra toda falsedad en la justicia. A ello se añade la interdicción absoluta de recibir soborno ya que pervierte al justo. Esa misma prohibición de percibir soborno se repite casi palabra por palabra en el capítulo décimo sexto, versículo diecinueve, del Libro del Deuteronomio, transcrito más arriba:

*⁶ NO PERVERTIRÁS EL DERECHO DEL MENESTEROSO EN SU PLEITO.*
*⁷ ALÉJATE DE ACUSACIÓN FALSA, Y NO MATES AL INOCENTE NI AL*
*JUSTO, PORQUE YO NO ABSOLVERÉ AL CULPABLE.*
*⁸ Y NO ACEPTARÁS SOBORNO, PORQUE EL SOBORNO CIEGA AUN AL DE*
*VISTA CLARA Y PERVIERTE LAS PALABRAS DEL JUSTO.*
*ÉXODO 23*

En su capítulo vigésimo tercero, el Libro del Éxodo detalla los mandatos para conducirse con justicia. Fundamentalmente, trata de las prohibiciones relativas a las falsedades cometidas contra el derecho y contra los que son juzgados.

Los siguientes versículos recogen la interdicción de propagar falsos rumores, compincharse para dar falso testimonio, dejarse llevar por la multitud para hacer el mal o pervertir la justicia, así como la de ser parcial con el pobre en su pleito:

*¹ No propagarás FALSO RUMOR; no te concertarás con el impío*
*para ser TESTIGO FALSO.*
*² NO SEGUIRÁS A LA MULTITUD PARA HACER EL MAL, NI TESTIFICARÁS*
*EN UN PLEITO INCLINÁNDOTE A LA MULTITUD PARA PERVERTIR LA*
*JUSTICIA;*
*³ TAMPOCO SERÁS PARCIAL AL POBRE EN SU PLEITO.*
*ÉXODO 23*

El Libro del Levítico insiste, además, en la noción de justicia ineludible al afirmar que la transgresión por inadvertencia no exime del castigo. Lo mismo se vio anteriormente en el capítulo décimo quinto del Libro de los Números que admite la expiación y el perdón en esos casos:

*<sup>17</sup> Finalmente, si una persona pecare haciendo alguna de todas aquellas cosas que por mandamiento del Señor no se han de hacer, sin hacerlo a sabiendas, es culpable, y llevará su iniquidad.*

*LEVÍTICO 5*

Los preceptos divinos afirman que la Justicia debe habitar el corazón del ser humano por estar dotado de la capacidad de discernir el Bien del Mal, con lo que dispone de una brújula interna que le permite saber a qué atenerse en todo momento.

Puesto que la Justicia es la virtud central en la Biblia y el culmen del Bien, aquellos que se sienten reivindicados por Dios al haber logrado el cumplimiento de sus anhelos o al haber alcanzado una difícil victoria, lo expresan diciendo que el Eterno les ha hecho justicia.

Este es el caso de Raquel, que relata el Libro del Génesis:

*<sup>6</sup> «Dios me ha hecho justicia, pues ha oído mi voz y me ha dado un hijo.» Por eso le llamó Dan.*

*GÉNESIS 30*

# El derecho

El Libro del Levítico enumera en su capítulo décimo noveno la lista de las reglas del derecho. Además de no hurtar, robar, mentir o jurar en falso en Nombre de Dios, incluye los mandatos de no oprimir al prójimo, no pagar con retraso, no maldecir al sordo ni poner tropiezo delante del ciego. En todo se actuará con temor de Dios, esto es, aborreciendo el Mal:

> *[11] No hurtaréis, ni engañaréis, ni os mentiréis unos a otros.*
> *[12] Y no juraréis en falso por mi nombre, profanando así el nombre de tu Dios; yo soy el Señor.*
> *[13] No oprimirás a tu prójimo, ni le robarás. El salario de un jornalero no ha de quedar contigo toda la noche hasta la mañana.*
> *[14] No maldecirás al sordo, ni pondrás tropiezo delante del ciego, sino que tendrás temor de tu Dios; yo soy el Señor.*
> *LEVÍTICO 19*

En el Libro del Deuteronomio se encuentra la prohibición de llevar cosas abominables al hogar, porque lo contamina. Un ejemplo de estas serían las ganancias injustas además de todo lo impuro:

> *[26] Y no traerás cosa abominable a tu casa, pues serás anatema como ella; ciertamente la aborrecerás y la abominarás, pues es anatema.*
> *DEUTERONOMIO 7*

Por su parte, el Libro del Levítico añade normas de conducta que incluyen no calumniar ni atentar contra la vida del prójimo, abstenerse de odiarle, no vengarse ni guardar rencor. Al contrario, es preceptivo amar al prójimo como a sí mismo:

> *[16] No andarás de calumniador entre tu pueblo; no harás nada contra la vida de tu prójimo; yo soy el Señor.*
> *[17] No odiarás a tu compatriota en tu corazón; podrás ciertamente reprender a tu prójimo, pero no incurrirás en pecado a causa de él.*
> *[18] No te vengarás, ni guardarás rencor a los hijos de tu pueblo, sino que AMARÁS A TU PRÓJIMO COMO A TI MISMO; yo soy el Señor.*
> *LEVÍTICO 19*

Al final de esta lista de preceptos sobre el comportamiento conforme a derecho, se encuentra el mandamiento de no guardar rencor al prójimo ni vengarse, sino amarle como a uno mismo.

Sin embargo, ya que nadie puede evitar ser agraviado por otras personas en el curso de su existencia, importa añadir que el Libro del Deuteronomio decreta que la venganza es una prerrogativa exclusiva del Eterno. Por ello, a Dios debe encomendarse tanto la retribución como el resarcimiento:

> [35] *Mía es la venganza y la retribución; a su tiempo el pie de ellos resbalará, porque el día de su calamidad está cerca, ya se apresura lo que les está preparado.*
> DEUTERONOMIO 32

En fin, en cuanto a las sanciones que llegan como consecuencia de los pecados, el Libro del Deuteronomio establece que el castigo no es hereditario ni se traspasa de padres a hijos o viceversa. En caso de grave transgresión, cada uno morirá por su propio pecado:

> [16] *Los padres no morirán por sus hijos, ni los hijos morirán por sus padres; CADA UNO MORIRÁ POR SU PROPIO PECADO.*
> DEUTERONOMIO 24

# La corrupción de la Justicia y del derecho

El Pentateuco precisa en detalle los términos de la Ley aplicables a la gravísima transgresión que supone la corrupción de la Justicia y del derecho.

Cuando se pervierten, la descomposición que producen se

infiltra, permeando sectores cada vez más amplios de la sociedad y termina por destruirla y, a término, daña a la tierra.

Es, además, una falta imperdonable ya que, como se ha visto, el Pentateuco recuerda que, por saber discernir el Bien del Mal desde sus orígenes, el respeto a la Justicia no es una opción para el ser humano ni se presta a componendas. En caso de vulneración, no valen disculpas, confesiones o arrepentimientos.

Dios lo transmite en el Libro del Génesis, el hombre solo es carne, está inclinado al Mal y su voluntad es hacer siempre el mal. Y, puesto que la naturaleza humana es corruptible, el Eterno dotó a la humanidad de instrumentos para domeñarla.

Así, la Justicia y su traducción en las normas del derecho son las herramientas que el Altísimo puso a disposición del ser humano, a través de la Biblia, para controlar su sempiterna tendencia al Mal. Por ello, la guía de la Justicia se impuso como remedio.

De modo que, solo la Justicia y el derecho pueden erigirse en muro protector de la colectividad como medida preventiva contra los efectos devastadores de la corrupción.

La corrupción en el ser humano es tanto moral como material. Comienza en el interior de los hombres impulsados por la ambición de obtener por cualquier medio lo que no les corresponde y va avanzando como una plaga hasta instalarse completamente en los usos colectivos. En cuanto se hace visible, ya es demasiado tarde y resulta arduo eliminarla, actúa con efecto dominó y lo que termina por erradicarse es la noción misma de Justicia y de derecho que, al pervertirse, se hunden en la prevaricación.

A la envergadura de la transgresión corresponde la magnitud de la sanción divina. Por ello, la suerte que el Pentateuco reserva al corrupto es ejemplarizante. En un primer término, le condena a ser maldito frente a su colectividad y, con ello, refleja el afán del Eterno en crear una comunidad virtuosa en la que la putrefacción debe ser señalada y erradicada.

Así, el Libro del Deuteronomio recoge la maldición que lanza el pueblo contra el corrupto. El versículo siguiente se refiere a aquel que vulnera el derecho del forastero y de los más débiles como son el huérfano y la viuda:

> *19 Maldito el que pervierta el derecho del forastero, del huérfano y de la viuda. Y todo el pueblo dirá: "Amén."*
> DEUTERONOMIO 27

La corrupción tiene muchas caras. La mentira y la cobardía culpable son algunas de ellas. En ese contexto, el Libro del Levítico afirma que, aquel que sea testigo de un delito y no lo declare en el juicio, recibirá sobre sí la iniquidad del acto:

> *1 Si alguien peca al ser llamado a testificar, siendo testigo de lo que ha visto o sabe, y no lo declara, será culpable.*
> LEVÍTICO 5

Una sociedad comprometida con la virtud, como debió ser el pueblo hebreo en tiempos de Moisés, era capaz de detectar a los corruptos y neutralizarlos. Con ello, daba testimonio de gran sabiduría porque la Biblia repite hasta la saciedad que los corruptos son una lacra para la comunidad y, cuanto más encumbrados están en la pirámide social, cuanto mayores son las responsabilidades que detentan, más nocivos resultan.

El Pentateuco afirma que la maldición también recae sobre aquel que acepte soborno para quitar la vida a un inocente y registra la condena del Eterno contra los sicarios de todo tipo, que pueden ser gobernantes, asesinos a sueldo, testigos falsos, abogados o jueces corruptos:

> *25 MALDITO EL QUE ACEPTE SOBORNO PARA QUITAR LA VIDA A UN INOCENTE. Y todo el pueblo dirá: "Amén."*
> DEUTERONOMIO 27

Dejando aparte a los gobernantes y a los criminales cuya

impiedad es conocida, quizá los jueces y agentes de la justicia, tan falibles como cualquier ser humano, prefieran olvidar este precepto del Libro del Deuteronomio que les condena a ser malditos cuando se avienen a perder su independencia en favor de los intereses de poderes establecidos, teniendo la vista puesta en el avance de su carrera o en cualquier otra ventaja o motivo, sea por cobardía o para no desentonar.

Por ello, cuando la corrupción se incrusta en la justicia de los hombres, el pilar fundamental de la sociedad se corroe ya que la virtud de la Justicia es una emanación directa de Dios. Entonces, la corrupción deviene la norma y no la excepción.

El Libro del profeta Miqueas, en sus capítulos tercero y séptimo, denuncia a los jueces que piden soborno o recompensa. Dichos versículos se verán en la segunda parte de este ensayo, en el capítulo 11 sobre la corrupción.

Cuando se puede comprar a los jueces, entonces y ahora, se produce lo que se ha dado en denominar en el lenguaje moderno de manera bastante atrevida: *"togas en venta"*.

Sin embargo, en ambientes fuertemente corrompidos, los jueces también prevarican por amenaza o bajo coacción.

En ambos casos, actuando por recompensa o por temor, elegirán ignorar e incluso negar, que serán malditos si perjudican a un inocente, pero el precepto existe y su aplicación es inexorable.

Por la importante función con la que han sido investidos, la corrupción de los jueces es traición a Dios y no existe mayor pecado. Solo otro gremio, el de los eclesiásticos, puede traicionar a Dios. Ambos han recibido una misión sagrada, el juez juzga en Nombre de Dios y el eclesiástico ha consagrado su vida al Señor y a Él se debe. Quien aceptó el cargo, aceptó la carga y debe sobrellevarla. Así pues, desde una perspectiva más amplia que la meramente temporal, resulta absurdo poner en peligro el alma por menudos privilegios materiales.

El Pentateuco determina que, si las autoridades de todo tipo protagonizan numerosos casos de corrupción, no es por falta de supervisión, es por el estado de descomposición de la sociedad.

Ciertamente, cuando se multiplican los asuntos turbios en el seno de una comunidad es que la corrupción se ha transformado en cultura dominante. El ejercicio del poder deja de ser la noble actividad de gestionar lo público y se transforma en el arte de acumular privilegios, escamotear componendas y esquilmar al prójimo.

Llegados a ese punto, las autoridades y dirigentes negligen al ciudadano y se consagran a la defensa de intereses particulares, a menudo espurios. Se conducen de manera abiertamente deshonesta y desleal sin respeto a los deberes inherentes a su función.

Es el caso de las sociedades actuales que se encuentran en franco contraste con la sociedad santa deseada por el Eterno. Se han degenerado tanto que recompensan al inicuo y persiguen al recto. Se han invertido los valores, los escrúpulos y los principios.

A pesar de que la Biblia es el libro más ampliamente disponible y el más vendido en la actualidad, pocos la leen, menos la conocen y algunos incluso la desacralizan catalogándola de literatura antigua. En consecuencia, las máximas bíblicas sobre la Justicia y el derecho son ignoradas y, si acaso, consideradas anacrónicas y utópicas.

La Biblia estorba, Dios queda lejos.

En el mundo del siglo XXI solo cuenta el interés personal y lo que es bueno individualmente es percibido como el Bien. En cuanto al Mal, aparece como una entelequia pasada de moda. Por no hablar del demonio que, según el sentir popular, no es sino una invención de clérigos controladores.

El relativismo moral lo impregna todo. Esa es la cultura actual de los hombres.

Sin embargo, sean cuales fueren las creencias y el estilo de vida del hombre, Dios dispone que es maldito todo aquel que incurre en transgresiones o comete abominaciones. Esto es, es maldito todo aquel que se corrompe.

Ergo, visto el estado de la sociedad, sería apenas exagerado concluir que la sociedad actual está poblada por una gran cantidad de malditos.

Sin embargo, hay remedio ya que, cada ser humano atesora un fractal de Dios. Según los cabalistas, son las chispas divinas con las que el Eterno creó al hombre y, apoyándose en ellas durante una vida justa, pueden conducir a la integridad.

Los justos están espiritualmente avanzados y, por tanto, más cerca de su núcleo divino, por lo que tienen el deber de rechazar la corrupción y también de denunciarla.

Para cualquier justo, e incluso para toda persona honesta, luchar contra la corrupción es una tarea espinosa porque está por todas partes. Parece misión imposible, tanto como neutralizar el estímulo que representa el dinero para el hombre.

Aunque, el coraje de los puros es indispensable para la sostenibilidad de cada grupo humano porque, cuando se arroja luz sobre los secretos de los podridos, se cohíben y, con ello, la corrupción se ve obstaculizada.

Por su incómodo papel en este mundo de maldad enraizada, los justos y los rectos son tremendamente impopulares y provocan un miedo cerval. Están solos mientras dura su cruzada, pero persisten porque saben que el Mal repugna a Dios.

Y es que, rechazar a los que desvelan la verdad es consustancial a los grupos humanos de todos los tiempos porque su funcionamiento reposa sobre maquinaciones y corruptelas.

No obstante, represaliar a los que destapan amaños es uno de los indicativos más certeros del estado de podredumbre de una colectividad.

Los hijos de este siglo consideran a los justos como personas anticuadas, inadaptadas e incapaces de entender cómo funcionan las cosas. Son una molestia que se critica abiertamente y, si condenan o se oponen a las conductas reprobables y criminógenas que les rodean, se convierten en un blanco a abatir. El recorrido vital de los incorruptibles y de los denunciantes da buena prueba de ello.

El justo tiene el perfil opuesto al de las autoridades corruptas de toda índole, carentes de empatía, ávidas de poder y de riquezas. Mientras el justo piensa en asegurarse la vida eterna, el poderoso actúa únicamente en aras de su placer que siempre es destructivo.

En la actualidad se observa como la mayor parte de las autoridades y dirigentes han perdido la capacidad de sacrificarse en aras del interés general que representan y al que prometieron servir. Pocos son los líderes que mantienen intactos sus compromisos y principios. La mayoría los que acceden al poder buscan únicamente su provecho.

Individualmente, son malévolos y hacen gala de ello entre sus pares por considerar la crueldad como un rasgo distintivo de fortaleza y una condición indispensable para saber mandar. Obran abiertamente contra la Justicia y, en su mayor parte, son perversos que desprecian al prójimo que les encumbró.

Aunque para secundar sus transgresiones, las autoridades inicuas cuentan con jueces corruptos que dan cobertura a sus tropelías. Ello genera impotencia y frustración en los demás sectores de la sociedad que, privados de una instancia de recurso honesta, se ven impotentes para contrariar al poder, y ni siquiera intentarlo, si pretenden subsistir.

Confrontados a semejante panorama de contaminación general, son numerosos los ciudadanos que, a imagen de la élite, olvidan su deber de justicia para transformarse en validadores o bien en cooperadores necesarios de un sistema basado en la impostura y la falsedad.

Además, el sistema corrupto necesita construirse a partir de la colaboración de multitud de peones, que suelen ser mediocres, ambiciosos y cobardes. Son los cómplices necesarios para destruir a los íntegros que resisten, que son los mejores elementos de la sociedad.

Los que se ponen al servicio de las corruptelas siempre abundan porque la corrupción es una enfermedad endémica del poder que ejerce una extraordinaria influencia en los peldaños inferiores de la colectividad corrompida. Seguir la corriente, sea cual sea su orientación, y satisfacer al poderoso es menos arriesgado que adoptar una postura ética y hacerle frente.

En el siglo XXI, tan frívolo y superficial, el concepto de Justicia se limita a la aplicación mecánica del derecho que articula a la sociedad, obviando completamente su dimensión ética, que es la fundamental.

En lo que respecta a la corrupción, solo se contempla su vertiente material puesto que la corrupción moral apenas se aborda ya que, prácticamente todas las conductas, aun pervertidas y aberrantes, son legales o toleradas y están, a menudo, bien vistas, considerándolas manifestaciones de la libertad individual.

Hay que retener que, cuando la corrupción se apodera de una sociedad, se banaliza y acaba impregnando cada estrato de poder en cualquier sector de actividad. En efecto, si la corrupción se da por supuesta en el mundo moderno, y se ignora, es porque constituye la norma.

El drama actual del mundo es, pues, que la corrupción ha llegado a ser tan corriente que ha quedado implantada y se acepta con naturalidad, por lo que es lícito concluir que los grupos humanos funcionan gracias a su estímulo.

Por ende, la sociedad aprecia a los corruptos de toda índole como a los más avispados, los más aptos para triunfar, los más flexibles y abiertos. No se les califica negativamente ni reciben rechazo alguno. Son útiles porque siempre se puede contar con su oportunismo para aprovechar cualquier ocasión que se presente.

Puesto que el corrupto carece de escrúpulos y es un facilitador, se solicita su colaboración para llevar a término todo tipo de proyectos y liderar empresas o naciones. Y así va el mundo.

Semejante perversión de los valores y de la ética demuestra hasta qué punto la corrupción es el combustible de la sociedad.

En ese contexto de contaminación generalizada, los pocos renuentes que osan oponerse, que son los justos, han de sufrir represalias mientras los podridos quedan impunes. Los jueces prevaricadores velan por ello y los íntegros son invitados a mancillarse, a veces por las malas. Aun así, los jueces íntegros y rectos que resisten todas las presiones y tentaciones son un faro y una inspiración en medio de la tempestad de los amaños, aunque su suerte, como la de los justos, suele ser adversa.

Una de las mayores pruebas con la que el justo puede llegar a enfrentarse es ser testigo de un crimen o de un apaño, porque su conciencia le obligará a alertar sobre ello. Y entonces empezará su calvario. Tendrá que encajar represalias en cascada y ver como todos se ponen de perfil ignorando la defensa del interés general. Deberá constatar con rabia como la corrupción se oculta de mil maneras con la excusa de proteger a poderes o a instituciones, cuando la realidad es la contraria, limpiar la colectividad de corrupción es la única forma de preservarla.

Sin embargo, cubrir las componendas y a sus perpetradores es el juego impuesto y el que no se pliega, se transforma en un blanco fácil y acaba siendo descartado con malas artes.

Es innegable que, cada justo que se ha opuesto o ha denunciado la corrupción de un centro o de un representante del poder, se ha situado inmediatamente en situación de indefensión. Su único sostén ha sido el Eterno, aunque, bendito sea, no hay mayor apoyo al que pueda aspirarse.

Cuando el justo denuncia la corrupción es castigado por sus semejantes a causa de la tendencia al Mal del ser humano que produce percepciones diversas de lo que es bueno o malo. Para el que solo es carne, todo lo bueno es lo que le da placer y lo condenable es lo que se opone a su beneficio. Está tan contaminado que ignora o desdeña la diferencia entre el Bien y el Mal que, sin embargo, está obligado a conocer.

Enfrentado a esa tesitura, el justo suele acudir inocentemente a la justicia en busca de reparación. Suele ser un esfuerzo vano porque, tradicionalmente, como se ha visto, la mayoría de los jueces trata de complacer a los más fuertes y cubre los escándalos que pudieran perjudicarles.

Ciertamente, quedan jueces dignos de su función, pero, cuando un juez honesto decide dar la razón al justo, no falta otro de rango superior que, previa intervención de los poderosos, se la acaba quitando, con lo que su premio por haber intentado proteger a la comunidad es portar un estigma que le persigue de por vida.

Cuanto más grave sea el crimen, más se hará pagar al denunciante. Cuanto más poderosa sea la institución señalada, peor será el trato que reciba el que cumplió con su deber.

Prestándose a represaliar al justo, los jueces vulneran tanto la Ley de Dios como la carga sagrada que pesa sobre sus espaldas que es impartir Justicia en Nombre del Eterno. Con ello contribuyen muy significativamente a que la podredumbre se incruste en la sociedad.

La corrupción de los jueces y agentes de justicia es, en verdad, una tragedia porque deja sin escapatoria al justo perseguido y sin esperanza al hombre común que desea vivir con honestidad.

En tiempos del Pentateuco se mataba al corrupto cumpliendo con la Ley de Dios. Hoy en día, se han invertido las tornas y se mata civilmente al justo y también al honesto. Puede incluso que el sistema condene al denunciante íntegro al ostracismo porque, al que rompe la ley del silencio que rige toda sociedad criminal, se le destruye.

Sin embargo, no hay que olvidar que el justo cumple con la voluntad de Dios y que ello le protege espiritualmente. Él guardará su alma intacta, no así los compinches de la iniquidad.

El justo, ese individuo inestimable por su incorruptibilidad y por su coraje, se inscribe en la categoría de los héroes y da un gran ejemplo a sus semejantes.

La deuda que la sociedad contrae con los justos es inmensa. Solo Dios podrá darles su recompensa por las penurias sufridas al servicio del bien superior que a todos salva.

Por contraste, desde un punto de vista bíblico, se puede afirmar tajantemente que, los seres humanos corruptos son células cancerosas y la cultura de corrupción es el auténtico cáncer de la sociedad. Individualmente, son pérfidos congénitos porque la corrupción solo avanza a base de engaño y traición.

Los corruptos son el epítome de la vileza y de la ignominia. Han perdido su capacidad de orientarse hacia el Bien. Son, pues, la demostración encarnada de la tendencia al Mal del ser humano. Por ello, desde un punto de vista espiritual, no merecen compasión, son elementos nocivos que van pudriéndolo todo a su paso. Sin embargo, abundan, y la sociedad no parece ser capaz de ponerles freno. Y una sociedad que no sabe protegerse está abocada a su destrucción.

Siempre desde una perspectiva bíblica, este estado de cosas permite augurar la purga que se avecina ya que las Sagradas Escrituras repiten una y otra vez que, cuando se ha alcanzado un determinado nivel de corrupción, todo se deshace.

Así, al acumularse las transgresiones y la podredumbre, el castigo divino se desencadena y la tierra se libera de la humanidad destruyéndola total o parcialmente.

La Biblia recuerda incansablemente que toda transgresión va en contra de Dios y que la Justicia es el valor supremo de la conducta humana.

Y Dios es benevolente, pero también riguroso.

De modo que, para erradicar la cultura de corrupción es imperativo que la colectividad guarde la Ley de Dios, lo que supone un profundo cambio de mentalidad, sobre todo de las élites, pasando de la voluntad de servir los intereses propios a la de servir el bien común. Además, individualmente es preciso adoptar una visión transcendente de la vida que ponga los intereses generales y la salud del alma por encima de la satisfacción de los deseos y placeres efímeros porque solo la Ley de Dios permite transmutar la codicia y la avaricia en honestidad.

En resumen, contra la corrupción, que es la gran enemiga del ser humano, importa volver a lo estipulado por Dios que consiste en guardar su Ley y cumplir sus estatutos para, simplemente, poder seguir subsistiendo como especie:

*¹ Y el Señor habló a Moisés, diciendo:*
*² Habla a los hijos de Israel y diles: «Yo soy el Señor vuestro Dios.*
*³ No haréis como hacen en la tierra de Egipto en la cual morasteis, ni haréis como hacen en la tierra de Canaán adonde yo os llevo; no andaréis en sus estatutos.*
*⁴ HABRÉIS DE CUMPLIR MIS LEYES Y GUARDARÉIS MIS ESTATUTOS PARA VIVIR SEGÚN ELLOS; yo soy el Señor vuestro Dios.*
*⁵ Por tanto, GUARDARÉIS MIS ESTATUTOS Y MIS LEYES, POR LOS CUALES EL HOMBRE VIVIRÁ SI LOS CUMPLE; yo soy el Señor.*
*LEVÍTICO 18*

# Capítulo 6

# La Benevolencia del Eterno

Frente a la severidad de Dios respecto a las transgresiones a Su Ley, importa poner en paralelo la benevolencia del Eterno hacia sus criaturas que es constante en la Biblia. Su rigor no impide Su misericordia y viceversa. Dios es justo y es santo.

Lo describe diáfanamente el Libro del Éxodo en el episodio de las Tablas de la Ley:

*⁵ Y el Señor descendió en la nube y estuvo allí con él (con Moisés), mientras este invocaba el nombre del Señor.*
*⁶ Entonces pasó el Señor por delante de él y proclamó: El Señor, el Señor, DIOS COMPASIVO Y CLEMENTE, LENTO PARA LA IRA Y ABUNDANTE EN MISERICORDIA Y FIDELIDAD.*
*ÉXODO 34*

Y lo expresa asimismo el Libro del Deuteronomio:

*⁹ Reconoce, pues, que el Señor tu Dios es Dios, el Dios fiel, que guarda su pacto y SU MISERICORDIA HASTA MIL GENERACIONES CON*

*AQUELLOS QUE LE AMAN Y GUARDAN SUS MANDAMIENTOS;*
*[10] pero al que le odia, le da el pago en su misma cara,*
*destruyéndolo; y no se tarda en castigar al que le odia, en su*
*misma cara le dará el pago.*
*[11] Guarda, por tanto, el mandamiento y los estatutos y los decretos*
*que yo te mando hoy, para cumplirlos.*
*DEUTERONOMIO 7*

La Palabra del Eterno acerca de su misericordia se encuentra en el capítulo vigésimo del Libro del Éxodo y en el capítulo quinto del libro del Deuteronomio, vistos anteriormente en el apartado de los Diez Mandamientos. En esos epígrafes, el Eterno afirma con términos idénticos: *"muestro misericordia a millares, a los que me aman y guardan mis mandamientos"*

Dios demuestra en efecto su misericordia hacia el ser humano a cada paso mediante Su guía y protección y Su benevolencia se concreta fundamentalmente en dos pactos, la alianza con el ser humano y la consagración de los primogénitos.

# Alianza con el ser humano

El Eterno eligió a Abraham, después de a la pareja original y a Noé, para sellar su Pacto con el ser humano y le designó como patriarca del pueblo hebreo. Es el Pacto renovado entre Dios y la especie humana creada para grandes designios que resultaron malogrados por la desobediencia de Adán y Eva en el Jardín del Edén. Aquel pecado le costó al ser humano la incorruptibilidad a la que el Eterno la tenía destinada.

Inicialmente, el nombre de Abraham era Abram, pero se modificó después de demostrar su obediencia total al Eterno aceptando sacrificar a su hijo Isaac. Por no ser más que una prueba de lealtad, Dios detuvo el brazo de Abraham en cuanto vio que su compromiso era firme. Así, al concluir el Pacto con Abraham, el Eterno le bendijo y, a través de él, a todas las familias de la tierra:

*³ Bendeciré a los que te bendigan, y al que te maldiga, maldeciré. Y EN TI SERÁN BENDITAS TODAS LAS FAMILIAS DE LA TIERRA.*
*GÉNESIS 12*

Abraham se mostró digno de Dios gracias a su fe inquebrantable, lo que el Señor reconoció por justicia, como refleja el Libro del Génesis. Ese fue también el caso de Raquel, citado también en el Génesis, a la que Dios hizo justicia dándole un hijo:

*⁶ Y Abram creyó en el Señor, y Él se lo reconoció por justicia.*
*GÉNESIS 15*

Como se ha indicado, la Justicia es siempre la virtud central. Por ende, el vínculo de Abraham con el Señor le otorga una protección divina duradera. Dios le garantiza: *"Yo soy un escudo para ti".*

*¹ Después de estas cosas la palabra del Señor vino a Abram en visión, diciendo: No temas, Abram, YO SOY UN ESCUDO PARA TI; tu recompensa será muy grande.*
*GÉNESIS 15*

La Biblia es misteriosa en múltiples aspectos y uno de ellos es la larga duración que atribuye a la vida de los patriarcas. El Libro del Génesis relata, en su capítulo décimo séptimo, que Abram tenía noventa y nueve años cuando el Señor concluyó su Pacto con él y le pidió que siguiera Su senda y fuera perfecto:

*¹ Cuando Abram tenía noventa y nueve años, el Señor se le apareció, y le dijo: Yo soy el Dios Todopoderoso; ANDA DELANTE DE MÍ, Y SÉ PERFECTO.*
*² Y yo estableceré mi pacto contigo, y te multiplicaré en gran manera.*
*GÉNESIS 17*

Por su parte, Moisés recomienda a su pueblo que, en caso de que se haya corrompido y esté siendo probado por la adversidad, busque al Señor de todo corazón y con toda su alma, y el Eterno, que es compasivo, no le abandonará ni le destruirá. Más bien al contrario, recordará el Pacto que ha concluido con él:

*²⁹ Pero desde allí BUSCARÁS AL SEÑOR TU DIOS, Y LO HALLARÁS SI LO BUSCAS CON TODO TU CORAZÓN Y CON TODA TU ALMA.*
*³⁰ En los postreros días, cuando estés angustiado y todas esas cosas te sobrevengan, VOLVERÁS AL SEÑOR TU DIOS Y ESCUCHARÁS SU VOZ.*
*³¹ PUES EL SEÑOR TU DIOS ES DIOS COMPASIVO; NO TE ABANDONARÁ, NI TE DESTRUIRÁ, ni olvidará el pacto que Él juró a tus padres.*
*DEUTERONOMIO 4*

Un precepto fundamental del Pacto es no olvidar a Dios en la abundancia porque todo procede de Él, todo se le debe a Él. En consecuencia, la soberbia, que pretende equiparar al hombre con Dios, es siempre duramente castigada:

*¹¹ Cuídate de NO OLVIDAR AL SEÑOR TU DIOS dejando de guardar sus mandamientos, sus ordenanzas y sus estatutos que yo te ordeno hoy;*
*¹² no sea que cuando hayas comido y te hayas saciado, y hayas construido buenas casas y habitado en ellas,*
*¹³ y cuando tus vacas y tus ovejas se multipliquen, y tu plata y oro se multipliquen, y todo lo que tengas se multiplique,*

*<sup>14</sup> entonces TU CORAZÓN SE ENORGULLEZCA, Y TE OLVIDES DEL SEÑOR TU DIOS que te sacó de la tierra de Egipto de la casa de servidumbre.*
*DEUTERONOMIO 8*

El Libro del Deuteronomio traduce en normas las bases del Pacto con el Eterno que incluyen la prohibición de la idolatría, y advierten sobre las consecuencias de romperlo, sabiendo que *"el Señor tu Dios es fuego consumidor, un Dios celoso"*:

*<sup>23</sup> Guardaos, pues, no sea que olvidéis el pacto que el Señor vuestro Dios hizo con vosotros, y os hagáis imagen tallada en forma de cualquier cosa que el Señor tu Dios te ha prohibido. <sup>24</sup> Porque el Señor tu Dios es fuego consumidor, un Dios celoso.*
*DEUTERONOMIO 4*

En el mismo Libro del Deuteronomio, el Eterno pone de nuevo en guardia contra el orgullo y la soberbia que alejan de Dios y hacen olvidar que todo se obtiene por Su gracia:

*<sup>17</sup> No sea que digas en tu corazón: «Mi poder y la fuerza de mi mano me han producido esta riqueza» <sup>18</sup> Mas acuérdate del Señor tu Dios, porque Él es el que te da poder para hacer riquezas, a fin de confirmar su pacto, el cual juró a tus padres como en este día.*
*DEUTERONOMIO 8*

La soberbia es una grave transgresión y la idolatría, una abominación. El culto a otros dioses se paga con la muerte porque supone afrentar al Eterno al no escuchar Su voz:

*<sup>19</sup> Y sucederá que si alguna vez te olvidas del Señor tu Dios, y vas en pos de otros dioses, y los sirves y los adoras, yo testifico contra vosotros hoy, que ciertamente pereceréis.*

*²⁰ Como las naciones que el Señor destruye delante de vosotros, así pereceréis, porque no oísteis la voz del Señor vuestro Dios.*
DEUTERONOMIO 8

Dios exige de su pueblo que aborrezca el Mal, que ame al Señor sirviéndole de todo corazón y que guarde sus mandamientos y sus estatutos:

*¹² Y ahora, Israel, ¿qué requiere de ti el Eterno, sino que temas al Señor tu Dios, que andes en todos sus caminos, que le ames y que le sirvas con todo tu corazón y con toda tu alma, ¹³ y que guardes los mandamientos del Eterno y sus estatutos que yo te ordeno hoy para tu bien?*
DEUTERONOMIO 10

El Libro del Deuteronomio aclara que guardar el Pacto sellado con el Eterno permitirá que el pueblo de Dios prospere en todo lo que haga:

*⁹ Guardad, pues, las palabras de este pacto y ponedlas en práctica, PARA QUE PROSPERÉIS EN TODO LO QUE HAGÁIS.*
DEUTERONOMIO 29

En fin, el Libro del Deuteronomio describe el Pacto en términos de vida y de Bien contra muerte y Mal. Ese es el propósito de amar a Dios, andar por la senda que Él ha trazado y guardar sus mandamientos y sus decretos para obtener su bendición en todo lo que se emprenda:

*¹⁵ Mira, yo he puesto hoy delante de ti LA VIDA Y EL BIEN, LA MUERTE Y EL MAL; ¹⁶ pues TE ORDENO HOY AMAR AL SEÑOR TU DIOS, ANDAR EN SUS CAMINOS Y GUARDAR SUS MANDAMIENTOS, SUS ESTATUTOS Y SUS DECRETOS, para que vivas y te multipliques, A FIN DE QUE EL SEÑOR*

*TU DIOS TE BENDIGA en la tierra que vas a entrar para poseerla.*
*DEUTERONOMIO 30*

En fin, el Libro del Deuteronomio resume el Pacto con el Eterno en un solo versículo que integra sus pautas fundamentales, buscar a Dios y temerle, lo que significa aborrecer el Mal, guardar sus mandamientos, escuchar Su voz, servirle y unirse a Él.

*[4] En pos del Señor vuestro Dios andaréis y a Él temeréis; guardaréis sus mandamientos, escucharéis su voz, le serviréis y a Él os uniréis.*
*DEUTERONOMIO 13*

# Consagración de los primogénitos

Como se ha visto anteriormente, el castigo de Dios a los pueblos inicuos puede ser tan severo como para eliminar a sus primogénitos. Cuando esto sucede, ellos son los elegidos para la ofrenda o el escarmiento porque, en la antigüedad, se creía que los primogénitos venían al mundo con una carga espiritual mayor que la del resto de su fratría. Eran, pues, enlaces designados con la deidad sobre la tierra y, por el tesoro energético que encerraban, estaban destinados a ser las víctimas sacrificiales para los dioses que demandaban inmolaciones humanas, como Moloc.

Por idéntica razón, la protección del pueblo hebreo exigía que cada primer nacido fuese consagrado a Dios ya que eran los escogidos por el Señor para ser sacralizados y dedicarse a su servicio y a su culto en el seno del grupo familiar.

Sin embargo, ambas consagraciones, al demonio y a Dios, eran de naturaleza muy distinta y solo tenían en común el depósito espiritual reforzado con el que nace el primogénito. La primera nutría a la deidad con la vida de la víctima y la segunda, vinculaba a Dios con su pueblo. Una honraba el Mal y otra celebraba el Bien.

Así pues, del mismo modo que el Eterno aniquiló a los primogénitos de Egipto, requirió de su pueblo la consagración de todo primogénito, tanto humano como animal, para reforzar el vínculo con sus elegidos. Esto es lo que el Eterno manda a Moisés en el capítulo décimo tercero del Libro del Éxodo:

*¹ Entonces el Señor habló a Moisés, diciendo:*
*² CONSÁGRAME TODO PRIMOGÉNITO; el primer nacido de toda matriz entre los hijos de Israel, tanto de hombre como de animal,*
*ME PERTENECE.*
*ÉXODO 13*

El mandato de consagrar los primogénitos al Eterno se repite en el capítulo octavo de Libro de los Números en el que el Señor reitera que le fueron santificados el día que hirió a los primogénitos de Egipto y que, por tanto, le pertenecen:

*¹⁷ Porque míos son todos los primogénitos de entre los hijos de Israel, tanto de hombres como de animales; el día en que herí a todo primogénito en la tierra de Egipto, LOS SANTIFIQUÉ PARA MÍ.*
*NÚMEROS 8*

La Biblia revela que todos los dones vienen de Dios. Así, los logros que obtienen los hombres, o su comunidad, no pueden atribuirse a los méritos humanos sino a la benevolencia del Eterno.

Y puesto que toda gracia se debe a la magnanimidad del Señor, el pueblo mantiene su conexión con la divinidad a través de la consagración de los primogénitos que canalizan la energía divina y atraen tanto Sus favores como Su protección.

# Capítulo 7

# Ruptura del Pacto

Moisés era consciente de la inclinación al Mal del ser humano y, por ende, de la tendencia a la transgresión de todo su pueblo. Así pudo prever que este se corrompería después de su muerte y advirtió que, entonces, el Mal se abatiría sobre los hebreos por haber hecho lo que era malo ante los ojos de Dios.

Lo explica el Libro del Deuteronomio:

*29 Porque yo sé que DESPUÉS DE MI MUERTE OS CORROMPERÉIS y os apartaréis del camino que os he mandado; y el mal vendrá sobre vosotros en los postreros días, pues haréis lo que es malo a la vista del Señor, provocándole a ira con la obra de vuestras manos.*

*DEUTERONOMIO 31*

Dios no tolera el Mal por ser radicalmente opuesto a su naturaleza, y cuando debe rendirse a la evidencia de que la maldad ha ganado a Sus criaturas, Su ira se desencadena.

Los hebreos no tenían derecho al error ya que Moisés les había mostrado la vía en el Pentateuco y, concretamente, a través del

Libro del Deuteronomio, indicando que el camino del Señor es el de la bendición y la vida y que apartarse de él suponía adentrase en el de la muerte y la maldición. Una vez más, la senda marcada era erradicar el culto a otros dioses, amar al Señor, escuchar Su voz y estar cerca de Él:

> *¹⁷ Pero si tu corazón se desvía y no escuchas, sino que te dejas arrastrar y TE POSTRAS ANTE OTROS DIOSES Y LOS SIRVES, ¹⁸ yo os declaro hoy que CIERTAMENTE PERECERÉIS. No prolongaréis vuestros días en la tierra adonde tú vas, cruzando el Jordán para entrar en ella y poseerla.*
>
> *¹⁹ AL CIELO Y A LA TIERRA PONGO HOY COMO TESTIGOS CONTRA VOSOTROS DE QUE HE PUESTO ANTE TI LA VIDA Y LA MUERTE, LA BENDICIÓN Y LA MALDICIÓN. ESCOGE, PUES, LA VIDA PARA QUE VIVAS, TÚ Y TU DESCENDENCIA, ²⁰ AMANDO AL SEÑOR TU DIOS, ESCUCHANDO SU VOZ Y ALLEGÁNDOTE A ÉL; PORQUE ESO ES TU VIDA Y LA LARGURA DE TUS DÍAS, para que habites en la tierra que el Señor juró dar a tus padres Abraham, Isaac y Jacob.*
>
> *DEUTERONOMIO 30*

El Libro del Deuteronomio describe cómo el pueblo de Dios prospera y, con ello, su corazón se enorgullece apartándose de Dios. La abundancia le proporciona un sentimiento de seguridad, de estar al abrigo de las penalidades gracias a sus logros y considera que nada puede acontecerle porque su posición le protege. Por desgracia, ese comportamiento es una constante. Lo recuerda el Salmo cuadragésimo noveno en su versículo vigésimo primero: *"el hombre en los honores no comprende, se asemeja a la bestia enmudecida."*

Sin embargo, el orgullo parte de una suposición falsa puesto que todo se debe a la magnanimidad del Eterno y solo Él protege. Y lo cierto es que, el orgulloso siempre es puesto a prueba.

En los versículos siguientes del Libro del Deuteronomio, el Eterno determina que los hebreos *"son una generación perversa, hijos en los cuales no hay fidelidad"*. Ese reproche hace referencia a las transgresiones capaces de romper el Pacto. No obstante, el Eterno es misericordioso y atribuye los sacrificios que su pueblo ofrece a los dioses malignos a una falta de discernimiento y de comprensión.

El Eterno afirma además lo siguiente: *"olvidaste al Dios que te dio a luz"*, en una frase que reivindica la génesis divina del hombre, aunque este, comportándose como materia, lo ignore.

Así, el recorrido transgresor del pueblo que se aleja de Dios queda reseñado en el Libro del Deuteronomio que indica cómo distanciarse del Eterno pone en peligro la continuidad del Pacto y, cómo la acumulación de provocaciones y de abominaciones que ello supone, acaba provocando la ira del Eterno.

La parte final del siguiente epígrafe es extraordinariamente interesante cuando afirma: *"Porque son una nación privada de consejo, y no hay en ellos inteligencia. Ojalá que fueran sabios, que comprendieran esto, que discernieran su futuro."*. La inconsciencia humana lleva al abandono de Dios, pero el Creador está siempre presente. Es el principal compañero de vida y el socio prioritario de cada peregrinación humana sobre la tierra. Los versículos siguientes demuestran, pues, que el principal beneficiado de no apartarse del Eterno es el hombre, ya que, en caso contrario, él mismo será el factor desencadenante de su infortunio.

Así, el Señor transmite mediante Su Palabra el deseo de que su pueblo sea sabio, pueda comprender la Ley de Dios y, con ello, sea capaz de discernir su futuro:

*15 Pero Israel engordó y dio coces (has engordado, estás cebado y rollizo); entonces ABANDONÓ A DIOS QUE LO HIZO, y menospreció a la Roca de su salvación.*

*16 Le provocaron a celos con dioses extraños, CON ABOMINACIONES LE PROVOCARON A IRA.*

*17 OFRECIERON SACRIFICIOS A DEMONIOS, no a Dios, a dioses que no habían conocido,*

*Dioses nuevos que vinieron recientemente, a los que vuestros padres no temieron.*
*[18] Despreciaste a la Roca que te engendró, y OLVIDASTE AL DIOS QUE TE DIO A LUZ.*
*[19] Y el Señor vio esto, y se llenó de ira a causa de la provocación de sus hijos y de sus hijas.*
*[20] Entonces Él dijo: «Esconderé de ellos mi rostro, veré cuál será su fin; porque SON UNA GENERACIÓN PERVERSA, HIJOS EN LOS CUALES NO HAY FIDELIDAD.*
*[28] Porque son una nación privada de consejo, y NO HAY EN ELLOS INTELIGENCIA.*
*[29] OJALÁ QUE FUERAN SABIOS, QUE COMPRENDIERAN ESTO, QUE DISCERNIERAN SU FUTURO.*
*DEUTERONOMIO 32*

El Libro del Deuteronomio afirma que la misma regla se aplica en caso de enfrentamiento del pueblo de Dios con otras naciones. La máxima es invariable: Todo sucede por la voluntad del Eterno y, por ello, la victoria no ha de atribuirse a la justicia, la rectitud o los méritos de los hebreos, sino a la maldad de las naciones contrincantes, ya que los hebreos son un *"pueblo de dura cerviz"*. Y este es un reproche extensible a todos los hombres sobre la tierra:

*[3] Comprende, pues, hoy, que es el Señor tu Dios el que pasa delante de ti como fuego consumidor. Él los destruirá y los humillará delante de ti, para que los expulses y los destruyas rápidamente, tal como el Señor te ha dicho.*
*[4] No digas en tu corazón cuando el Señor tu Dios los haya echado de delante de ti: «Por mi justicia el Señor me ha hecho entrar para poseer esta tierra», sino que ES A CAUSA DE LA MALDAD DE ESTAS NACIONES QUE EL SEÑOR LAS EXPULSA DE DELANTE DE TI.*
*[5] NO ES POR TU JUSTICIA NI POR LA RECTITUD DE TU CORAZÓN que vas a poseer su tierra, sino que por la maldad de estas naciones el Señor tu Dios las expulsa de delante de ti, para confirmar el pacto*

*que el Señor juró a tus padres Abraham, Isaac y Jacob.*
*⁶ Comprende, pues, que NO ES POR TU JUSTICIA que el Señor tu Dios te da esta buena tierra para poseerla, pues eres un pueblo de dura cerviz.*
DEUTERONOMIO 9

En el capítulo vigésimo octavo del Libro del Deuteronomio, Moisés advierte sin rodeos que el precio a pagar por no guardar los mandamientos y estatutos del Señor es atraer sobre sí toda clase de maldiciones. Y, como se ha indicado anteriormente, la maldición siempre precede al castigo:

*¹⁵ Pero sucederá que si no obedeces al Señor tu Dios, guardando todos sus mandamientos y estatutos que te ordeno hoy, VENDRÁN SOBRE TI TODAS ESTAS MALDICIONES Y TE ALCANZARÁN:*
DEUTERONOMIO 28

La lista de maldiciones que la Biblia destina al transgresor es larga y sus efectos quedan resumidos en los versículos siguientes del Libro del Deuteronomio que decretan que se será maldito cuando se entre y cuando se salga y anuncian que el Señor atraerá sobre el infractor *"maldición, confusión y censura"* en todo lo que emprenda hasta que sea destruido. Todo ello *"a causa de la maldad de tus hechos, porque me has abandonado"*.

La condena no admite recurso porque la mayor afrenta es abandonar a Dios. Es traición:

*¹⁹ MALDITO SERÁS CUANDO ENTRES Y MALDITO SERÁS CUANDO SALGAS.*
*²⁰ Enviará el Señor sobre ti MALDICIÓN, CONFUSIÓN Y CENSURA EN TODO LO QUE EMPRENDAS, hasta que seas destruido y hasta que perezcas rápidamente, a causa de la maldad de tus hechos, PORQUE ME HAS ABANDONADO.*
DEUTERONOMIO 28

La desventura causada por haberse apartado de la senda del Señor será tan grande como para que el pueblo elegido llegue a ser motivo de horror y burla entre las naciones donde Dios le conduzca:

*<sup>37</sup> Y vendrás a ser motivo de horror, proverbio y burla entre todos los pueblos donde el Señor te lleve.*
*DEUTERONOMIO 28*

En fin, la serie de maldiciones concluye en el capítulo vigésimo octavo del Libro del Deuteronomio, anunciando la aniquilación del pueblo infractor porque *"no escuchaste la voz del Señor tu Dios, no guardando los mandamientos y estatutos que Él te mandó"* y no sirvió a Dios fielmente durante su etapa de abundancia:

*<sup>45</sup> Y todas estas maldiciones vendrán sobre ti y te perseguirán y te alcanzarán hasta que seas destruido, porque tú no escuchaste la voz del Señor tu Dios, no guardando los mandamientos y estatutos que Él te mandó.*
*<sup>46</sup> Y serán señal y maravilla sobre ti y sobre tu descendencia para siempre.*
*<sup>47</sup> Por cuanto no serviste al Señor tu Dios con alegría y con gozo de corazón, cuando tenías la abundancia de todas las cosas,*
*DEUTERONOMIO 28*

Una vez más, el Libro del Deuteronomio indica que la destrucción se abate sobre el pueblo elegido por haber abandonado el Pacto con el Señor para servir y adorar a otros dioses:

*<sup>25</sup> Y los hombres dirán: «Porque ABANDONARON EL PACTO que el Señor, el Dios de sus padres, hizo con ellos cuando los sacó de la tierra de Egipto.*
*<sup>26</sup> Y ellos fueron y SIRVIERON A OTROS DIOSES Y LOS ADORARON, dioses que no habían conocido y los cuales Él no les había dado.*

*²⁷ Por eso, ardió la ira del Señor contra aquella tierra, para traer sobre ella toda maldición que está escrita en este libro; ²⁸ y el Señor los desarraigó de su tierra con ira, con furor y con gran enojo, y los arrojó a otra tierra, hasta hoy».*
DEUTERONOMIO 29

El Libro del Deuteronomio recuerda que la elección entre bendición y maldición corresponde al libre arbitrio del pueblo de Dios. La bendición vendrá si se cumplen los mandamientos. La maldición recaerá sobre el pueblo si este se pervierte para seguir a otros dioses:

*²⁵ Nadie os podrá hacer frente; el Señor vuestro Dios infundirá, como Él os ha dicho, espanto y temor de vosotros en toda la tierra que pise vuestro pie. ²⁶ He aquí, hoy pongo delante de vosotros una bendición y una maldición: ²⁷ la bendición, si escucháis los mandamientos del Señor vuestro Dios que os ordeno hoy; ²⁸ y la maldición, si no escucháis los mandamientos del Señor vuestro Dios, sino que os apartáis del camino que os ordeno hoy, para seguir a otros dioses que no habéis conocido.*
DEUTERONOMIO 11

De lo que precede, se deduce que el contrato entre Dios y su pueblo es incuestionablemente rígido y se limita a pocas clausulas claras y estrictas. Son las siguientes: El pueblo servirá a Dios y solo al Eterno dará culto, observará sus mandamientos y preceptos y, en contrapartida, el Señor le protegerá.

Más adelante, el Libro del Deuteronomio relata que la bendición estará con su pueblo *"en todo aquello que pongas tu mano"* y será establecido como pueblo santo si guarda los mandamientos y sigue la senda marcada por Dios.

Gracias a la bendición divina, las naciones de la tierra

entenderán que los hebreos han encontrado resguardo bajo el Nombre del Señor, que es la protección máxima:

> *⁸ El Señor mandará QUE LA BENDICIÓN SEA CONTIGO en tus graneros y EN TODO AQUELLO EN QUE PONGAS TU MANO, y te bendecirá en la tierra que el Señor tu Dios te da.*
> *⁹ Te establecerá el Señor como pueblo santo para sí, como te juró, SI GUARDAS LOS MANDAMIENTOS DEL SEÑOR TU DIOS Y ANDAS EN SUS CAMINOS.*
> *¹⁰ Entonces verán todos los pueblos de la tierra que sobre ti es invocado el nombre del Señor; y te temerán.*
> *DEUTERONOMIO 28*

El Libro del Deuteronomio continúa detallando la lista de bendiciones que esperan al pueblo elegido con promesas de prosperidad, descendencia y preminencia sobre otras naciones. Todo ello, a condición de no desviarse de la Ley y de no servir a otros dioses:

> *¹¹ Y el Señor te hará abundar en bienes, en el fruto de tu vientre, en el fruto de tu ganado y en el producto de tu suelo, en la tierra que el Señor juró a tus padres que te daría.*
> *¹² Abrirá el Señor para ti su buen tesoro, los cielos, para dar lluvia a tu tierra a su tiempo y para bendecir toda la obra de tu mano; y tú prestarás a muchas naciones, pero no tomarás prestado.*
> *¹³ Y te pondrá el Señor a la cabeza y no a la cola, solo estarás encima y nunca estarás debajo, SI ESCUCHAS LOS MANDAMIENTOS DEL SEÑOR TU DIOS QUE TE ORDENO HOY, PARA QUE LOS GUARDES CUIDADOSAMENTE;*
> *¹⁴ NO TE DESVÍES DE NINGUNA DE LAS PALABRAS QUE TE ORDENO HOY, NI A LA DERECHA NI A LA IZQUIERDA, PARA IR TRAS OTROS DIOSES Y SERVIRLES.*
> *DEUTERONOMIO 28*

El Libro del Deuteronomio repite en numerosas ocasiones que Dios es el valedor del pueblo hebreo contra sus enemigos. De ello siguen algunos ejemplos.

- Sobre la certeza de que los enemigos serán derrotados:

*⁷ El Señor hará que los enemigos que se levanten contra ti sean derrotados delante de ti; saldrán contra ti por un camino y huirán delante de ti por siete caminos.*
*DEUTERONOMIO 28*

- Sobre la inutilidad de temer a los adversarios porque Dios, grande y terrible, va en medio de su pueblo:

*²¹ No te espantes de ellos, porque el Señor tu Dios está en medio de ti, Dios grande y temible.*
*DEUTERONOMIO 7*

- Acerca de la garantía de que el Señor acompaña a su pueblo para pelear contra sus enemigos y salvarlo:

*⁴ porque el Señor vuestro Dios es el que va con vosotros, para pelear por vosotros contra vuestros enemigos, para salvaros.*
*DEUTERONOMIO 20*

- Respecto a la convicción de que el Señor se erige en gran baluarte para los hebreos ya que irá delante de su pueblo y de sus ungidos, no les dejará ni les desamparará, por lo que les insta a no temer y a no acobardarse:

*⁸ El Señor irá delante de ti; Él estará contigo, no te dejará ni te desamparará; no temas ni te acobardes.*
*DEUTERONOMIO 31*

-   Acerca de la preservación de la salud del pueblo hebreo, que será asimismo el resultado de la protección divina:

*<sup>15</sup> Y el Señor apartará de ti toda enfermedad; y no pondrá sobre ti ninguna de las enfermedades malignas de Egipto que has conocido, sino que las pondrá sobre los que te odian.*

*DEUTERONOMIO 7*

Muchas son las bendiciones que obtendrá el pueblo elegido si es leal a Dios. Y muchas las adversidades a las que tendrá que hacer frente si le abandona. Consecuentemente, el Libro del Deuteronomio formula una amenaza en firme para el caso de que el pueblo hiciese el mal y llegase a adorar a otros dioses porque, entonces, el Señor se desentenderá de su suerte:

*<sup>18</sup> Pero yo esconderé ciertamente mi rostro en aquel día, por todo el mal que ellos habrán hecho, por haberse vuelto a dioses ajenos.*

*DEUTERONOMIO 31*

Importa precisar que, si el Señor se desentiende de la suerte de su pueblo es porque ha quebrado el Pacto. Y cuando el Pacto está roto, se desencadena la cólera divina con las terribles consecuencias que se han mencionado previamente, siendo la fundamental que el Eterno no permite que permanezca en vida lo que condena por ser malo.

PARTE SEGUNDA

# LIBROS HISTÓRICOS, SAPIENCIALES, PROFETAS Y SALMOS

*⁷ Y a ti, hijo de hombre, te he puesto por centinela de la casa de Israel; OIRÁS, PUES, LA PALABRA DE MI BOCA, Y LES ADVERTIRÁS DE MI PARTE.*

*⁸ Cuando yo diga al impío: «Impío, ciertamente morirás», si tú no hablas para advertir al impío de su camino, ese impío morirá por su iniquidad, pero yo demandaré su sangre de tu mano.*

*⁹ Pero si tú, de tu parte adviertes al impío para que se aparte de su camino, y él no se aparta de su camino, morirá por su iniquidad, pero tú habrás librado tu vida.*

*EZEQUIEL 33*

# Capítulo 8

# La tendencia al Mal del ser humano

Los libros de la segunda parte del Antiguo Testamento insisten, con idéntica firmeza que el Pentateuco, en la maldad inherente a la naturaleza humana. Esta nefasta tendencia es la que lleva al hombre a corromperse, a incumplir las leyes, a violar los estatutos y el Pacto. Y Dios previene a través de sus profetas que la corrupción profana la tierra, la contamina espiritualmente y acaba por destruir a sus habitantes.

En primer lugar, lo recoge el Libro del gran profeta Isaías:

> *5 También LA TIERRA ES PROFANADA POR SUS HABITANTES, porque traspasaron las leyes, violaron los estatutos, quebrantaron el pacto eterno.*
>
> *6 Por eso, UNA MALDICIÓN DEVORA LA TIERRA, y son tenidos por culpables los que habitan en ella. Por eso, SON CONSUMIDOS LOS HABITANTES DE LA TIERRA, y pocos hombres quedan en ella.*
>
> *ISAÍAS 24*

En cuanto al Libro de Jeremías, otro de los grandes profetas bíblicos, refleja el descontento del Señor a causa de la preminencia en el mundo de la mentira sobre la verdad, lo que provoca que los hombres vayan *"de mal en mal"* y que desconozcan al Señor:

> *³ Tensan su lengua como su arco; LA MENTIRA Y NO LA VERDAD PREVALECE EN LA TIERRA; porque DE MAL EN MAL PROCEDEN, y a mí no me conocen, declara el Señor.*
> *JEREMÍAS 9*

El Libro del profeta Isaías es categórico cuando asevera que los hombres conciben maldades y dan a luz iniquidad:

> *⁴ No hay quien clame por la justicia, ni quien juzgue por la verdad; confían en vanidad, y hablan vanidades; CONCIBEN MALDADES, Y DAN A LUZ INIQUIDAD.*
> *ISAÍAS 59*

Por su parte, el Libro del profeta Jeremías transmite la advertencia del Señor sobre el profundo engaño en que se fundamenta la naturaleza humana. El Señor afirma *"por causa del engaño rehúsan conocerme"*:

> *⁴ Guárdese cada uno de su prójimo, y no confíe en ningún hermano; porque todo hermano obra con engaño, y todo prójimo anda calumniando.*
> *⁵ Cada uno engaña a su prójimo, y no habla la verdad, han enseñado sus lenguas a hablar mentiras; se afanan por cometer iniquidad.*
> *⁶ Tu morada está en medio del engaño; POR CAUSA DEL ENGAÑO REHÚSAN CONOCERME, DECLARA EL SEÑOR.*
> *JEREMÍAS 9*

El Libro del profeta Oseas lista los actos provocados por la maldad de los habitantes de la tierra que, al carecer de fidelidad, misericordia y conocimiento de Dios, cometen perjurio, asesinato, robo, adulterio, violencia y homicidios:

*¹ Escuchad la palabra del Señor, hijos de Israel, porque EL SEÑOR TIENE QUERELLA CONTRA LOS HABITANTES DE LA TIERRA, PUES NO HAY FIDELIDAD, NI MISERICORDIA, NI CONOCIMIENTO DE DIOS EN LA TIERRA.*
*² SOLO HAY PERJURIO, MENTIRA, ASESINATO, ROBO Y ADULTERIO. EMPLEAN LA VIOLENCIA, Y HOMICIDIOS TRAS HOMICIDIOS SE SUCEDEN.*
*³ Por eso la tierra está de luto, y languidece todo morador en ella junto con las bestias del campo y las aves del cielo; aun los peces del mar desaparecen.*
*OSEAS 4*

El Libro del Eclesiastés, una obra enteramente consagrada a la reflexión sobre las vanidades del mundo, confirma que *"el corazón de los hijos de los hombres está lleno de mal y de insensatez durante su vida"*:

*³ Este mal hay entre todo lo que se hace debajo del sol, que un mismo suceso acontece a todos, y también que EL CORAZÓN DE LOS HIJOS DE LOS HOMBRES ESTÁ LLENO DE MAL Y DE INSENSATEZ DURANTE SU VIDA, y después de esto se van a los muertos.*
*ECLESIASTÉS 9*

El Libro del Eclesiastés afirma asimismo que la envidia, esa terrible y vil destructora, es inherente a la naturaleza humana:

*⁴ He visto asimismo que todo trabajo y TODA RECTITUD DE OBRAS mueve la envidia del hombre contra su prójimo. También esto es vanidad y aflicción de espíritu.*
*ECLESIASTÉS 4*

Por su parte, el Libro de la Sabiduría corrobora la revelación de que, Dios, al haber creado al hombre a su imagen, le había destinado a la incorruptibilidad, pero que, a causa de la envidia del diablo, entró la muerte al mundo. Y la muerte es la mayor de las corrupciones. Así pues, la envidia devasta y es de la misma índole maligna que el demonio:

> *23 Porque DIOS CREÓ AL HOMBRE PARA LA INCORRUPTIBILIDAD, LE HIZO IMAGEN DE SU MISMA NATURALEZA;*
> *24 mas POR ENVIDIA DEL DIABLO ENTRÓ LA MUERTE EN EL MUNDO, Y LA EXPERIMENTAN LOS QUE LE PERTENECEN.*
> *SABIDURÍA 2*

El Libro del Eclesiastés afirma que el corazón de los seres humanos está entregado enteramente a hacer el mal y atribuye el falso sentimiento de impunidad en el que se parapetan a la tardanza del castigo divino. En ausencia de una sanción rápida que pudiera disuadirles, cometen maldades:

> *11 COMO LA SENTENCIA CONTRA UNA MALA OBRA NO SE EJECUTA ENSEGUIDA, POR ESO EL CORAZÓN DE LOS HIJOS DE LOS HOMBRES ESTÁ EN ELLOS ENTREGADO ENTERAMENTE A HACER EL MAL.*
> *ECLESIASTÉS 8*

El Libro del profeta Jeremías pone en duda que el ser humano pueda hacer el bien estando acostumbrado a hacer el mal:

> *23 ¿Puede el etíope mudar su piel, o el leopardo sus manchas? Así vosotros, ¿podréis hacer el bien estando acostumbrados a hacer el mal?*
> *JEREMÍAS 13*

Así pues, en la línea marcada por el Pentateuco, tanto los libros de los profetas como los sapienciales insisten en la maldad del ser humano y en el obstáculo espiritual que representa.

# La búsqueda de los justos

Asumiendo que la naturaleza humana es inherentemente mala, Dios busca sin descanso a los JUSTOS entre su pueblo, como indica el capítulo décimo octavo del Libro del Génesis, transcrito en el apartado de la búsqueda de los justos en la primera parte de este ensayo.

Ese relato contiene un diálogo entre el Eterno y Abraham que describe las tentativas del patriarca de salvar a Sodoma de su destrucción y en el que Dios acepta renunciar a la aniquilación de la ciudad si en ella se encuentra un pequeño número de justos. A propuesta de Abraham, la cuenta pasa de cincuenta a diez, pero ni aun así se encuentran.

La segunda parte del Antiguo Testamento contiene los libros históricos, sapienciales, salmos y los de los profetas que son los portavoces de Dios sobre la tierra. Muy especialmente, los grandes profetas, como Jeremías, Ezequiel, Isaías o Daniel abundan en la inclinación al Mal del ser humano. Todos ellos, además de los salmos, transmiten con vehemencia el deseo divino de dar con los justos que está presente generación tras generación.

Los justos son enlaces del Eterno sobre la tierra. Son tesoros vivientes y los únicos seres humanos capaces de lograr el perdón de Dios para la colectividad transgresora.

Partiendo pues de la maldad inherente al ser humano, el resto de los libros de la segunda parte del Antiguo Testamento transmite indicaciones muy valiosas para que la humanidad se proteja de su tendencia al Mal que puede destruirla.

El Libro del profeta Jeremías anuncia con claridad prístina la Palabra de Dios a este respecto: Dios demanda recorrer las calles de Jerusalén *"a ver si halláis alguno que haga justicia, que busque la verdad, y yo la perdonaré".*

*¹ Recorred las calles de Jerusalén, y mirad ahora, e informaos; buscad en sus plazas A VER SI HALLÁIS ALGUNO QUE HAGA JUSTICIA, QUE BUSQUE LA VERDAD, Y YO LA PERDONARÉ.*
*JEREMÍAS 5*

El Libro del profeta Ezequiel compara al justo con un muro capaz de erigirse ante el Eterno para proteger a la tierra de la destrucción que el Señor le ha prometido:

*²⁹ Las gentes de la tierra han hecho violencia y cometido robo, han oprimido al pobre y al necesitado y han maltratado injustamente al extranjero.*
*³⁰ BUSQUÉ ENTRE ELLOS ALGUNO QUE LEVANTARA UN MURO Y SE PUSIERA EN PIE EN LA BRECHA DELANTE DE MÍ A FAVOR DE LA TIERRA, PARA QUE YO NO LA DESTRUYERA, PERO NO LO HALLÉ.*
*³¹ He derramado, pues, mi indignación sobre ellos; con el fuego de mi furor los he consumido; he hecho recaer su conducta sobre sus cabezas, declara el Señor Dios.*
*EZEQUIEL 22*

Por su parte, el Salmo décimo cuarto del rey David, uno de los grandes ungidos del Eterno, describe igualmente la preocupación divina por encontrar a los justos con las palabras siguientes: *"El Señor ha mirado desde los cielos sobre los hijos de los hombres para ver si hay alguno que entienda, alguno que busque a Dios.".*

Conviene ahondar un instante en estos dos conceptos: Entender, es la inteligencia profunda que lleva a la comprensión de lo divino y buscar a Dios, es el planteamiento vital del siervo de Dios:

*¹ El necio ha dicho en su corazón: No hay Dios. Se han corrompido, han cometido hechos abominables; no hay quien*

*haga el bien.*
*² EL SEÑOR HA MIRADO DESDE LOS CIELOS SOBRE LOS HIJOS DE LOS HOMBRES PARA VER SI HAY ALGUNO QUE ENTIENDA, ALGUNO QUE BUSQUE A DIOS.*
*³ Todos se han desviado, a una se han corrompido; no hay quien haga el bien, no hay ni siquiera uno.*
*⁴ ¿No tienen conocimiento todos los que hacen iniquidad, que devoran a mi pueblo como si comieran pan, y no invocan al Señor?*
*⁵ Allí tiemblan de espanto, pues Dios está con la generación justa.*
*⁶ Del consejo del afligido os burlaríais, pero el Señor es su refugio.*
*SALMO 14*

Los justos son aquellos que siguen incansablemente el camino del Bien, los que aborrecen el Mal y a los malos, a los que apartan radicalmente de sus vidas. Los que entienden que todo en el mundo es transcendente y buscan a Dios.

Por su parte, el Libro de Job aclara que apartarse del mal es la inteligencia:

*²⁸ Y dijo (Dios) al hombre: He aquí que el temor del Señor es la sabiduría, y el apartarse del mal, la inteligencia.*
*JOB 28*

Contra la tendencia al Mal del ser humano se erige el temor de Dios. La definición del temor de Dios es aborrecer el Mal y se encuentra en el Libro de los Proverbios. El texto añade que el Eterno detesta el orgullo, la arrogancia, el mal camino y la boca perversa. Y, con esas revelaciones, da pistas capitales:

*¹³ EL TEMOR DE DIOS ES ABORRECER EL MAL. El orgullo, la arrogancia, el mal camino y la boca perversa, yo aborrezco.*
*PROVERBIOS 8*

Lo que precede es corroborado por el Salmo nonagésimo séptimo que asevera que los que aman al Eterno aborrecen el Mal:

> *<sup>10</sup> Los que aman al Eterno aborrecen el mal.*
> *SALMO 97*

En el Salmo trigésimo cuarto, el rey David enseña qué es el temor de Dios. En línea con lo preconizado por el Salmo nonagésimo séptimo, por el Libro de Job y el por el Libro de los Proverbios, lo resume en guardarse de hablar engaño, hacer el bien y en apartarse del mal:

> *<sup>11</sup> Venid, hijos, escuchadme; OS ENSEÑARÉ EL TEMOR DEL SEÑOR.*
> *<sup>12</sup> ¿Quién es el hombre que desea vida y quiere muchos días para ver el bien?*
> *<sup>13</sup> GUARDA TU LENGUA DEL MAL, Y TUS LABIOS DE HABLAR ENGAÑO.*
> *<sup>14</sup> APÁRTATE DEL MAL Y HAZ EL BIEN, BUSCA LA PAZ Y SÍGUELA.*
> *<sup>15</sup> Los ojos del Señor están sobre los justos, y sus oídos atentos a su clamor.*
> *<sup>16</sup> El rostro del Señor está contra los que hacen mal, para cortar de la tierra su memoria.*
> *<sup>17</sup> Claman los justos, y el Señor los oye, y los libra de todas sus angustias.*
> *<sup>18</sup> Cercano está el Señor a los quebrantados de corazón, y salva a los abatidos de espíritu.*
> *<sup>19</sup> Muchas son las aflicciones del justo, pero de todas ellas lo libra el Señor.*
> *<sup>20</sup> Él guarda todos sus huesos; ni uno de ellos es quebrantado.*
> *<sup>21</sup> La maldad dará muerte al impío, y los que aborrecen al justo serán condenados.*
> *<sup>22</sup> El Señor redime el alma de sus siervos; y no será condenado ninguno de los que en Él se refugian.*
> *SALMO 34*

El Libro de los Proverbios apunta igualmente que el temor de Dios es el principio de la sabiduría:

*⁷ El temor de Dios es el principio de la sabiduría; los necios desprecian la sabiduría y la instrucción.*
*PROVERBIOS 1*

Y también que el temor de Dios conduce a la vida y garantiza no ser perjudicado por el mal:

*²³ El temor del Señor conduce a la vida, para dormir satisfecho sin ser tocado por el mal.*
*PROVERBIOS 19*

El Libro del profeta Isaías pone en guardia a aquellos que tergiversan la verdad y que confunden voluntariamente el Bien con el Mal:

*²⁰ ¡AY DE LOS QUE LLAMAN AL MAL BIEN Y AL BIEN MAL, QUE TIENEN LAS TINIEBLAS POR LUZ Y LA LUZ POR TINIEBLAS, que tienen lo amargo por dulce y lo dulce por amargo!*
*ISAÍAS 5*

Según el Salmo trigésimo octavo del rey David, la tendencia al Mal inherente al ser humano se combate absteniéndose de devolver mal por bien.

La Palabra de Dios decreta que los que pagan mal por bien son contrarios al Eterno:

*²⁰ Los que pagan mal por bien me son contrarios, por seguir yo lo bueno.*
*SALMO 38*

Lo mismo declara el Libro de los Proverbios augurando que

no se alejará la desdicha de la casa del que devuelve mal por bien:

*<sup>13</sup> Si uno devuelve mal por bien, no se alejará la desdicha de su casa.*
*PROVERBIOS 17*

El Libro de los Proverbios, revela que la maldición de Dios está sobre la casa del impío, aunque bendice la morada del justo:

*<sup>33</sup> La MALDICIÓN DEL SEÑOR ESTÁ SOBRE LA CASA DEL IMPÍO, pero Él bendice la morada del justo.*
*PROVERBIOS 3*

Tanto como el Libro de Job que aclara que el Eterno no apoya a los malignos:

*<sup>20</sup> He aquí que Dios no aborrece al perfecto, ni apoya la mano de los malignos.*
*JOB 8*

Por ello, el Libro del profeta Isaías anuncia la Palabra de Dios que promete la justa retribución, positiva o negativa, a los que hacen el bien como a los que hacen el mal:

*<sup>10</sup> Decid al justo que bien, que el fruto de sus acciones comerá.*
*<sup>11</sup> ¡Ay del malvado! que le irá mal, que el mérito de sus manos se le dará.*
*ISAÍAS 3*

El Segundo Libro de Samuel explica que el trato que el Señor reserva al justo es la recompensa por su comportamiento ejemplar:

*<sup>21</sup> EL SEÑOR ME HA PREMIADO CONFORME A MI JUSTICIA; conforme a la pureza de mis manos me ha recompensado.*

*²² Porque he guardado los caminos del Señor, y no me he apartado impíamente de mi Dios.*
*²³ Pues todas sus ordenanzas estaban delante de mí, y en cuanto a sus estatutos, no me aparté de ellos.*
*²⁴ También fui íntegro para con Él, y me guardé de mi iniquidad.*
*²⁵ POR TANTO EL SEÑOR ME HA RECOMPENSADO CONFORME A MI JUSTICIA, CONFORME A MI PUREZA DELANTE DE SUS OJOS.*
*II SAMUEL 22*

En el Salmo noveno, el rey David revela que el Señor se da a conocer haciendo justicia, por lo que el impío cae en la trampa de sus malas acciones:

*¹⁷ EL SEÑOR SE HA DADO A CONOCER, HA HECHO JUSTICIA, el impío se ha enredado en la obra de sus manos.*
*SALMO 9*

En fin, respecto a la justa retribución, el Libro Segundo de los Macabeos revela una de las maneras en las que el Señor hace recaer Su juicio sobre el malvado. En el versículo siguiente, se trata de incesantes dolores:

*¹⁸ Como sus dolores de ninguna forma se calmaban, pues había caído sobre él EL JUSTO JUICIO DE DIOS. . .*
*II MACABEOS 9*

Todo lo anterior, lleva a recordar el consejo del Libro de los Proverbios sobre la senda virtuosa que consiste en apartarse del mal y hacer el Bien, buscar la paz y seguirla:

*¹⁵ Que se aparte del mal y haga el BIEN; que busque la PAZ y la siga.*
*PROVERBIOS 4*

Por su parte, en el Salmo vigésimo cuarto, el rey David desvela que aquellos que buscan al Señor, que siguen Su camino, han guardado sus manos limpias y su corazón puro, son los que recibirán la bendición de Dios y serán salvos:

> *3 ¿Quién subirá al monte del Señor? ¿Y quién podrá estar en su lugar santo?*
> *4 EL DE MANOS LIMPIAS Y CORAZÓN PURO; EL QUE NO HA ALZADO SU ALMA A LA FALSEDAD, NI JURADO CON ENGAÑO.*
> *5 ESE RECIBIRÁ BENDICIÓN DEL SEÑOR, Y JUSTICIA DEL DIOS DE SU SALVACIÓN.*
> *6 Tal es LA RAZA DE LOS QUE LE BUSCAN, de los que van tras tu rostro, como Jacob.*
> *SALMO 24*

En el Salmo décimo quinto, el rey David se expresa en términos muy parecidos, asegurando que son los íntegros y los justos los que merecerán el favor del Señor:

> *1 Señor, ¿quién habitará en tu tabernáculo? ¿Quién morará en tu santo monte?*
> *2 EL QUE ANDA EN INTEGRIDAD Y OBRA JUSTICIA, QUE HABLA VERDAD EN SU CORAZÓN.*
> *3 EL QUE NO CALUMNIA CON SU LENGUA, NO HACE MAL A SU PRÓJIMO, NI ADMITE REPROCHE CONTRA SU AMIGO;*
> *4 EN CUYOS OJOS EL PERVERSO ES MENOSPRECIADO, PERO HONRA A LOS QUE TEMEN AL SEÑOR; EL QUE AUN JURANDO EN PERJUICIO PROPIO, NO CAMBIA,*
> *5 EL QUE SU DINERO NO DA A INTERÉS, NI ACEPTA SOBORNO CONTRA EL INOCENTE.*
> *El que hace estas cosas permanecerá no resbalará jamás.*
> *SALMO 15*

Este salmo detalla los rasgos distintivos del justo y son once:

1   *andar en integridad,*
2   *obrar en justicia,*
3   *decir la verdad,*
4   *no calumniar,*
5   *no hacer mal al prójimo,*
6   *no dañar a sus amigos,*
7   *menospreciar al perverso,*
8   *honrar a los que temen al Señor,*
9   *no tergiversar, aun jurando en perjuicio propio,*
10  *no prestar con usura,*
11  *no aceptar soborno contra el inocente.*

El Libro del profeta Isaías describe en parecidos términos las cualidades del justo. Es aquel que anda en justicia y habla con rectitud, el que rehúsa ganancias fraudulentas, rechaza el soborno, no se deja arrastrar por la violencia ni se involucra en el mal. El justo es el que verá asegurada su subsistencia:

[15] *EL QUE ANDA EN JUSTICIA Y HABLA CON RECTITUD; EL QUE REHÚSA GANANCIAS FRAUDULENTAS, EL QUE SE SACUDE LA PALMA DE LA MANO PARA NO ACEPTAR SOBORNO, EL QUE SE TAPA LOS OÍDOS PARA NO OÍR HABLAR DE SANGRE, Y CIERRA SUS OJOS PARA NO VER EL MAL.*
[16] *Ese morará en las alturas, subirá a refugiarse en la fortaleza de las peñas, se le dará su pan y tendrá segura su agua.*

*ISAÍAS 33*

Los grandes profetas Isaías y Ezequiel ponen en guardia a aquellos que actúan convencidos de que Dios no es testigo de sus actos.

El Libro del profeta Isaías lamenta el desvarío de los que piensan poder escapar a la atención del ojo escrutador del Eterno:

[15] *Ay de los que se esconden del Eterno para ocultar sus planes, y ejecutan sus obras en las tinieblas, y dicen: «¿Quién nos ve, quién*

*nos conoce?»*
*ISAÍAS 29*

Y el Libro del profeta Ezequiel completa el juicio afirmando que los hombres piensan falsamente que *"el Señor nada ve"*. Es esta una noción recurrente, bien enraizada en la naturaleza humana.

El profeta Ezequiel explica que los hombres alimentan la ilusión de que el Señor ha abandonado la tierra por lo que nada ve. Pensarlo es incurrir en un error monumental. El Señor, inefable y omnipresente, todo lo ve, todo lo sigue y pone a los humanos a prueba. Por ello, si los hombres deciden enfangarse en sus transgresiones esperando escapar sin ser detectados, se equivocan gravemente. La existencia entera es un camino sin pausa hacia la perfección espiritual y está llena de obstáculos que son las pruebas por superar. Dios siempre ve lo que hacen sus criaturas y retribuye en consecuencia:

*⁹ Y me dijo: La maldad de la casa de Israel y de Judá es grande sobremanera, pues la tierra está llena de sangre, y la ciudad está llena de perversión; porque dicen: «El Señor ha abandonado la tierra, EL SEÑOR NADA VE».*
*¹⁰ Mas en cuanto a mí, tampoco mi ojo tendrá piedad, ni yo perdonaré, sino que HARÉ RECAER SU CONDUCTA SOBRE SUS CABEZAS.*
*EZEQUIEL 9*

El Libro de la Sabiduría va incluso más lejos afirmando que nadie que profiera iniquidades quedará oculto ni escapará a la Justicia vengadora. La retribución es, pues, ineluctable. Entender esta revelación tan esclarecedora es importante para aquellos que albergan dudas sobre la existencia de la Justicia vengadora que emana de Dios:

*⁷ PORQUE EL ESPÍRITU DEL SEÑOR LLENA LA TIERRA Y ÉL, QUE TODO LO MANTIENE UNIDO, TIENE CONOCIMIENTO DE TODA PALABRA.*

*[8] NADIE, PUES, QUE PROFIERA INIQUIDADES QUEDARÁ OCULTO, NI LE PASARÁ POR ALTO LA JUSTICIA VENGADORA.*
*SABIDURÍA 1*

En fin, el Libro de Ester corrobora la afirmación del Libro de la Sabiduría y denuncia el error de los que imaginan escapar a la justicia de Dios *"que odia toda maldad y a la que nada se oculta"*:

*[4] y no sólo hacen desaparecer la gratitud de entre los hombres, sino que, envanecidos con la jactancia de los que obran el mal, SE IMAGINAN QUE PODRÁN ESCAPAR A LA JUSTICIA DE DIOS, QUE ODIA TODA MALDAD Y A LA QUE NADA SE OCULTA.*
*ESTER 16*

El Libro del Eclesiastés recuerda al hombre que, una vez acabada su existencia, viene el juicio de Dios:

*[9] Alégrate mozo, en tu juventud, ten buen humor en tus años mozos, Vete por donde te lleve el corazón y a gusto de tus ojos; pero a sabiendas de que POR TODO ELLO TE EMPLAZARÁ DIOS A JUICIO.*
*ECLESIASTÉS 11*

La precedente recopilación de versículos constituye una guía valiosa para el que se empeña en ser justo. Rememora la senda y, con ello, facilita seguirla.

Antes de terminar este apartado sobre la búsqueda de los justos, conviene insistir en el predominio de la esencia divina del ser humano que triunfa sobre su inclinación al Mal y su naturaleza corruptible.

Lo expresa magistralmente el Salmo octogésimo segundo, de Assaf, que recuerda lo divino de la esencia del hombre con la poderosa expresión siguiente: *"vosotros sois dioses y todos vosotros hijos del Altísimo"*.

Sin embargo, tan sagrado legado fue contrariado por la desobediencia humana, lo que trajo como consecuencia tener que morir como toda carne. Esa fue la primera muerte de la especie humana, que fue, ante todo, de índole espiritual al malograr irreversiblemente la incorruptibilidad y la beatitud de las que disfrutaba hasta entonces:

*⁶ Yo dije: VOSOTROS SOIS DIOSES, Y TODOS VOSOTROS HIJOS DEL ALTÍSIMO;*
*⁷ PERO COMO HOMBRES MORIRÉIS, y como cualquiera de los príncipes caeréis.*
*SALMO 82*

# Satanás prueba al justo

El Libro de Job, el más antiguo de la Biblia por haber sido escrito por Moisés cuando aún estaba en Egipto y antes de recibir al dictado del Eterno el Pentateuco, es también el más bello alegato en honor de la justicia y la retribución divinas. Puede ser considerado cómo el epítome de la Justicia de Dios.

Como cuenta su libro, Job era un hombre intachable, recto, temeroso de Dios y apartado del mal:

*¹ Hubo un hombre en la tierra de Uz llamado Job; y era aquel hombre intachable, recto, temeroso de Dios y apartado del mal.*
*JOB 1*

Y aunque Job fuera un hombre único en la tierra por su

justicia, el Eterno permitió que fuese sometido a la mayor prueba que pueda infligirse a un ser humano a fin de comprobar su integridad y su fidelidad.

El Libro de Job transcribe a su inicio un diálogo de Dios con Satanás en el que el demonio hace notar al Eterno que Job, su siervo, es un hombre próspero y que, al estar protegido contra las adversidades, su fidelidad al Eterno podía ponerse en duda. Satanás retó al Altísimo a verificarla proponiendo lo que sigue: *"extiende ahora tu mano y toca todo lo que tiene, verás si no te maldice en tu misma cara"*. Y el Señor, confiado en la virtud de Job, aceptó ponerle en manos del adversario de la humanidad:

> *⁶ Hubo un día cuando los HIJOS DE DIOS vinieron a presentarse delante del Señor, y Satanás vino también entre ellos.*
>
> *⁷ Y el Señor dijo a Satanás: ¿De dónde vienes? Entonces Satanás respondió al Señor, y dijo: De recorrer la tierra y de andar por ella.*
>
> *⁸ Y el Señor dijo a Satanás: ¿TE HAS FIJADO EN MI SIERVO JOB? PORQUE NO HAY NINGUNO COMO ÉL SOBRE LA TIERRA, HOMBRE INTACHABLE Y RECTO, TEMEROSO DE DIOS Y APARTADO DEL MAL.*
>
> *⁹ Respondió Satanás al Señor: ¿Acaso teme Job a Dios de balde?*
>
> *¹⁰ ¿No has hecho tú una valla alrededor de él, de su casa y de todo lo que tiene, por todos lados? Has bendecido el trabajo de sus manos y sus posesiones han aumentado en la tierra.*
>
> *¹¹ PERO EXTIENDE AHORA TU MANO Y TOCA TODO LO QUE TIENE, VERÁS SI NO TE MALDICE EN TU MISMA CARA.*
>
> *¹² Entonces el Señor dijo a Satanás: He aquí, todo lo que tiene está en tu poder; pero no extiendas tu mano sobre él. Y Satanás salió de la presencia del Señor.*
>
> *JOB 1*

A pesar de que, inicialmente, el Eterno había pedido a Satanás respetar la salud de Job, al no encontrarse fallo alguno en él, la intensidad de su prueba fue en aumento. Así, Satanás le despojó sucesivamente de sus riquezas y posesiones, de su familia, hasta afectar gravemente a su salud:

> *¹ Y sucedió que un día cuando* LOS HIJOS DE DIOS *vinieron a presentarse delante del Señor, vino también Satanás entre ellos para presentarse delante del Señor.*
> *² Y el Señor dijo a Satanás: ¿De dónde vienes? Entonces Satanás respondió al Señor, y dijo: De recorrer la tierra y de andar por ella.*
> *³ Y el Señor dijo a Satanás: ¿Te has fijado en mi siervo Job? Porque no hay otro como él sobre la tierra, hombre intachable, recto, temeroso de Dios y apartado del mal. Y él todavía conserva su integridad, aunque tú me incitaste contra él para que lo arruinara sin causa.*
> *⁴ Respondió Satanás al Señor, y dijo: ¡Piel por piel! Sí, todo lo que el hombre tiene dará por su vida.*
> *⁵ Sin embargo, extiende ahora tu mano y toca su hueso y su carne, verás si no te maldice en tu misma cara.*
> *⁶ Y el Señor dijo a Satanás: He aquí, él está en tu mano; pero guarda su vida.*
> *JOB 2*

A pesar de tamaño cúmulo de aflicciones, Job se mantuvo constante en su integridad y entrega a Dios. El siguiente versículo lo atestigua y es uno de los más bellos escritos en todo el texto bíblico sobre la resignación. Dice Job:

> *²¹ . . . El Señor me lo dio y el Señor me lo quitó; bendito sea el nombre del Señor.*
> *JOB 1*

Job perseveró en su lealtad, a pesar de que su mujer, viéndole en situación tan precaria, le tentó pidiéndole que maldijese a Dios y se muriera. A lo que Job respondió de la sabia manera siguiente:

*"¿Aceptaremos el bien de Dios y no aceptaremos el mal?",* rehusando pecar:

> *⁹ Entonces su mujer le dijo: ¿AÚN CONSERVAS TU INTEGRIDAD? MALDICE A DIOS Y MUÉRETE.*
> *¹⁰ Pero él le dijo: Como habla cualquier mujer necia, has hablado. ¿ACEPTAREMOS EL BIEN DE DIOS Y NO ACEPTAREMOS EL MAL? En todo esto Job no pecó con sus labios.*
> *JOB 2*

Sin embargo, a pesar de los muchos males que se abatieron sobre él, Job permaneció impertérrito proclamando *"hasta que muera, no abandonaré mi integridad. Me aferraré y no la soltaré".*

La descripción del comportamiento de Job, en medio de los terribles sufrimientos que hubo de encajar, hace que en su libro se encuentre el retrato más acabado de lo que se entiende por un JUSTO en la Biblia. Conviene anotar que Job era un hombre común, ni un ungido, ni un profeta, aunque la tradición le ha convertido en santo:

> *² ¡Vive Dios, que ha quitado mi derecho, y el Todopoderoso, que ha amargado mi alma!*
> *³ PORQUE MIENTRAS HAYA VIDA EN MÍ, y el aliento de Dios esté en mis narices,*
> *⁴ MIS LABIOS, CIERTAMENTE, NO HABLARÁN INJUSTICIA, NI MI LENGUA PROFERIRÁ ENGAÑO.*
> *⁵ Lejos esté de mí que os dé la razón; HASTA QUE MUERA, NO ABANDONARÉ MI INTEGRIDAD.*
> *⁶ ME AFERRARÉ A MI JUSTICIA Y NO LA SOLTARÉ. Mi corazón no reprocha ninguno de mis días.*
> *JOB 27*

Job conservó fuerte su fe y no perdió confianza en la correspondiente retribución de las malas acciones, afirmando que los que aran iniquidad y siembran injuria la siegan:

*⁸ Como yo he visto que los que aran iniquidad y siembran injuria,*
*la siegan.*
*JOB 4*

Y también guardó intacta su fe en la justicia divina:

*³ ¿Acaso tuerce Dios la justicia o tuerce el Todopoderoso lo que es*
*justo?*
*⁴ Si tus hijos pecaron contra Él, entonces Él los entregó al poder*
*de su transgresión*
*JOB 8*

Tanto como mantuvo firme su fe en la misericordia divina, lo que afirma en varias ocasiones:

*⁵ Si tú buscaras a Dios e imploraras la misericordia del*
*Todopoderoso,*
*⁶ SI FUERAS PURO Y RECTO, CIERTAMENTE ÉL SE DESPERTARÍA AHORA*
*EN TU FAVOR Y RESTAURARÍA TU JUSTA CONDICIÓN.*
*JOB 8*

En fin, confió en la retribución que Dios reserva a las obras y los merecimientos de cada uno:

*¹⁰ Por tanto, escuchadme, hombres de entendimiento. Lejos esté de*
*Dios la iniquidad, y del Todopoderoso la maldad.*
*¹¹ Porque Él paga al hombre conforme a su trabajo, y retribuye a*
*cada cual conforme a su conducta.*
*¹² Ciertamente, Dios no obrará perversamente, y el Todopoderoso*
*no pervertirá el juicio.*
*JOB 34*

El rey David resume perfectamente el mecanismo de la justicia divina en el salmo undécimo. Afirma que el Señor, que aborrece la violencia, prueba tanto al justo como al impío. En función de la conducta de cada cual, el Eterno hace caer su furia sobre el impío y otorga a los rectos su favor porque aman la justicia y son justos:

> *5 El Señor prueba al justo y al impío, y su alma aborrece al que ama la violencia.*
> *6 Sobre los impíos hará llover carbones encendidos; fuego, azufre y viento abrasador será la porción de su copa.*
> *7 Pues el Señor es justo; Él ama la justicia; los rectos contemplarán su rostro.*
> *SALMO 11*

El Libro de Job es además el máximo exponente de la esperanza en Dios al dar cumplido testimonio de los muchos dones que el Eterno otorga al justo en cuanto ha logrado superar una serie de pruebas. De hecho, el Eterno restituye a Job su familia, su salud y multiplica sus bienes después de haber vencido la tentación de Satanás, conservando su integridad.

Dios es clemente y compasivo y sabe recompensar a sus siervos. Es una enseñanza que conviene no olvidar:

> *23 Si vuelves al Todopoderoso, SERÁS RESTAURADO. Si alejas de tu tienda la injusticia.*
> *JOB 22*

Dios no rechaza al íntegro y devuelve la alegría a sus siervos, además de cubrir de vergüenza a sus adversarios y destruir la casa de los impíos:

> *20 He aquí, Dios no rechaza al íntegro, ni sostiene a los malhechores.*
> *21 Aún ha de llenar de risa tu boca, y tus labios de gritos de júbilo.*
> *22 Los que te odian serán cubiertos de vergüenza, y la tienda de los*

*impíos no existirá más.*
*JOB 8*

En fin, el justo y el siervo encuentran una guía segura en la poderosa promesa y en el bellísimo mensaje de esperanza contenidos en el Libro de Job que se refleja en los versículos siguientes:

*[27] Orarás a Él y te escuchará, y cumplirás tus votos.*
*[28] Decidirás una cosa, y se te cumplirá, y en tus caminos resplandecerá la luz.*
*[29] Cuando estés abatido, hablarás con confianza y Él salvará al humilde.*
*[30] Él librará aun al que no es inocente, que será librado por la pureza de tus manos.*
*JOB 22*

Estos versículos son excepcionales porque ratifican el poder de taumaturgo del justo con la formulación siguiente: *"decidirás una cosa y se te cumplirá y en tus caminos resplandecerá la luz"*. Tal afirmación evoca los milagros que llega a ejecutar el hombre perfecto encarnado por Moisés en el Pentateuco. Las claves son siempre la fe, la virtud y la conexión con Dios.

Asimismo, y es aún más crucial, se encuentra en ellos la confirmación del poder mediador del justo y la fuerza de su justicia, capaces de lograr que el Eterno libre *"aun al que no es inocente por la pureza de tus manos."* Con ello queda confirmado que el justo posee la facultad de persuadir a Dios para que perdone los pecados de otros e incluso los de su comunidad.

Es una prueba fehaciente de que el ser humano, que ha llegado a evolucionar espiritualmente hasta llegar a ser justo, es precioso a ojos del Eterno.

# Capítulo 9

# Culto a otros dioses

El Pacto que el Eterno concluyó con los hebreos exigía reverenciar únicamente al Señor y abandonar el culto a otros dioses. Como contrapartida, Dios les guiaría en todo momento y les protegería siempre que ellos siguieran fielmente sus instrucciones. Lo explica el Libro Segundo de los Reyes:

> *38 Y el pacto que he hecho con vosotros, no lo olvidaréis, NI TEMERÉIS A OTROS DIOSES.*
> *39 Sino que AL SEÑOR VUESTRO DIOS TEMERÉIS, y Él os librará de la mano de todos vuestros enemigos.*
> *II REYES 17*

La Biblia no deja lugar a dudas sobre la orden que el Eterno dio a su pueblo de recibir un culto exclusivo. Sin embargo, esta cuestión ha podido ser malinterpretada. Un análisis detallado del texto bíblico revela que el Señor quiso desvincular a sus siervos de los demás dioses y lo hizo impidiendo categóricamente que les venerasen, como habían hecho hasta entonces, sabiendo que los ritos para honrar a aquellos dioses foráneos eran salvajes, se hundían en aberraciones y sus rituales incluían sacrificios humanos.

En la primera parte de este ensayo se ha descrito el fenómeno desde la óptica absoluta del Pentateuco. Por ende, en la segunda parte del Antiguo Testamento, abundan las citas sobre la prohibición del culto a otros dioses que reiteran la absoluta interdicción de los sacrificios humanos. Los Libros de los Reyes, de los Jueces y los de los profetas ilustran en detalle este veto categórico.

El tema es tan antiguo como el tiempo y es recurrente porque, los sacrificios humanos para apaciguar a las deidades paganas se observan en la mayor parte de culturas ancestrales y, hasta la actualidad, en todo tipo de sectas demoníacas, satánicas y cultos oscuros. Se impone, pues, analizar las posibles razones que han llevado a los hombres, desde la noche de los tiempos y en todas partes del globo, a inmolar a los suyos en honor de sus dioses.

Las culturas antiguas creían que sacrificar vidas humanas era una obligación ya que sus deidades tutelares eran feroces y exigentes y, para apaciguarlas o concitarse sus favores, el derramamiento de sangre era insoslayable, acompañado de esa apreciable cantidad de energía que se desprende de un cuerpo agonizando en un estado de terror. Hay que precisar que, el Antiguo Testamento considera que la sangre es la vida y es el alma. De ello se infiere que aquellos dioses eran alimentados a base de almas.

Los sacrificios humanos aparecen, pues, en casi todas las culturas ancestrales. Desde la cultura Shang en la antigua China, pasando por Egipto, Mesopotamia, India, la civilización inca, celta, polinesia y azteca hasta llegar a los cartagineses, cuyo dios era Moloc y a los cananeos y fenicios, adoradores de Baal. Todas esas deidades otorgaban favores y evitaban catástrofes previo pago de vidas humanas.

Por aquel entonces, las deidades no eran paternales ni benevolentes, eran iracundas, atroces y diabólicas. Pretendían regir los destinos de los seres humanos y precisaban ser alimentadas regularmente para garantizar su protección contra todo desastre. Por ello, se impone concluir que, otrora, los dioses que se enseñoreaban de la tierra eran demonios, no muy distintos a Satanás al que Jesús califica de príncipe de este mundo.

Hoy en día, ciertas sectas demoníacas siguen rindiendo culto a deidades antiguas con las que interactúan y a las que mantienen despiertas a base del alimento energético provisto por la ofrenda de vidas humanas. Ello, como contrapartida para otorgar las prebendas, privilegios, riquezas y todo lo que pidan los adeptos. El mecanismo, antes y ahora, ha sido dar una vida con su alma a cambio de un favor. Esas deidades menores, o energías primigenias de la naturaleza que encarnan el mal, no hacen nada gratis.

El Eterno rompió esa lógica perversa. Fue el primer Dios que requirió como ofrendas, amor, oraciones y respeto a sus normas, manifestando su horror por los sacrificios de sangre.

En la Biblia, a Dios se le denominaba originariamente Yah, como atestigua el profeta Isaías:

*<sup>11</sup> Dije: Nunca jamás veré a Yah, a Yah en la tierra de los vivos, ya no miraré a ningún ser humano ni estaré con los que viven en este mundo.*

*ISAÍAS 38*

Pues bien, Yah destruyó ese vínculo aberrante con los dioses tenebrosos y cortó así con la pérdida de almas y la transmisión energética que se produce en un sacrificio humano. Este aspecto es de la máxima importancia y sitúa éticamente al Dios de la Biblia muy por encima de las deidades coetáneas.

Por consiguiente, el Eterno exigió un culto exclusivo, erradicando a los dioses venerados por las culturas vecinas o de procedencia del pueblo elegido a los que también adoraban los hebreos.

La Biblia menciona a tres dioses paganos principales: Asera Astarté o Astarot, Moloc o Milcom y Baal. Sus cultos solían incluir rituales de prostitución sagrada, que es abominación a ojos del

Eterno. Además, Baal demandaba sacrificios humanos y Moloc o Milcom, igualmente sacrificios, sobre todo de niños.

Respecto a Asera, que es una deidad muy antigua, no está documentado que su culto en Canaán implicase sacrificios humanos. Como se ha esbozado en el capítulo de las abominaciones, la diosa estaba representada por un árbol o un poste, sus altares se edificaban en un alto y su culto consistía en ofrendas de flores y tortas que se quemaban, junto al incienso, con madera recogida por niños. Las fogatas en su honor y las libaciones tenían como objetivo asegurar la prosperidad del pueblo.

Parece oportuno recordar que Asera, según numerosos historiadores, era la paredra o vertiente femenina de Yah. Era pues la Diosa madre, la Reina de los Cielos, de ahí la ausencia de violencia en su culto. Sin embargo, en las derivaciones posteriores del culto a la gran madre, como es el caso de Astarot, se introdujeron abominaciones como la prostitución sagrada, muy ligada a la fertilidad.

En cuanto a Baal, cuyo nombre significaba señor o amo, sus rituales siempre consistieron en sacrificios de sangre. Llegó a conocerse como Baal-zebut, esto es *"el señor de las moscas"* por la cantidad de estos insectos que se agolpaba sobre los altares sacrificiales para terminar con los restos de los holocaustos que le eran ofrecidos. Además, es sabido que su culto en Palmira incluía la sodomía. Por todo ello, Baal fue asimilado a un fiero demonio, llamado Belcebú en tradiciones posteriores.

En lo que respecta a Moloc o Milcom, cuyo nombre significaba rey, era un dios del inframundo, un demonio asociado a Saturno y a Cronos, deidades que devoran a sus hijos.

Nada de ello puede sorprender puesto que el culto al maligno se hunde en la noche de los tiempos. Como se ha indicado, proviene de la acendrada creencia de que la humanidad está gobernada por dioses depredadores que necesitan ser aplacados para asegurar la subsistencia del individuo o de la colectividad y, por ello, los ritos en su honor siempre se basan en un intercambio. Los demonios no se contentan con ofrendas inertes, necesitan vida para alimentarse. Así pues, para obtener sus dádivas, se les entrega lo más valioso que es la vida humana. Los favores requeridos por los oficiantes son de diversa índole y cambian según la época. En el pasado remoto se trataba de asegurar la lluvia y las buenas cosechas que garantizaban el sustento.

El caso de Cartago es históricamente célebre, la gran ciudad fenicia en la que la tradición de consagrar a los primogénitos a Dios se transformó en la obligación para las familias nobles de sacrificar a sus primogénitos a Moloc. No es de extrañar, pues, que Cartago acabase siendo completamente arrasada por los romanos y que la expresión de Catón el Viejo: *"Carthago delenda est"* haya pasado a representar todo lo que debe ser aniquilado.

De lo explicado anteriormente, lo esencial es la prohibición categórica en la Biblia de los sacrificios humanos y de la prostitución sagrada. Es un decreto de anatema del Eterno que se repite en varios libros. Frente a semejantes transgresiones, los castigos que Dios impone son ejemplarizantes y terribles.

El Libro de los Jueces trata del culto a otros dioses utilizando el término *"baales"* como un genérico para designar a esas deidades a las que se nutría con aberraciones:

*[11] Entonces los hijos de Israel HICIERON LO MALO ANTE LOS OJOS DEL ETERNO Y SIRVIERON A LOS BAALES,*
*[12] y abandonaron al Señor, el Dios de sus padres, que los había sacado de la tierra de Egipto, y SIGUIERON A OTROS DIOSES DE ENTRE LOS DIOSES DE LOS PUEBLOS QUE ESTABAN A SU DERREDOR; se postraron ante ellos y provocaron a ira al Señor.*
*[13] Y DEJARON AL ETERNO Y SIRVIERON A BAAL Y A ASTAROT.*
*JUECES 2*

Sigue el Libro de los Jueces relatando como se encendió la ira del Señor contra su pueblo y los muchos males a los que le sometió porque *"dondequiera que iban, la mano del Señor estaba contra ellos para mal".* A pesar de ello, el pueblo no escuchó a sus jueces *"porque se prostituyeron siguiendo a otros dioses y se postraron ante ellos":*

*14 Y se encendió la ira del Señor contra Israel, y los entregó en manos de salteadores que los saquearon; y los vendió en mano de sus enemigos de alrededor, y ya no pudieron hacer frente a sus enemigos.*

*15 Por dondequiera que iban, la mano del Señor estaba contra ellos para mal, tal como el Señor había dicho y como el Señor les había jurado, y se angustiaron en gran manera.*

*16 Entonces el Señor levantó jueces que los libraron de la mano de los que los saqueaban.*

*17 Con todo NO ESCUCHARON A SUS JUECES, PORQUE SE PROSTITUYERON SIGUIENDO A OTROS DIOSES, Y SE POSTRARON ANTE ELLOS. Se apartaron pronto del camino en que sus padres habían andado en obediencia a los mandamientos del Señor; no hicieron como sus padres.*
*JUECES 2*

El Libro de los Jueces prosigue explicando que Dios *"les levantaba jueces",* esto es hacía que jueces justos fueran nombrados para guiarles. Sin embargo, el buen comportamiento del pueblo no se prolongaba más allá de la vida del juez justo y, después de su muerte, el pueblo abandonaba su virtud y se corrompía aún más que sus ancestros, siguiendo a otros dioses:

*18 Cuando el Señor les levantaba jueces, el Señor estaba con el juez y los libraba de mano de sus enemigos todos los días del juez; porque el Señor se compadecía por sus gemidos a causa de los que los oprimían y afligían.*

*19 Pero acontecía que al morir el juez, ellos volvían atrás y SE CORROMPÍAN AÚN MÁS QUE SUS PADRES, SIGUIENDO A OTROS DIOSES, sirviéndoles e inclinándose ante ellos; no dejaban sus costumbres*

*ni su camino obstinado.*
*JUECES 2*

Por ello, el Libro de los Jueces finaliza el relato explicando que, al haber quebrado el Pacto, el Señor decidió no liberar a su pueblo de la presencia hostil de otras naciones:

*²⁰ Y se encendió la ira del Señor contra Israel, y dijo: Por cuanto esta nación ha quebrantado el pacto que ordené a sus padres, y no ha escuchado mi voz,*
*²¹ tampoco yo volveré a expulsar de delante de ellos a ninguna de las naciones que Josué dejó cuando murió,*
*²² para probar por medio de ellas a Israel, a ver si guardan o no el camino del Señor, y andan en él como lo hicieron sus padres.*
*JUECES 2*

En el Libro del profeta Jeremías, el Señor advierte que su ira se desencadenará si se celebran cultos a otros dioses y que ello causará el mal de los hebreos:

*⁶ no vayáis tras otros dioses para servirles y postraros ante ellos, no me provoquéis a ira con la obra de vuestras manos, y no os haré ningún mal.*
*⁷ Pero no me habéis escuchado, declara el Señor, de modo que me provocasteis a ira con la obra de vuestras manos para vuestro propio mal.*
*JEREMÍAS 25*

A este respecto, el Libro de los Jueces recuerda que dar culto a dioses foráneos es hacer lo malo ante los ojos de Dios y menciona en varias ocasiones que los hebreos veneraban a otras deidades olvidando reverenciar al Eterno.

Un ejemplo de ello se encuentra en el versículo siguiente:

*⁷ Y los hijos de Israel hicieron lo malo ante los ojos del Señor, y olvidaron al Señor su Dios, y sirvieron a los baales y a las imágenes de Asera.*
*JUECES 3*

El Libro de los Jueces confirma que los hebreos daban culto a los dioses de los países vecinos, abandonando el servicio al Señor. Ello provoca que Su ira se desate contra el pueblo elegido:

*⁶ Los hijos de Israel volvieron a hacer lo malo ante los ojos del Señor, sirvieron a los baales, a Astarot, a los dioses de Aram, a los dioses de Sidón, a los dioses de Moab, a los dioses de los hijos de Amón y a los dioses de los filisteos; abandonaron, pues, al Señor y no le sirvieron.*
*⁷ Y se encendió la ira del Señor contra Israel, y los entregó en manos de los filisteos y en manos de los hijos de Amón.*
*JUECES 10*

Cada vez que el furor del Eterno se desencadena, provoca aciagas consecuencias. Frente al desastre, el pueblo de Dios admite su transgresión y su culpa esperando ser perdonado.

Un ejemplo de ello es recogido por el Libro de los Jueces:

*¹⁰ Entonces los hijos de Israel clamaron al Señor, diciendo: Hemos pecado contra ti, porque ciertamente hemos abandonado a nuestro Dios y servido a los baales.*
*JUECES 10*

El Segundo Libro de los Reyes refiere que el culto a otros dioses incluía abominaciones como la de inmolar por el fuego a la progenie, usos idólatras y prácticas de adivinación y augurios, siendo todas ellas costumbres execradas por el Eterno:

*¹⁶ Y abandonaron todos los mandamientos del Señor su Dios, y se*

*hicieron imágenes fundidas de dos becerros; hicieron una Asera,*
*adoraron a todo el ejército de los cielos y sirvieron a Baal.*
*<sup>17</sup> HICIERON PASAR POR EL FUEGO A SUS HIJOS Y A SUS HIJAS,*
*PRACTICARON LA ADIVINACIÓN Y LOS AUGURIOS, y se entregaron a*
*hacer lo malo ante los ojos del Señor, provocándole.*
*<sup>18</sup> Y el Señor se airó en gran manera contra Israel y los quitó de su*
*presencia; no quedó sino solo la tribu de Judá.*
*II REYES 17*

El Libro del profeta Jeremías señala a Moloc y menciona que su adoración exigía sacrificar por el fuego a la prole. Incluye asimismo la Palabra del Eterno al respecto: *"lo cual no les había mandado, ni me pasó por la mente que ellos cometieran esta abominación"*. Es la condena sin paliativos de Dios hacia esa monstruosa conducta:

*<sup>35</sup> Y edificaron los lugares altos de Baal que están en el valle de*
*Ben-hinom, PARA HACER PASAR POR EL FUEGO A SUS HIJOS Y A SUS*
*HIJAS EN HONOR DE MOLOC, LO CUAL NO LES HABÍA MANDADO, NI ME*
*PASÓ POR LA MENTE QUE ELLOS COMETIERAN ESTA ABOMINACIÓN,*
*para hacer que Judá pecara.*
*JEREMÍAS 32*

El Libro de Jeremías pone de manifiesto desde su inicio el rechazo de Dios hacia los holocaustos y sacrificios:

*<sup>20</sup> Vuestros holocaustos no son aceptables, y vuestros sacrificios*
*no me agradan.*
*JEREMÍAS 6*

Asimismo, el Libro de Jeremías revela que el Eterno no habló a los hebreos ni les ordenó nada respecto a los holocaustos y sacrificios, condenando así los excesos cometidos. Lo único que Dios pide es que se escuche Su voz y se siga Su camino:

*²² Porque YO NO HABLÉ A VUESTROS PADRES, NI LES ORDENÉ NADA EN CUANTO A LOS HOLOCAUSTOS Y SACRIFICIOS, el día que los saqué de la tierra de Egipto.*
*²³ Sino que esto es lo que les mandé, diciendo: «ESCUCHAD MI VOZ Y YO SERÉ VUESTRO DIOS y vosotros seréis mi pueblo, y ANDARÉIS EN TODO CAMINO QUE YO OS ENVÍE PARA QUE OS VAYA BIEN».*
JEREMÍAS 7

Por su parte, la palabra del Señor que transmite el profeta Sofonías amenaza con eliminar *"por completo todo de la faz de la tierra"*, extirpando *"al hombre de la faz de la tierra"* a causa de los cultos a Baal y a Milcom o Moloc:

*² Eliminaré por completo todo de la faz de la tierra, declara el Señor.*
*³ Eliminaré hombres y animales, eliminaré las aves del cielo y los peces del mar, y haré tropezar a los impíos; extirparé al hombre de la faz de la tierra, declara el Señor.*
*⁴ Extenderé mi mano contra Judá y contra todos los habitantes de Jerusalén; cortaré de este lugar al remanente de Baal y los nombres de los ministros idólatras junto con sus sacerdotes;*
*⁵ a los que se postran en las terrazas ante el ejército del cielo, a los que se postran y juran por el Señor y JURAN TAMBIÉN POR MILCOM,*
*⁶ a los que han dejado de seguir al Señor, y a los que no han buscado al Señor ni le han consultado.*
SOFONÍAS 1

Como indica el capítulo décimo tercero del Libro del Éxodo, del mismo modo que los hebreos consagraban sus primogénitos al Eterno, los amonitas, cananeos, fenicios y cartagineses inmolaban los suyos a Moloc o Milcom, frecuentemente asimilado a Baal. La mayor parte de las veces, los sacrificios eran realizados para apaciguar la cólera del dios y asegurarse el sustento. Otras, para lograr la victoria sobre pueblos enemigos.

La preocupación y el disgusto que el Eterno demuestra sistemáticamente respecto al culto a Moloc o Milcom son profundos y se reflejan en Su Palabra transmitida por sus profetas. En esos mensajes, el Señor deplora que sus hijos rindan culto a esos seres maléficos. La intensidad y reiteración del mensaje condenatorio del Eterno a lo largo de la Biblia permite concluir que semejantes ritos de sangre eran usuales y formaban parte de la vida ordinaria de aquel pueblo.

En el Libro Primero de los Reyes, el Eterno lamenta que Salomón, el rey sabio hijo de David, haya adorado a Astoret o Astarot y a Milcom o Moloc:

> *⁵ Porque Salomón siguió a Astoret, diosa de los sidonios, y a Milcom, abominación de los amonitas.*
> *I REYES 11*

Algo más adelante, el Libro Primero de los Reyes relata que Salomón edificó un altar a Moloc y otro a Quemos, otra deidad demoníaca a la que los moabitas ofrecían sacrificios de sangre y fuego. Fatalmente atraído por las religiones de sus numerosas esposas extranjeras, Salomón acabó siendo un apóstata:

> *⁷ Entonces edificó Salomón un alto a Quemos, abominación de Moab, en el monte que está enfrente de Jerusalén; y a Moloc, abominación de los hijos de Ammón.*
> *I REYES 11*

De nuevo, en el Libro Primero de los Reyes, el Eterno se duele del abandono de su pueblo y del culto que ha profesado a dioses extranjeros como Astoret o Astarot y a deidades terribles, como Milcom o Moloc o a Quemos, ávidas de sacrificios humanos:

> *³³ porque me han abandonado, y han adorado a Astoret, diosa de los sidonios, a Quemos, dios de Moab, y a Milcom, dios de los*

*hijos de Amón, y no han andado en mis caminos, para hacer lo recto delante de mis ojos y guardar mis estatutos y mis ordenanzas, como lo hizo su padre David.*
*I REYES 11*

Lo mismo queda recogido en el Libro Segundo de los Reyes en el que se da testimonio de los cultos a Astarot, Quemos y Milcom o Moloc, lo que demuestra que, por aquel entonces, la fe en el Eterno no estaba lo suficientemente asentada en el pueblo hebreo y que tardó en arraigarse plenamente.

En el Libro Segundo de los Reyes, se encuentran dos referencias relativas a las profanaciones que llevó a cabo el rey Josías, para cumplir la Ley de Dios, contra lugares de culto a dioses foráneos como Moloc o Milcom, Astarot y Quemos.

- En la primera de ellas, Josías profanó un altar a Moloc:

*¹⁰ También profanó al Tofet que está en el valle de Ben-hinom, PARA QUE NADIE HICIERA PASAR POR FUEGO A SU HIJO O A SU HIJA PARA HONRAR A MOLOC.*
*II REYES 23*

- En la segunda, Josías profanó los altares a Astarot, a Quemos y a Milcom o Moloc:

*¹³ Asimismo profanó el rey los lugares altos que estaban delante de Jerusalén, a la mano derecha del monte de la destrucción, los cuales Salomón rey de Israel había edificado a Astarot, abominación de los sidonios, y a Quemos abominación de Moab, y a Milcom abominación de los hijos de Amón.*
*II REYES 23*

En el Libro del Profeta Jeremías, el Eterno deplora que Milcom se haya apoderado de Gad y de su pueblo, ignorando al Dios de Israel:

> *¹ Acerca de los hijos de Amón. Así dice el Señor: ¿No tiene hijos Israel? ¿No tiene heredero? ¿Por qué, pues, Milcom se ha apoderado de Gad y su pueblo se ha establecido en sus ciudades?*
> *JEREMÍAS 49*

En el mismo capítulo del Libro de Jeremías, el Eterno anuncia la aniquilación de la ciudad transgresora, Hai, y el destierro de Milcom o Moloc junto a sus sacerdotes y a sus príncipes:

> *³ Gime, Hesbón, porque Hai ha sido destruida. Clamad, hijas de Rabá, ceñíos de cilicio y lamentaos, corred de un lado a otro por entre los muros, porque Milcom irá al destierro junto con sus sacerdotes y sus príncipes.*
> *JEREMÍAS 49*

Llegados a este punto, se impone hacer un inciso acerca de la función que el Eterno confiaba a los profetas.

En la Biblia, el Eterno habla a través de ellos y les exige total fidelidad en la transmisión de Su Palabra. Son los únicos intermediarios vivos de la divinidad, lo que presupone que son justos y santos y, por ende, son muy respetados al ser los portavoces del Señor.

Como se deduce de los versículos de Ezequiel que siguen los títulos de cada parte de este ensayo, el profeta asume, además, una pesada responsabilidad porque carece de margen respecto a la comunicación del mensaje divino y, si decide no notificarlo, paga con su vida.

Sin embargo y muy a pesar de la índole férrea de su compromiso con Dios, el pueblo no siempre obedece sus órdenes.

Eso es lo que relata el Libro de Jeremías respecto a la prohibición de dar culto a la Reina de los Cielos y a la desobediencia del pueblo que justifica la siguiente manera: *"Entonces teníamos bastante alimento, prosperábamos y no veíamos mal alguno. Pero desde que dejamos de quemar sacrificios a la reina del cielo y derramarle libaciones, carecemos de todo, y por la espada y por el hambre hemos sido acabados".*

El culto a ciertos dioses era considerado, pues, como una práctica que atraía la buena suerte y alejaba las contrariedades:

*[16] EN CUANTO AL MENSAJE QUE NOS HAS HABLADO EN EL NOMBRE DEL SEÑOR, NO VAMOS A ESCUCHARTE,*
*[17] sino que ciertamente cumpliremos toda palabra que ha salido de nuestra boca, y QUEMAREMOS SACRIFICIOS A LA REINA DEL CIELO, DERRAMÁNDOLE LIBACIONES, como hacíamos nosotros, nuestros padres, nuestros reyes y nuestros príncipes en las ciudades de Judá y en las calles de Jerusalén. ENTONCES TENÍAMOS BASTANTE ALIMENTO, PROSPERÁBAMOS Y NO VEÍAMOS MAL ALGUNO.*
*[18] PERO DESDE QUE DEJAMOS DE QUEMAR SACRIFICIOS A LA REINA DEL CIELO Y DERRAMARLE LIBACIONES, CARECEMOS DE TODO, Y POR LA ESPADA Y POR EL HAMBRE HEMOS SIDO ACABADOS.*
*[19] Y, dijeron las mujeres, cuando nosotras quemábamos sacrificios a la reina del cielo y le derramábamos libaciones, ¿acaso sin saberlo nuestros maridos le hacíamos tortas con su imagen y le derramábamos libaciones?*
*JEREMÍAS 44*

Es de suponer que, como en el caso de la adoración a la Reina de los Cielos, el empeño en rendir culto a los dioses crueles fuera defendido por el pueblo con parecidos argumentos.

El razonamiento era simple, mientras esos dioses estaban contentos, al pueblo le iba bien. Sin embargo, si los dioses estaban desatendidos, el pueblo sufría. Por ello, teniendo en cuenta la importancia del objetivo final, lo de menos era que las ofrendas a los esos dioses fueran de sangre.

Sin embargo, quebrantar el Pacto con el Eterno y servir a otros dioses tiene siempre desastrosas consecuencias puesto que enciende Su ira y esta provoca la muerte de los infractores:

> *¹⁶ Cuando quebrantéis el pacto que el Señor vuestro Dios os ordenó, y vayáis y SIRVÁIS A OTROS DIOSES, y os inclinéis ante ellos, ENTONCES LA IRA DEL SEÑOR SE ENCENDERÁ CONTRA VOSOTROS, Y PERECERÉIS PRONTAMENTE DE SOBRE ESTA BUENA TIERRA QUE ÉL OS HA DADO.*
>
> *JOSUÉ 23*

El Libro de Josué advierte que la consecuencia de no servir al Señor y servir a dioses extranjeros será que Dios haga daño a su pueblo y, a término, acabar siendo consumido:

> *¹⁹ Entonces Josué dijo al pueblo: No podréis servir al Señor, porque Él es Dios santo, Él es Dios celoso; Él no perdonará vuestra transgresión ni vuestros pecados.*
>
> *²⁰ SI ABANDONÁIS AL SEÑOR Y SERVÍS A DIOSES EXTRANJEROS, ÉL SE VOLVERÁ Y OS HARÁ DAÑO, y os consumirá después de haberos hecho bien.*
>
> *²¹ Respondió el pueblo a Josué: No, sino que serviremos al Señor.*
>
> *JOSUÉ 24*

El Libro de Josué prosigue desvelando que la exigencia del Señor en recibir un culto exclusivo está basada en la promesa hecha en el Pacto, ya que *"habéis escogido al Señor para servirle"*:

> *²² Y Josué dijo al pueblo: Vosotros sois testigos contra vosotros mismos de que habéis escogido al Señor para servirle. Y dijeron: Testigos somos.*
>
> *²³ AHORA PUES, QUITAD LOS DIOSES EXTRANJEROS QUE ESTÁN EN MEDIO DE VOSOTROS, E INCLINAD VUESTRO CORAZÓN AL SEÑOR, Dios de Israel.*
>
> *JOSUÉ 24*

El Libro del profeta Jeremías transmite las quejas del Señor debido a las numerosas ocasiones en las que prohibió al pueblo hacer *"esta cosa abominable que yo aborrezco"*. Esto es, quemar sacrificios a otros dioses.

Ese pecado conlleva un castigo terrible, convertirse en maldición y oprobio entre todas las naciones para acabar siendo, en definitiva, exterminados:

*⁴ Con todo, OS ENVIÉ A TODOS MIS SIERVOS LOS PROFETAS REPETIDAS VECES, DICIENDO: "NO HAGÁIS AHORA ESTA COSA ABOMINABLE QUE YO ABORREZCO".*

*⁵ Pero no escucharon ni inclinaron su oído para apartarse de su maldad, para DEJAR DE QUEMAR SACRIFICIOS A OTROS DIOSES.*
*⁶ Por tanto, se derramó mi ira y mi furor y ardió en las ciudades de Judá y en las calles de Jerusalén, que fueron convertidas en ruinas y en desolación, como lo están hoy.*
*⁷ Ahora pues, así dice el Señor Dios de los ejércitos, el Dios de Israel: "¿Por qué os hacéis un daño tan grande a vosotros mismos cortando de entre vosotros a hombre y mujer, niño y lactante de en medio de Judá, sin que os quede remanente,*
*⁸ PROVOCÁNDOME A IRA CON LA OBRA DE VUESTRAS MANOS, QUEMANDO SACRIFICIOS A OTROS DIOSES en la tierra de Egipto, adonde habéis entrado a residir, DE MODO QUE SEÁIS EXTERMINADOS Y VENGÁIS A SER MALDICIÓN Y OPROBIO ENTRE TODAS LAS NACIONES DE LA TIERRA?*
*JEREMÍAS 44*

El Libro del profeta Jeremías reitera en varios de sus capítulos el pesar del Señor con su pueblo por ignorar a sus profetas y obstinarse en venerar a otros dioses, lo que inevitablemente provocará Su ira:

*⁴ Y el Señor os envió repetidas veces a todos sus siervos los profetas (pero no escuchasteis ni inclinasteis vuestro oído para oír),*

*5 diciendo: «Volveos ahora cada cual de vuestro camino y DE LA MALDAD DE VUESTRAS OBRAS, y habitaréis en la tierra que el Señor os dio a vosotros y a vuestros padres para siempre;*
*6 NO VAYÁIS TRAS OTROS DIOSES PARA SERVIRLES Y POSTRAROS ANTE ELLOS, NO ME PROVOQUÉIS A IRA CON LA OBRA DE VUESTRAS MANOS, y no os haré ningún mal».*
*7 Pero no me habéis escuchado —declara el Señor— DE MODO QUE ME PROVOCASTEIS A IRA CON LA OBRA DE VUESTRAS MANOS PARA VUESTRO PROPIO MAL.*
*JEREMÍAS 25*

El Libro del profeta Jeremías enfatiza que el Señor ha *"enviado a todos mis siervos los profetas, enviándolos repetidas veces"*, para prohibir la adoración a otros dioses:

*15 También os he enviado a todos mis siervos los profetas, enviándolos repetidas veces, a deciros: Volveos ahora cada uno de vuestro mal camino, enmendad vuestras obras y NO VAYÁIS TRAS OTROS DIOSES PARA ADORARLOS, y habitaréis en la tierra que os he dado, a vosotros y a vuestros padres; pero no inclinasteis vuestro oído, ni me escuchasteis.*
*JEREMÍAS 35*

Asimismo, el Libro de Jeremías describe las consecuencias de tamaña infracción, al relatar que al haber quemado sacrificios a otros dioses hizo que sobre ellos sobreviniese una calamidad:

*23 Porque quemasteis sacrificios y pecasteis contra el Señor y no obedecisteis la voz del Señor ni anduvisteis en su ley, ni en sus estatutos, ni en sus testimonios, por tanto, os ha sobrevenido esta calamidad, como sucede hoy.*
*JEREMÍAS 44*

Según el mismo profeta Jeremías, el pueblo atrae sobre sí el infortunio al desobedecer la voz del Eterno y apartarse de Su Ley. La desobediencia al Señor provoca pues la desgracia de los hebreos:

*23. . .NO OBEDECIERON TU VOZ NI ANDUVIERON EN TU LEY; NO HICIERON NADA DE TODO LO QUE LES MANDASTE HACER; POR TANTO TÚ HAS HECHO VENIR SOBRE ELLOS TODA ESTA CALAMIDAD.*

*JEREMÍAS 32*

Es sabido que, cuando un mensaje de Dios se repite en la Biblia, indica que reviste una extraordinaria importancia. Es el caso de todos los profetas que inciden ya sea en el rechazo o en el horror que los sacrificios y holocaustos inspiran al Señor.

El profeta Oseas transmite los deseos del Eterno *"yo quiero amor y no sacrificios, conocimiento de Dios más que holocaustos"*:

*6 Porque yo quiero amor y no sacrificios, conocimiento de Dios más que holocaustos.*

*OSEAS 6*

Asimismo, el Libro del profeta Isaías abunda en el hartazgo que los sacrificios y holocaustos suscitan en el Señor. Hay que insistir en que ese rechazo divino se aplica también a los holocaustos de animales que eran los únicos sacrificios de sangre ofrecidos por los hebreos:

*11 ¿Para qué me sirve, dice el Eterno, la multitud de vuestros sacrificios? HASTIADO ESTOY DE HOLOCAUSTOS de carneros y de sebo de animales gordos; no quiero sangre de bueyes, ni de ovejas, ni de machos cabríos.*
*12 ¿QUIÉN DEMANDA ESTO DE VUESTRAS MANOS, CUANDO VENÍS A PRESENTAROS DELANTE DE MÍ PARA HOLLAR MIS ATRIOS?*

*¹³ No me traigáis más vana ofrenda; el incienso me es abominación; luna nueva y día de reposo, el convocar asambleas, no lo puedo sufrir; son iniquidad vuestras fiestas solemnes.*

*ISAÍAS 1*

El Libro Primero de Samuel concluye la cuestión afirmando que el Señor no se complace en holocaustos ni en sacrificios sino en la atención que se le presta y en la obediencia a Su Voz:

*²² Y Samuel dijo: ¿Se complace el Señor tanto en holocaustos y sacrificios como en la obediencia a la voz del Señor? He aquí, EL OBEDECER ES MEJOR QUE UN SACRIFICIO, Y EL PRESTAR ATENCIÓN, QUE LA GROSURA DE LOS CARNEROS.*

*I SAMUEL 15*

En la actualidad, los sacrificios humanos han desaparecido de los cultos socialmente aceptados, pero el recurso a rituales aberrantes sigue vivo en espiritualidades ocultas, sectas y liturgias oscuras. Por ello, el anatema lanzado por los versículos recogidos más arriba se dirige, ayer y hoy, a todos los oficiantes y participantes en tales ritos.

Si los miembros de esos cultos entienden el mensaje correctamente, sabrán que el Dios de la Luz les insta a volverse de su mal camino por la salud de sus almas.

# La perfectibilidad del ser humano

Antiguos textos cabalísticos, afirman que toda persona

puede llegar a convertirse en ángel si cumple con la misión que Dios le ha asignado sobre la tierra. Como se ha indicado previamente, el alma toma una forma humana antes de haber alcanzado su objetivo, pero una vez que lo ha logrado, se convierte en ángel.

En esa línea, el rey David revela en el Salmo octavo que el Altísimo ha hecho al ser humano *"un poco menor que los Ángeles"* y que le corona de gloria y de majestad:

> *³ Cuando veo tus cielos, obra de tus dedos, la luna y las estrellas que tú has establecido,*
> *⁴ digo: ¿Qué es el hombre para que de él te acuerdes, y el hijo del hombre para que de él te cuides?*
> *⁵ ¡Sin embargo, LO HAS HECHO UN POCO MENOR QUE LOS ÁNGELES, CORONÁNDOLE DE GLORIA Y MAJESTAD!*
> *SALMO 8*

Por su parte, el Libro de Job subraya el máximo nivel de exigencia del Eterno con Sus criaturas, ya *que "no confía aún en sus propios siervos y a sus Ángeles atribuye errores"*:

> *¹⁷ «¿Es el mortal justo delante de Dios? ¿Es el hombre puro delante de su Hacedor?*
> *¹⁸ DIOS NO CONFÍA NI AÚN EN SUS PROPIOS SIERVOS; Y A SUS ÁNGELES ATRIBUYE ERRORES.*
> *JOB 4*

El Libro de Job insiste más adelante en esa alta exigencia del Eterno, repitiendo que *"Dios no confía en sus santos, y ni los cielos son puros ante sus ojos"* y, menos aún en *"el hombre, un ser abominable y corrompido, que bebe como agua la iniquidad"*:

> *¹⁵ He aquí, DIOS NO CONFÍA EN SUS SANTOS, Y NI LOS CIELOS SON PUROS ANTE SUS OJOS;*
> *¹⁶ ¡cuánto menos EL HOMBRE, UN SER ABOMINABLE Y CORROMPIDO,*

*QUE BEBE COMO AGUA LA INIQUIDAD!*
*JOB 15*

En esa línea, el Libro de Job afirma que nada es puro a los ojos del Eterno, *"¡cuanto menos el hombre, esa larva y el hijo del hombre, ese gusano!"*. Job, el justo entre los justos, tiene una opinión muy pobre del ser humano y le califica repetidamente como ser indigno del Señor:

*⁵ SI AUN LA LUNA NO TIENE BRILLO Y LAS ESTRELLAS NO SON PURAS A SUS OJOS,*
*⁶ ¡CUÁNTO MENOS EL HOMBRE, ESA LARVA; Y EL HIJO DEL HOMBRE, ESE GUSANO!*
*JOB 25*

Teniendo en cuenta lo que precede, Job se pregunta cómo puede ser considerado justo un hombre ante Dios:

*¹ Entonces respondió Job y dijo:*
*² En verdad yo sé que es así, pero ¿cómo puede un hombre ser justo delante de Dios?*
*JOB 9*

En fin, en coherencia con los libros del Pentateuco, el Libro de Job subraya indirectamente que el ser humano debe ser justo por su propio interés. La senda de la justicia no redunda en beneficio del Señor sino del hombre mismo:

*³ ¿ES DE ALGÚN BENEFICIO AL TODOPODEROSO QUE TÚ SEAS JUSTO, O GANA ALGO SI HACES PERFECTOS TUS CAMINOS?*
*JOB 22*

Los versículos precedentes, tan críticos con el ser humano, abren sin embargo el camino hacia su perfección. Indican que su potencial es enorme por ser *"hijo de Dios"*, lo que coexiste con su debilidad innata ligada a la materia que le conduce a cometer múltiples faltas y transgresiones.

Sin embargo, según el rey David, aun si el hombre es ampliamente perfectible, está destinado a ser coronado de *"gloria y majestad"*.

Por ello, para alcanzar la elevación espiritual inscrita en la misión del ser humano sobre la tierra, hacen falta fe, justicia, atención y esfuerzo. A veces también, sacrificio y, por encima de todo, mantener el vínculo con el Señor.

# Capítulo 10

# Gobernar es impartir Justicia

La definición del gobierno en el Antiguo Testamento se encuentra en el Primer Libro de los Reyes y es de una claridad meridiana: Dios ha entronizado al rey para *"administrar derecho y justicia"*. Eso, y nada más, es gobernar.

Lo indica el Primer Libro de los Reyes:

> [9] *. . . TE HA PUESTO POR REY PARA ADMINISTRAR DERECHO Y JUSTICIA.*
> *I REYES 10*

Dos libros del Antiguo Testamento, el Libro Segundo de Samuel y el Libro Primero de las Crónicas, confirman con términos idénticos el vínculo existente entre el gobierno y la administración de justicia. Van de la par y sus expresiones son equivalentes:

> *REINÓ David sobre todo Israel, ADMINISTRANDO DERECHO Y*
> *JUSTICIA a todo su pueblo.*
> *II SAMUEL 8, 15*
> *I CRÓNICAS 18, 14*

El Libro Segundo de las Crónicas afirma que el poder viene de Dios y repite que el rey lo es por voluntad divina para *"hacer derecho y justicia"* al pueblo. Como se ha visto, esta expresión es recurrente, por lo que la correspondencia entre la justicia y el gobierno queda claramente establecida en el texto bíblico:

> *[8] Bendito sea el Señor tu Dios que se ha complacido en ti, poniéndote sobre su trono como rey para el Señor tu Dios; porque tu Dios amó a Israel afirmándolo para siempre, por lo cual te ha puesto por rey sobre ellos PARA HACER DERECHO Y JUSTICIA.*
> *II CRÓNICAS 9*

En el Libro Segundo de Samuel, el Señor indica el camino a seguir para el que detenta el poder. El gobernante es *"el que con justicia gobierna"* y *"en el temor de Dios gobierna"*.

> *[3] Dijo el Dios de Israel, me habló la Roca de Israel: «El que CON JUSTICIA GOBIERNA SOBRE LOS HOMBRES, que EN EL TEMOR DE DIOS GOBIERNA,*
> *[4] es como la luz de la mañana cuando se levanta el sol en una mañana sin nubes, cuando brota de la tierra la tierna hierba por el resplandor del sol tras la lluvia».*
> *II SAMUEL 23*

Aquel que espera alcanzar virtuosamente el poder se guía por la voluntad de hacer justicia, como relata el Libro Segundo de Samuel en el que, los términos juez de esta tierra y rey son equivalentes:

> *[4] Y añadía Absalón: «¡Quién me pusiera por juez de esta tierra! Podrían venir a mí todos los que tienen pleitos o juicios Y YO LES HARÍA JUSTICIA.»*
> *II SAMUEL 15*

Es indispensable subrayar que uno de los libros históricos de la Biblia destruye un acendrado prejuicio sobre la desigualdad de género en el pueblo hebreo. En efecto, el Libro de los Jueces revela que las mujeres también podían impartir justicia cuando eran profetisas. Es el caso de Débora:

> *⁴ DÉBORA, PROFETISA, mujer de Lapidot, JUZGABA a Israel en aquel tiempo;*
> *⁵ y se sentaba debajo de la palmera de Débora entre Ramá y Betel, en la región montañosa de Efraín; Y LOS HIJOS DE ISRAEL SUBÍAN A ELLA A PEDIR JUICIO.*
> *JUECES 4*

Por su parte, el consejo que el profeta Daniel da al rey que sirve, Nabucodonosor, es hacer obras de justicia y misericordia en favor de los pobres para que su ventura sea larga:

> *²⁷ Por eso, oh rey, acepta mi consejo: rompe tus pecados con obras de JUSTICIA y tus iniquidades con MISERICORDIA PARA CON LOS POBRES, para que tu ventura sea larga.*
> *DANIEL 4*

Así pues, en la Biblia, a los gobernantes se les denomina jueces, siendo el rey el primero que imparte justicia.

A este respecto, el Libro de la Sabiduría alerta sobre la extraordinaria responsabilidad de los poderosos ya que *"un juicio implacable espera a los que están en lo alto"* puesto que *"los poderosos serán poderosamente examinados"*:

> *¹ Oíd, pues, reyes, y entended. Aprended, jueces de los confines de la tierra.*
> *² Estad atentos los que gobernáis multitudes y estáis orgullosos de la muchedumbre de vuestros pueblos.*
> *³ Porque del Señor habéis recibido el poder, del Altísimo, la*

*soberanía; él examinará vuestras obras y sondeará vuestras intenciones.*

*⁴ Si, como ministros que sois de su reino, no habéis juzgado rectamente, ni observado la ley, ni caminado siguiendo la voluntad de Dios,*

*⁵ terrible y repentino se presentará ante vosotros. Porque* UN JUICIO IMPLACABLE ESPERA A LOS QUE ESTÁN EN LO ALTO;

*⁶ al pequeño, por piedad, se le perdona, pero* LOS PODEROSOS SERÁN PODEROSAMENTE EXAMINADOS.

*SABIDURÍA 6*

El Salmo octogésimo segundo deplora que los jueces juzguen injustamente y favorezcan a los impíos. Les insta a defender al débil y al huérfano, a hacer justicia al afligido y al menesteroso y a librarlos de sus opresores. El salmo evoca, además, el juicio del Eterno y el impacto nefasto para la tierra que causa juzgar injustamente y favorecer a los impíos: *"No saben, no entienden, caminan en tinieblas; tiemblan todos los cimientos de la tierra."*

*¹ Dios está en la reunión de los dioses; en medio de los dioses juzga.*

*² ¿HASTA CUÁNDO JUZGARÉIS INJUSTAMENTE, Y FAVORECERÉIS A LOS IMPÍOS?*

*³ Defended al débil y al huérfano; haced justicia al afligido y al menesteroso.*

*⁴ Rescatad al afligido y al necesitado; libradlos de mano de los impíos.*

*⁵ NO SABEN, NO ENTIENDEN, CAMINAN EN TINIEBLAS; TIEMBLAN TODOS LOS CIMIENTOS DE LA TIERRA.*

*SALMO 82*

Por su parte, el Libro del profeta Ezequiel exhorta a los gobernantes a desistir de la opresión y de la violencia, a practicar el derecho y la justicia y, en fin, a liberar al pueblo de impuestos que se entienden abusivos:

> *⁹ Así dice el Eterno: Ya es demasiado, príncipes de Israel.*
> *DESISTID DE LA OPRESIÓN Y DE LA VIOLENCIA, PRACTICAD EL DERECHO*
> *Y LA JUSTICIA, LIBERAD A MI PUEBLO DE VUESTROS IMPUESTOS,*
> *oráculo del Señor.*
> *EZEQUIEL 45*

El Libro del profeta Miqueas condena a los que piensan iniquidades y maquinan el mal porque detentan el poder. Hacen maldades *"porque pueden"* e incurren en numerosas tropelías. Al que mucho se le da, mucho se le exige y Dios les tendrá rigor. Con ello, Miqueas lanza una advertencia universal y atemporal porque la corrupción y el abuso siempre acompañan al poder en mayor o en menor medida:

> *¹ ¡Ay de los que en sus camas piensan iniquidad y maquinan el*
> *mal, y cuando llega la mañana lo ejecutan, PORQUE TIENEN EN SUS*
> *MANOS EL PODER!*
> *² Codician campos y los roban; casas, y las toman; oprimen al*
> *hombre y a su familia, al hombre y a su heredad.*
> *MIQUEAS 2*

Los profetas del Antiguo Testamento transmiten la Palabra de Dios sobre el infausto destino que espera a los malvados que detentan el poder.

Entre ellos, el profeta Habacuc, recuerda que los poderosos corruptos pecan contra sí mismos, esto es, contra su alma:

> *⁹ ¡Ay del que obtiene ganancias ilícitas para su casa, para poner*
> *en alto su nido, para librarse de la mano de la calamidad!*
> *¹⁰ Has maquinado cosa vergonzosa para tu casa, DESTRUYENDO A*
> *MUCHOS PUEBLOS, PECANDO CONTRA TI MISMO.*
> *HABACUC 2*

El Libro de Job trata igualmente de la conducta de aquellos que gozan de influencia en la sociedad. Alerta contra la corrupción, aboga por la igualdad de tratamiento hacia las personas de diversa condición, prohíbe el abuso y el nepotismo, advirtiendo, en fin, que todo ello es iniquidad y que esta lleva a la aflicción:

> [18] *Procura, pues, que no te seduzca la abundancia, ni el copioso rescate te extravíe.*
> [19] *Haz comparecer al rico como al que nada tiene, al débil como al poderoso.*
> [20] *No aplastes a aquellos que te son extraños, para encumbrar en su puesto a tus parientes.*
> [21] *GUÁRDATE DE INCLINARTE HACIA LA INIQUIDAD, QUE POR ESO TE HA PROBADO LA AFLICCIÓN.*
> *JOB 36*

Ese es también el caso del Libro del profeta Sofonías, que transmite la Palabra de Dios acerca de la corrupción que afecta a la ciudad rebelde, contaminada y opresora, y a sus autoridades, ya sean príncipes, jueces, profetas o sacerdotes. Y afirma que el injusto no conoce la vergüenza:

> [1] *¡Ay de la rebelde y contaminada, la ciudad opresora!*
> [2] *No escuchó la voz, ni aceptó la corrección. No confió en el Señor, ni se acercó a su Dios.*
> [3] *SUS PRÍNCIPES EN MEDIO DE ELLA SON LEONES RUGIENTES, SUS JUECES, LOBOS AL ANOCHECER; NO DEJAN NADA PARA LA MAÑANA.*
> [4] *Sus PROFETAS son temerarios, hombres pérfidos; sus SACERDOTES han profanado el santuario, han violado la ley.*
> [5] *El Señor es justo en medio de ella; no cometerá injusticia. Cada mañana saca a luz su juicio, nunca falta; pero EL INJUSTO NO CONOCE LA VERGÜENZA.*
> *SOFONÍAS 3*

Asimismo, el Libro del Eclesiastés deplora los abusos cometidos por aquellos que ejercen el poder:

> *¹ Entonces yo me volví y observé todas las opresiones que se cometen bajo el sol: Y he aquí, VI LAS LÁGRIMAS DE LOS OPRIMIDOS, sin que tuvieran consolador; EN MANO DE SUS OPRESORES ESTABA EL PODER, sin que tuvieran consolador.*
>
> *ECLESIASTÉS 4*

El libro Segundo de las Crónicas se dirige a los jueces y les recuerda que no juzgan en nombre de los hombres sino en Nombre del Eterno que está con ellos cuando imparten justicia. Por ende, no han de cometer injusticia, ni hacer acepción de personas o recibir soborno:

> *⁶ y dijo a los jueces: «MIRAD LO QUE HACÉIS; PORQUE NO JUZGÁIS EN NOMBRE DE LOS HOMBRES, SINO EN NOMBRE DEL ETERNO, QUE ESTÁ CON VOSOTROS CUANDO ADMINISTRÁIS JUSTICIA.*
> *⁷ Ahora pues, que el temor del Eterno esté sobre vosotros; tened cuidado en lo que hacéis, porque CON EL SEÑOR NUESTRO DIOS NO HAY INJUSTICIA NI ACEPCIÓN DE PERSONAS NI SOBORNO.*
>
> *II CRÓNICAS 19*

Para cerrar este apartado sobre el arte de gobernar, que la Biblia resume en impartir justicia, importa recurrir a la palabra del Señor tal y como la recibió el profeta Zacarías. Con ella, exhorta a los jueces a juzgar con juicio verdadero, en misericordia y compasión, sin oprimir a la viuda, al huérfano, al extranjero o al pobre y sin tramar el mal contra el prójimo:

> *⁸ Entonces vino la palabra del Señor a Zacarías, diciendo:*
> *⁹ Así ha dicho el Señor de los ejércitos: JUICIO VERDADERO JUZGAD, y misericordia y compasión practicad cada uno con su hermano.*
> *¹⁰ «No oprimáis a la viuda, al huérfano, al extranjero ni al pobre,*

*ni traméis el mal en vuestros corazones unos contra otros».*
*ZACARÍAS 7*

Nada más pertinente, ayer y hoy, que recordar a los jueces en sentido bíblico, esto es, a los que hoy son jueces, autoridades y gobernantes, su obligación fundamental e inalienable de juzgar con juicio justo, esto es, de bien gobernar.

La prevaricación de los jueces no era infrecuente en tiempos de los hebreos, a pesar de la voluntad del pueblo elegido de observar estrictamente la Ley de Dios, y es moneda corriente en la actualidad, cuando la moral brilla por su ausencia y la justicia está bajo influencia, por estímulo o coerción, y en ciertas ocasiones, hasta se vende.

Hay que retener, sin embargo, que los jueces no juzgan en su propio nombre, sino en Nombre de Dios, como indica el Libro Segundo de las Crónicas. Incuestionablemente, la justicia es uno de los pilares fundamentales de la sociedad y el último refugio contra los abusos de poder y la corrupción. Sin jueces justos y sin una justicia independiente, la colectividad se desintegra.

Por tanto, cuando las sentencias están destinadas a dar una coartada jurídica a la corrupción de los poderosos, cuando se trasforman en una mercancía destinada a servir intereses personales, privados o espurios, pisoteando con ello los derechos de los justos, la comunidad en la que eso sucede está destinada a sufrir una purga y, a término, una aniquilación. Así se paga el daño infligido.

Desde la más remota antigüedad, los jueces han sido depositarios de una responsabilidad sagrada al juzgar en Nombre de Dios en la *Civitas Dei*. Para ejercer su función correctamente han de observar los preceptos de la Ley que se encuentran en las Sagradas Escrituras. La Biblia les aportará, además, la visión transcendente que puede llegar a faltarles, corrigiendo a tiempo cada senda torcida.

Y puesto que, según la Biblia, gobernar es *"administrar derecho y justicia",* aquellos que conducen a los pueblos han de guiarse por el mismo principio.

# Preceptos de Justicia

A este respecto, la Palabra que el Libro del profeta Isaías transmite en Nombre del Señor se resume fundamentalmente en una máxima: *"cesad de hacer el mal, aprended a hacer el bien, buscad la justicia"*. Isaías anima, además, a actuar con valentía para reprender al opresor y defender a los más vulnerables:

*<sup>16</sup> Lavaos, limpiaos, quitad la maldad de vuestras obras de delante de mis ojos; CESAD DE HACER EL MAL,*
*<sup>17</sup> APRENDED A HACER EL BIEN, BUSCAD LA JUSTICIA, reprended al opresor, defended al huérfano, abogad por la viuda.*
*ISAÍAS 1*

El Libro de los Proverbios insta a no mezclarse con impíos ni con malvados y da una valiosísima información sobre la mentalidad de los inicuos: *"ellos no duermen a menos que hagan el mal y pierden el sueño si no han hecho caer a alguno."*
Es así ciertamente y detectar esa pulsión en los otros es el mejor modo de identificar a los hijos del maligno, lo que resulta indispensable para que las gentes de bien puedan protegerse:

*<sup>14</sup> No entres en la senda de los impíos, ni vayas por el camino de los malvados.*
*<sup>15</sup> Evítalo, no pases por él; apártate de él y pasa adelante.*
*<sup>16</sup> PORQUE ELLOS NO DUERMEN A MENOS QUE HAGAN EL MAL, Y PIERDEN EL SUEÑO SI NO HAN HECHO CAER A ALGUNO.*
*<sup>17</sup> Porque comen pan de maldad, y beben vino de violencia.*
*<sup>18</sup> Mas la senda de los justos es como la luz de la aurora, que va aumentando en resplandor hasta que es pleno día.*

*<sup>19</sup> El camino de los impíos es como las tinieblas, no saben en qué tropiezan.*
PROVERBIOS 4

Por su parte, el Libro de Job confirma la revelación precedente explicando que los impíos y los corruptos *"conciben malicia, dan a luz iniquidad y en su mente traman engaño"*:

*<sup>34</sup> Porque estéril es la compañía de los* IMPÍOS, *y el fuego consume las tiendas del* CORRUPTO.
*<sup>35</sup>* CONCIBEN MALICIA, DAN A LUZ INIQUIDAD, Y EN SU MENTE TRAMAN ENGAÑO.
JOB 15

En el Libro de los Proverbios se encuentran asimismo las interdicciones dirigidas al que sigue la senda de la Justicia. Se trata de no negarse a hacer el bien cuando es posible hacerlo, no tramar el mal contra el prójimo, no presentar un pleito sin razón, no envidiar al injusto ni imitarle *"porque el Eterno abomina al perverso"* y está en comunión con los justos:

*<sup>27</sup> No te niegues a hacer el bien a quien es debido, cuando tuvieres poder para hacerlo.*
*<sup>28</sup> No digas a tu prójimo: Anda, y vuelve, y mañana te daré, cuando tienes contigo qué darle.*
*<sup>29</sup> No intentes mal contra tu prójimo que habita confiado junto a ti.*
*<sup>30</sup> No tengas pleito con nadie sin razón, si no te han hecho agravio.*
*<sup>31</sup> No envidies al hombre injusto, ni escojas ninguno de sus caminos.*
*<sup>32</sup>* PORQUE EL ETERNO ABOMINA AL PERVERSO; MAS SU COMUNIÓN ÍNTIMA ES CON LOS JUSTOS.
PROVERBIOS 3

En fin, el Libro de los Proverbios prohíbe actuar falsamente como testigo a cargo contra el prójimo, tanto como engañar con el fin de saciar la sed de venganza:

*²⁸ No seas, sin causa, testigo contra tu prójimo, y no engañes con tus labios.*
*²⁹ No digas: Como él me ha hecho, así le haré; pagaré al hombre según su obra.*
*PROVERBIOS 24*

Como se ha visto en la primera parte de este ensayo, la Palabra de Dios recogida en el capítulo trigésimo segundo del Libro del Deuteronomio decreta que ejecutar la venganza no forma parte de las atribuciones del ser humano. Por consiguiente, tanto la venganza como la retribución son prerrogativas exclusivas del Eterno. Así queda reflejado en el Libro Primero de Samuel, cuando el rey David bendice a Abigail por haberle impedido tomarse la justicia por su mano, evitando con ello que pecase gravemente:

*³³ Bendita sea tu prudencia y bendita tú misma que me has impedido derramar sangre y tomarme la justicia por mi mano.*
*I SAMUEL 25*

En fin, el Libro del profeta Jeremías repite que la venganza ha de solicitarse al Señor:

*²⁰ Mas, oh Señor de los ejércitos, que juzgas rectamente, que examinas los sentimientos y el corazón, vea yo tu venganza contra ellos, porque a ti he expuesto mi causa.*
*JEREMÍAS 11*

En el Salmo trigésimo séptimo, el rey David insta a apartarse del Mal y a hacer el Bien porque *"el Señor ama la justicia y no abandona a sus santos"*. Por ello, aunque el impío acecha al justo y procura darle muerte, *"el Señor no dejará al justo en sus manos ni permitirá que lo condenen cuando sea juzgado".* Afirma asimismo que *"la descendencia de los impíos será exterminada"* con lo que admite implícitamente la demora en la aplicación del castigo divino:

*27 APÁRTATE DEL MAL Y HAZ EL BIEN, y tendrás morada para siempre.*
*28 Porque EL SEÑOR AMA LA JUSTICIA, Y NO ABANDONA A SUS SANTOS;*
*ellos son preservados para siempre, pero LA DESCENDENCIA DE LOS*
*IMPÍOS SERÁ EXTERMINADA.*
*29 Los justos poseerán la tierra, y para siempre morarán en ella.*
*30 La boca del justo profiere sabiduría y su lengua habla rectitud.*
*31 La ley de su Dios está en su corazón; no vacilan sus pasos.*
*32 EL IMPÍO ACECHA AL JUSTO Y PROCURA MATARLO.*
*33 EL SEÑOR NO DEJARÁ AL JUSTO EN SUS MANOS, NI PERMITIRÁ QUE LO*
*CONDENEN CUANDO SEA JUZGADO.*
*SALMO 37*

Además, en el Libro Segundo de las Crónicas queda formulada la súplica al Señor de aplicar la justicia retributiva a justos y a malvados, puesto que el Eterno es fuente de toda justicia:

*22 Si alguno peca contra su prójimo, y se le exige juramento, y*
*viene y jura delante de tu altar en esta casa,*
*23 escucha tú desde los cielos y OBRA Y JUZGA A TUS SIERVOS,*
*CASTIGANDO AL IMPÍO, HACIENDO RECAER SU CONDUCTA SOBRE SU*
*CABEZA, Y JUSTIFICANDO AL JUSTO DÁNDOLE CONFORME A SU*
*JUSTICIA.*
*II CRÓNICAS 6*

En fin, el Salmo centésimo sexto, proclama dichosos a los que guardan el derecho y practican en todo tiempo la justicia:

*3 ¡Dichosos los que guardan el derecho, los que practican en todo*
*tiempo la justicia!*
*SALMOS 106*

# Guía para el buen gobierno de los reyes

El buen rey *"administra justicia"* con la sabiduría que le viene del Eterno. Lo indica el Primer Libro de los Reyes:

*²⁸ Cuando todo Israel oyó el juicio que el rey había pronunciado, reverenciaron al rey, porque vieron que LA SABIDURÍA DE DIOS ESTABA EN ÉL PARA ADMINISTRAR JUSTICIA.*

*I REYES 3*

Llegado el momento de la transmisión de poder entre el rey David y su hijo Salomón, aquel le conmina a *"servir a Dios de todo corazón"* y además le advierte que *"Si le buscas, Él te dejará encontrarle; pero si le abandonas, Él te rechazará para siempre"*.

Así lo relata el Libro Primero de las Crónicas:

*⁹ En cuanto a ti, Salomón, hijo mío, reconoce al Dios de tu padre, y sírvele de todo corazón y con ánimo dispuesto; porque el Señor escudriña todos los corazones, y entiende todo intento de los pensamientos. SI LE BUSCAS, ÉL TE DEJARÁ ENCONTRARLE; PERO SI LE ABANDONAS, ÉL TE RECHAZARÁ PARA SIEMPRE.*

*I CRÓNICAS 28*

En el Libro Primero de los Reyes figura la misma recomendación en la instrucción de David a su hijo Salomón de guardar los mandamientos según la Ley de Moisés para que su reinado prospere:

*¹ Y acercándose los días de la muerte de David, dio órdenes a su hijo Salomón, diciendo:*

*² Yo voy por el camino de todos en la tierra. Sé, pues, fuerte y sé hombre.*
*³ GUARDA LOS MANDATOS DEL SEÑOR TU DIOS, ANDANDO EN SUS CAMINOS, GUARDANDO SUS ESTATUTOS, SUS MANDAMIENTOS, SUS ORDENANZAS Y SUS TESTIMONIOS, CONFORME A LO QUE ESTÁ ESCRITO EN LA LEY DE MOISÉS, PARA QUE PROSPERES EN TODO LO QUE HAGAS Y DONDEQUIERA QUE VAYAS.*
*I REYES 2*

El Libro Segundo de las Crónicas ilustra las advertencias del Eterno a Salomón respecto al cumplimiento de Sus mandamientos y las consecuencias adversas a las que habrá de hacer frente en caso de no hacerlo y dar culto a otros dioses:

*¹⁷ Y en cuanto a ti, si andas delante de mí como anduvo tu padre David, HACIENDO CONFORME A TODO LO QUE TE HE MANDADO, Y GUARDAS MIS ESTATUTOS Y MIS ORDENANZAS,*
*¹⁸ yo afirmaré el trono de tu reino como pacté con tu padre David, diciendo: «No te faltará hombre que gobierne en Israel».*
*¹⁹ PERO SI VOSOTROS OS APARTÁIS Y ABANDONÁIS MIS ESTATUTOS Y MIS MANDAMIENTOS QUE HE PUESTO DELANTE DE VOSOTROS, Y VAIS Y SERVÍS A OTROS DIOSES Y LOS ADORÁIS,*
*²⁰ YO OS ARRANCARÉ DE MI TIERRA QUE OS HE DADO, y echaré de mi presencia esta casa que he consagrado a mi nombre, y la convertiré en refrán y escarnio entre todos los pueblos.*
*²¹ Y en cuanto a esta casa, que ha sido exaltada, todo el que pase cerca de ella, se asombrará y dirá: «¿Por qué ha hecho así el Señor a esta tierra y a esta casa?».*
*²² Y responderán: «Porque abandonaron al Señor, Dios de sus padres, que los sacó de la tierra de Egipto, y adoptaron otros dioses, los adoraron y los sirvieron; POR ESO ÉL HA TRAÍDO TODA ESTA ADVERSIDAD SOBRE ELLOS».*
*II CRÓNICAS 7*

El consejo dirigido a todo rey por el Libro de los Proverbios es juzgar con justicia y defender la causa del mísero y del pobre:

> *⁹ "abre tu boca, juzga con justicia y defiende la causa del mísero y del pobre."*
> *PROVERBIOS 31*

El Libro de los Proverbios declara asimismo que es abominación para los reyes cometer iniquidad porque su trono se afianza en la justicia:

> *¹² Es abominación para los reyes cometer iniquidad, porque el trono se afianza en la justicia.*
> *PROVERBIOS 16*

Siguen en el Libro de los Proverbios una serie de exhortaciones destinadas a los reyes. Alertan contra la codicia, la corrupción y advierten del trato justo que se ha de dispensar a los pobres.

- La primera concierne el juicio justo a los pobres:

> *¹⁴ El rey que juzga con verdad a los pobres afianzará su trono para siempre.*
> *PROVERBIOS 29*

- La segunda pone en guardia contra el amor de las riquezas:

> *¹⁶ El gobernante falto de juicio es terrible opresor; el que odia las riquezas prolonga su vida.*
> *PROVERBIOS 28*

- La tercera decreta que el gobernante que oprime a los pobres es un destructor:

*³ El gobernante que oprime a los pobres es como violenta lluvia que arrasa la cosecha.*
*PROVERBIOS 28*

- La cuarta previene contra los efectos corruptores del soborno para la tierra:

*⁴ El rey con la justicia afianza la tierra, pero el hombre que acepta soborno la destruye.*
*PROVERBIOS 29*

El Libro de los Proverbios continúa alertando a los reyes contra los malos consejeros que acabarán por pervertir el reino:

*¹² Si un gobernante presta atención a palabras mentirosas, todos sus servidores se vuelven impíos.*
*PROVERBIOS 29*

Por ende, propugna la idoneidad de apartar a los malos del entorno del rey para que el trono se afiance:

*⁵ quita al malo de delante del rey, y su trono se afianzará en la justicia.*
*PROVERBIOS 25*

En esa misma línea, el Libro de los Proverbios elogia la competencia de los gobernantes para mantener el orden:

*² Cuando hay rebelión en el país, los caudillos se multiplican; cuando el gobernante es competente, se mantiene el orden.*
*PROVERBIOS 28*

Advierte que, cuando el impío gobierna, el pueblo gime:

*² Cuando los justos aumentan, el pueblo se alegra; pero cuando el impío gobierna, el pueblo gime;*
PROVERBIOS 29

Y concluye con la recomendación al rey de referir todos los asuntos al Señor en plena confianza, evitar fiarse del propio criterio y apartarse del mal:

*⁵ Confía en el Señor con todo tu corazón, y no te apoyes en tu propio entendimiento.*
*⁶ Reconócele en todos tus caminos, y Él enderezará tus sendas.*
*⁷ No seas sabio a tus propios ojos, teme al Señor y apártate del mal.*
PROVERBIOS 3

En fin, el Libro de Josué recoge los consejos que este recibió del Eterno cuando llegó el momento de que sucediera a Moisés a la cabeza del pueblo hebreo. Su recomendación fundamental es cumplir con la Ley de Dios y, además, ser valiente y muy firme, sin dudar nunca de la protección divina:

*⁷ Sé pues valiente y muy firme, TENIENDO CUIDADO DE CUMPLIR TODA LA LEY QUE MI SIERVO MOISÉS TE DIO. NO TE APARTES DE ELLA NI A LA DERECHA NI A LA IZQUIERDA, PARA QUE TENGAS ÉXITO DONDEQUIERA QUE VAYAS.*
*⁸ NO SE APARTE EL LIBRO DE ESTA LEY DE TUS LABIOS: MEDÍTALO DÍA Y NOCHE; ASÍ PROCURARÁS OBRAR EN TODO CONFORME A LO QUE EN ÉL ESTÁ ESCRITO, Y TENDRÁS SUERTE Y ÉXITO EN TUS EMPRESAS.*
*⁹ ¿No te he mandado que seas valiente y firme? No tengas miedo ni te acobardes, porque el Señor tu Dios estará contigo dondequiera que vayas.»*
JOSUÉ 1

El destino ha depositado una enorme responsabilidad sobre

los reyes ya que, al ser investidos por Dios, no tienen margen de error respecto a la Ley.

En el Libro Primero de Samuel, el profeta comunica al rey Elí de parte del Eterno que su casa será juzgada porque sus hijos se han envilecido y el rey no les ha corregido:

*13 Y le mostraré que yo juzgaré su casa para siempre, por la iniquidad que él sabe; porque sus hijos se han envilecido, y él no los ha refrenado.*
*I SAMUEL 3*

El Libro Primero de Samuel cita otro ejemplo del castigo del Señor a los reyes inicuos y describe como el espíritu del Señor se aparta del rey Saúl y le envía un espíritu malo para atormentarle:

*14 El Espíritu del Señor se apartó de Saúl, y un espíritu malo de parte del Señor le atormentaba.*
*I SAMUEL 16*

Como afirma el Libro de las Lamentaciones, ello es debido a que tanto el bien como el mal salen de la boca del Señor:

*38 ¿No salen de la boca del Altísimo tanto el mal como el bien?*
*LAMENTACIONES 3*

En fin, cuando se ocupan posiciones de poder, conviene tener muy presente lo decretado en el capítulo sexto del Libro de la Sabiduría: *"los poderosos serán poderosamente examinados."*, versículo transcrito en el apartado *"Gobernar es impartir justicia"*. Ergo, a mayor poder corresponde mayor responsabilidad a los ojos del Eterno. Así pues, los preceptos recogidos en este capítulo son de obligado cumplimiento para los dirigentes, las autoridades, los jueces y, en general, para cada ciudadano honesto que siga la senda del Bien.

# Capítulo 11

# La corrupción

Los libros que componen la segunda parte del Antiguo Testamento atacan y condenan la corrupción en todas sus formas, morales o materiales, lo que incluye, desde la soberbia, la injusticia y la inmoralidad, hasta las transgresiones que derivan de la codicia, como el soborno, la extorsión, la usura o el abuso de poder. Y se aplican a los todos los hombres en la escala social. De esos textos se deduce que la corrupción, manifestándose también como depravación, degeneración, violencia, orgullo, idolatría, blasfemia o deshonestidad, contamina la tierra y la destruye.

En la Biblia, el término iniquidad, raíz de la corrupción, se asocia con la maldad y la sanción, pero también con el pecado, sabiendo que a toda transgresión sigue inevitablemente el castigo.

Respecto al desarrollo que hace la segunda parte del Antiguo Testamento sobre la corrupción moral, la condena contra la soberbia y el orgullo se encuentra principalmente en el Libro de los Proverbios en el que el Eterno afirma en varias ocasiones que esa ofensa no quedará impune.

- El primer axioma es categórico: *"todo el que es altivo de corazón, ciertamente no quedará sin castigo."*

*⁵ Abominación al Señor es todo el que es altivo de corazón;
ciertamente no quedará sin castigo.*
*PROVERBIOS 16*

- Otra máxima del Libro de los Proverbios desvela que el orgullo y la altivez de espíritu preceden a la caída y a la destrucción de la persona afectada por el mal del endiosamiento:

*¹⁸ Delante de la destrucción va el orgullo, y delante de la caída, la
altivez de espíritu.*
*PROVERBIOS 16*

- En fin, la tercera sentencia del Libro de los Proverbios sobre la soberbia vaticina que este pecado lleva a la deshonra:

*² Cuando viene la soberbia, viene también la deshonra; pero con
los humildes está la sabiduría.*
*PROVERBIOS 11*

En cuanto a la corrupción material, el Libro del profeta Isaías refleja el penoso estado del pueblo sojuzgado por gobernantes deshonestos y ladrones que negligen a los más vulnerables. Esa es la situación de toda colectividad cuando sus autoridades se han corrompido:

*²³ TUS GOBERNANTES SON REBELDES Y ALIADOS CON BANDIDOS; CADA
UNO AMA EL SOBORNO Y VA TRAS LOS REGALOS. NO DEFIENDEN AL
HUÉRFANO, NI LLEGA A ELLOS LA CAUSA DE LA VIUDA.*
*ISAÍAS 1*

El profeta Isaías pone en guardia a los legisladores que dictan leyes injustas y a los responsables que toman decisiones inicuas para privar de justicia y de sus derechos a los más débiles, en el convencimiento de que la justicia perece a causa de la corrupción de los que hacen tanto la ley como la jurisprudencia:

*[1] ¡Ay de los que dictan leyes injustas, y de los que constantemente escriben decisiones inicuas,*
*[2] para privar de justicia a los necesitados, para robar de sus derechos a los pobres de mi pueblo, para hacer de las viudas su botín, y despojar a los huérfanos!*
*ISAÍAS 10*

Importa resaltar la descripción de la sociedad corrupta que hace el Libro del profeta Habacuc. Como las de otros profetas, podría reflejar igualmente el estado del mundo en el siglo XXI ya que el texto habla de iniquidad, opresión, destrucción, violencia, rencilla y discordia, por lo que no se cumple la Ley y nunca prevalece la Justicia. *"El impío asedia al justo, por eso sale pervertida la justicia."*

*[3] ¿Por qué me haces ver la iniquidad, y me haces mirar la opresión? La destrucción y la violencia están delante de mí, hay rencilla y surge discordia.*
*[4] POR ESO NO SE CUMPLE LA LEY Y NUNCA PREVALECE LA JUSTICIA. PUES EL IMPÍO ASEDIA AL JUSTO; POR ESO SALE PERVERTIDA LA JUSTICIA.*
*HABACUC 1*

Idéntico panorama es descrito por el Libro del Eclesiastés cuando afirma que, en el mundo, en lugar del derecho se encuentra la impiedad y en lugar de la justicia se encuentra la iniquidad. Su reflexión es de alcance global:

*[16] Aun he visto más bajo el sol: que EN EL LUGAR DEL DERECHO, ESTÁ LA IMPIEDAD, Y EN EL LUGAR DE LA JUSTICIA, ESTÁ LA INIQUIDAD.*
*ECLESIASTÉS 3*

El Libro del Eclesiastés deplora el estado de corrupción en el que la opresión del pobre y la violación del derecho y de la justicia se justifican mediante falacias tales como que *"una dignidad vigila sobre otra dignidad y otra más digna sobre ambas"*. O, dicho de otro modo, que la decisión viene de una jerarquía superior y que, por ello, hay que acatarla. Esa es exactamente la razón que se esgrime en las sociedades modernas para justificar decisiones inicuas arguyendo que son de naturaleza *"política"* o que *"vienen de arriba"* y aun *"que son tomadas por un bien superior"*, lo que implica que, para no tener problemas, hay que endosarlas sin discusión aun sabiendo que tal pretexto no tiene otro propósito que el de cubrir una decisión arbitraria:

*[7] Si en la región ves la opresión del pobre y la violación del derecho y de la justicia, no te asombres por eso. Se te dirá que una dignidad vigila sobre otra dignidad, y otra más digna sobre ambas.*
*ECLESIASTÉS 5*

Siguiendo con el Libro del Eclesiastés, el texto describe cómo la corrupción de la colectividad llega a situaciones aberrantes tales como que haya justos que perezcan por su justicia e impíos que por su maldad alarguen sus días. También es esta una circunstancia frecuente en los tiempos presentes:

*[15] Todo lo he visto en mi vano vivir. Justo hay que perece por su justicia, y hay impío que por su maldad alarga sus días.*
*ECLESIASTÉS 7*

El Libro del profeta Isaías va aún más lejos en el retrato de la comunidad corrupta en la que predominan la falsedad y la perfidia, se conciben maldades y se da a luz iniquidad y donde *"no hay quien clame por la justicia ni quien juzgue por la verdad"*:

> *2 pero vuestras iniquidades han hecho división entre vosotros y vuestro Dios, y vuestros pecados le hicieron ocultar su rostro de vosotros para no oír.*
>
> *3 Porque vuestras manos están manchadas de sangre y vuestros dedos de culpa, VUESTROS LABIOS HABLAN FALSEDAD Y VUESTRA LENGUA HABLA PERFIDIA.*
>
> *4 NO HAY QUIEN CLAME POR LA JUSTICIA NI QUIEN JUZGUE POR LA VERDAD. Confían en vanidad y hablan falsedad, CONCIBEN MALDADES Y DAN A LUZ INIQUIDAD.*
>
> *ISAÍAS 59*

Siguiendo con el Libro del profeta Isaías y con su descripción de la corrupción que contamina la sociedad, el profeta concluye que la iniquidad es la razón por la que *"se alejó de nosotros el derecho y no nos alcanzó la justicia. Esperábamos la luz, y hubo tinieblas, la claridad, y anduvimos en oscuridad."* Una vez más, el texto bíblico vincula la vulneración de la Justicia con el infortunio que se abate sobre la sociedad a la que Dios abandona a causa de sus transgresiones:

> *7 Sus pies corren al mal y se apresuran a verter sangre inocente. Sus proyectos son proyectos inicuos, destrucción y quebranto en sus caminos.*
>
> *8 Camino de paz no conocen, y derecho no hay en sus pasos. Tuercen sus caminos para provecho propio, ninguno de los que por ellos pasan conoce la paz.*
>
> *9 POR ESO SE ALEJÓ DE NOSOTROS EL DERECHO Y NO NOS ALCANZÓ LA JUSTICIA. ESPERÁBAMOS LA LUZ, Y HUBO TINIEBLAS, LA CLARIDAD, Y ANDUVIMOS EN OSCURIDAD.*
>
> *ISAÍAS 59*

En fin, el capítulo quincuagésimo noveno del Libro del profeta Isaías completa la descripción de la corrupción que aflige a la sociedad, afirmando que el derecho ha sido rechazado y la justicia queda lejos, la verdad se echa en falta y el que se aparta del mal es despojado. Felizmente, Isaías explica asimismo que el Eterno, siendo testigo de todo ello, condenó que no hubiera derecho y al ver que no había nadie para interponerse, sostuvo al justo con su brazo:

> [14] *PORQUE HA SIDO RECHAZADO EL DERECHO Y LA JUSTICIA QUEDA LEJOS. Porque la verdad en la plaza ha tropezado y la rectitud no puede entrar.*
> [15] *LA VERDAD SE ECHA EN FALTA Y EL QUE SE APARTA DEL MAL ES DESPOJADO. LO VIO EL ETERNO Y PARECIÓ MAL A SUS OJOS QUE NO HUBIERA DERECHO.*
> [16] *VIO QUE NO HABÍA NADIE Y SE MARAVILLÓ DE QUE NO HUBIERA QUIEN SE INTERPUSIESE. ENTONCES LE SALVÓ SU BRAZO Y SU JUSTICIA LE SOSTUVO.*
> [17] *SE PUSO LA JUSTICIA COMO CORAZA Y EL CASCO DE SALVACIÓN EN SU CABEZA. SE PUSO COMO TÚNICA VESTIDOS DE VENGANZA Y SE VISTIÓ EL CELO COMO UN MANTO.*
> *ISAÍAS 59*

Los versículos precedentes del profeta Isaías son un refugio para el justo que es sistemáticamente perseguido por los agentes de un sistema inicuo. Llegado el momento, solo puede contar con la protección del Eterno, aunque, como escribía Santa Teresa de Jesús, solo Dios basta.

En fin, el Libro de los Proverbios corrobora la Palabra de Dios reflejada en el Libro de Isaías, instando a los corruptos a no despojar al débil y al desdichado *"porque el Eterno defenderá su causa y despojará de la vida a los despojadores"*:

> [22] *"No despojes al débil, porque es débil, y no aplastes al desdichado en la puerta,*

*²³ PORQUE EL ETERNO DEFENDERÁ SU CAUSA Y DESPOJARÁ DE LA VIDA*
*A LOS DESPOJADORES."*
*PROVERBIOS 22*

Por su parte, el profeta Miqueas transmite la Palabra del Eterno en la que mantiene que, cuando la corrupción penetra todos los estamentos de la sociedad, causa su caída porque sus gobernantes aborrecen la justicia, tuercen el derecho y sus autoridades políticas, religiosas y espirituales están en venta. De nuevo puede establecerse un paralelismo entre el texto del profeta Miqueas y el estado de putrefacción de la sociedad en tiempos presentes. El profeta augura la destrucción para el pueblo que llega a tales extremos de iniquidad:

*³ Por tanto, así dice el Señor:*
*⁹ Oíd esto ahora, gobernantes del pueblo de Jacob, y autoridades del reino de Israel, que ABORRECÉIS LA JUSTICIA Y TORCÉIS EL DERECHO,*
*¹⁰ que edificáis a Sión con sangre y a Jerusalén con iniquidad.*
*¹¹ SUS JEFES JUZGAN POR SOBORNO, SUS SACERDOTES ENSEÑAN POR PRECIO, SUS PROFETAS ADIVINAN POR DINERO, y se apoyan en el Señor, diciendo: ¿No está el Señor en medio de nosotros? No vendrá sobre nosotros mal alguno.*
*¹² Por tanto, a causa de vosotros, Sión será arada como un campo, Jerusalén se convertirá en un montón de ruinas, y el monte del templo será como las alturas de un bosque.*
*MIQUEAS 3*

El Libro del profeta Miqueas describe igualmente la corrupción de las autoridades afirmando que *"el príncipe pide, y también el juez, una recompensa"* denunciando pues, que los dirigentes demandan sobornos:

*³ Para el mal las dos manos son diestras. El príncipe pide, y*

*también el juez, una recompensa; el grande habla de lo que desea*
*su alma, y juntos lo traman.*
*MIQUEAS 7*

El Libro de los Proverbios califica de abominación al corrupto porque justifica al impío y condena al justo. Lamentablemente, tanto en tiempos presentes como en la antigüedad, el mundo de la política y el de la justicia están plagados de inicuos. Todos ellos son abominación para el Señor:

*[15] El que justifica al impío, y el que condena al justo, ambos son*
*igualmente abominación al Señor.*
*PROVERBIOS 17*

El Libro del profeta Amós denuncia, en Nombre del Señor, la corrupción del pueblo elegido que es, tanto moral como material. Por ello, declara que Dios no les perdonará. Amós concuerda con lo afirmado por el profeta Miqueas en su capítulo tercero:

*[6] "Así dice el Señor: A Israel, por tres delitos y por cuatro no lo*
*perdonaré. Porque venden al inocente por dinero y al pobre por*
*un par de sandalias;*
*[7] pisotean a los pobres y evitan el camino de los humildes; un*
*hombre y su padre abusan de la criada;*
*[8] se acuestan sobre ropas dejadas en fianza junto a cualquier*
*altar, beben vino de impuestos en el templo de su Dios"*
*AMÓS 2*

El Libro del profeta Amós continúa insistiendo en la corrupción del pueblo elegido al haber incurrido en graves transgresiones como oprimir al justo, aceptar soborno y rechazar a los pobres, conductas que atraen un infortunio seguro. El Eterno exige orientarse hacia el Bien y no hacia el Mal para ser salvos. Entonces, Dios estará con Sus siervos. Añade, *"Por eso el hombre sensato calla en esta hora, que es hora de infortunio".*

Esta es asimismo la actitud observada por la mayoría de los ciudadanos durante la actual etapa oscura de la humanidad:

> *¹²Pues yo sé que muchas son vuestras transgresiones y graves vuestros pecados:*
> *oprimís al justo, aceptáis soborno y rechazáis a los pobres en la puerta.*
> *¹³ Por eso el hombre sensato calla en esta hora, que es hora de infortunio.*
> *¹⁴ Buscad lo bueno, y no lo malo, para que viváis; porque así el Señor Dios de los ejércitos estará con vosotros, tal como habéis dicho.*
> *AMÓS 5*

Por su parte, el Libro de los Proverbios apunta que *"el que odia el soborno vivirá"*. Odiar el soborno es no cometer el pecado de la codicia y, por tanto, no caer en las redes del demonio que lo encarna, Mammón:

> *²⁷ El codicioso arruina su casa, el que odia el soborno vivirá.*
> *PROVERBIOS 15*

En esa línea de servidumbre diabólica, el Libro de los Proverbios se refiere a otro tipo de pecador, el perverso, como *"testigo de Belial"*, esto es, agente del demonio:

> *²⁸ El testigo de Belial se burlará del juicio; y la boca de los impíos encubrirá la iniquidad.*
> *PROVERBIOS 19*

El Libro Primero del profeta Samuel abunda en la noción del mal infligido como castigo porque también el mal viene de Dios.

Explica que el mal está decidido contra aquel hombre *"tan hijo de Belial"*, que no hay quien pueda hablarle, tal vez por estar poseído:

*[17] Ahora, pues, entiende y mira lo que has de hacer, porque el mal ya está determinado contra nuestro amo y contra toda su casa; pues él es un hombre tan hijo de Belial, que no hay quien pueda hablarle.*
*I SAMUEL 25*

El mundo de ayer y hoy está repleto de *"hijos de Belial"* y de adoradores de Mammón que parecen haber sido liberados para mayor aflicción de sus semejantes. Ciertamente, todos los corruptos son criaturas del maligno y a él sirven.

Semejante acumulación de malvados es el resultado de innumerables transgresiones perpetradas por la humanidad en el tiempo y que han ido dejando profundamente anclado su poso inmundo del que la sociedad actual no podrá desembarazarse más que con una purga de grandes dimensiones. El mecanismo es siempre el mismo, al fango de las abominaciones continuadas sigue la purificación por la destrucción. Es muy triste que tan pocos sean capaces de verlo y que, por ello, no pueda ponérsele remedio mientras se está aún a tiempo.

Felizmente, el árbitro último en el juicio contra los inicuos y los corruptos es Dios. Así lo atestigua la Palabra del Eterno transmitida a través de su profeta Malaquías. Contra semejante Juez nada puede el ser humano, tan fácilmente corruptible:

*[5] Y ME ACERCARÉ A VOSOTROS PARA EL JUICIO, y seré un testigo veloz contra los hechiceros, contra los adúlteros, contra los que juran en falso y contra los que oprimen al jornalero en su salario, a la viuda y al huérfano, contra los que niegan el derecho del extranjero y los que no me temen, DICE EL SEÑOR DE LOS EJÉRCITOS.*
*MALAQUÍAS 3*

# Capítulo 12

# Mandatos de la Ley

Bajo la égida del Pentateuco, los libros de la segunda parte del Antiguo Testamento detallan las pautas para guardar la Ley de Dios y alertan de las consecuencias de incumplirla.

Los Salmos vigésimo cuarto y décimo quinto, transcritos en el apartado de la búsqueda de los justos, preconizan la integridad, la justicia y la virtud como medios de acceder al favor del Señor y cumplir con sus expectativas.

El Libro del profeta Ezequiel define al justo como aquel que practica el derecho, respeta la justicia, los estatutos y ordenanzas del Eterno y se abstiene de abominaciones y transgresiones:

*⁵ PERO EL HOMBRE QUE ES JUSTO, Y PRACTICA EL DERECHO Y LA*

*JUSTICIA,*

*⁶ y no come en los santuarios de los montes ni levanta sus ojos a los ídolos de la casa de Israel, ni amancilla a la mujer de su prójimo, ni se acerca a una mujer durante su menstruación;*

*⁷ el hombre que no oprime a nadie, sino que devuelve al deudor su*

*prenda; que no comete robo, sino que da su pan al hambriento y cubre al desnudo con ropa,*
*[8] que no presta dinero a interés ni exige con usura, que retrae su mano de la maldad y hace juicio verdadero entre hombre y hombre,*
*[9] QUE ANDA EN MIS ESTATUTOS Y MIS ORDENANZAS OBRANDO FIELMENTE, ESE ES JUSTO; CIERTAMENTE VIVIRÁ, DECLARA EL SEÑOR DIOS.*
*EZEQUIEL 18*

Por su parte, el Libro de Tobías define al justo a través de los consejos de un padre a su hijo. En este texto se encuentra la recomendación de hacer un lugar a Dios en la vida del siervo, guardar sus mandamientos, practicar la justicia y evitar la injusticia:

*[5] Acuérdate, hijo, del Señor todos los días y no quieras pecar ni transgredir sus mandamientos; practica la justicia todos los días de tu vida y no andes por caminos de injusticia,*
*TOBÍAS 4*

El Libro de Tobías destaca un aspecto fundamental de hacer justicia que es dar limosna. De hecho, las virtudes espirituales de la limosna son infinitas porque ayudar al necesitado es el mejor modo de practicar la justicia social y paliar sus fallas. Es la virtud de la caridad.

Tobías llega incluso a establecer un nexo entre la limosna y la protección de Dios y lo hace de manera tajante: *"No vuelvas la cara ante ningún pobre y Dios no apartará de ti su cara"*.

*[7] como todos los que practican la justicia. «HAZ LIMOSNA CON TUS BIENES; y al hacerlo, que tu ojo no tenga rencilla. NO VUELVAS LA CARA ANTE NINGÚN POBRE Y DIOS NO APARTARÁ DE TI SU CARA.*
*TOBÍAS 4*

Además, el Libro de Tobías detalla las conductas que ayudan a seguir el camino del Eterno. En primer lugar, servir a Dios y hacer lo que es agradable a Sus ojos, después, practicar la justicia y dar limosna y, en fin, tener presente a Dios y bendecir su Nombre en todo tiempo, ya sea favorable o adverso, en un espíritu de verdad y con todas sus fuerzas. Estos sabios consejos incluyen la práctica de bendecir siempre el sagrado Nombre del Eterno, lo que es extraordinariamente protector:

> *8 Ahora, pues, hijos, YO OS RECOMIENDO QUE SIRVÁIS A DIOS EN VERDAD Y HAGÁIS LO QUE ES AGRADABLE EN SU PRESENCIA. MANDAD A VUESTROS HIJOS QUE PRACTIQUEN LA JUSTICIA Y LA LIMOSNA, QUE SE ACUERDEN DE DIOS Y BENDIGAN SU NOMBRE EN TODO TIEMPO, EN VERDAD Y CON TODAS SUS FUERZAS.*
>
> *TOBÍAS 14*

A fin de completar la importancia que la limosna adquiere, tanto como su capacidad retributiva, conviene añadir el bellísimo texto que le dedica el Libro del Eclesiástico:

> *1 Hijo, no prives al pobre del sustento, ni dejes en suspenso los ojos suplicantes.*
>
> *2 No entristezcas al que tiene hambre, no exasperes al hombre en su indigencia.*
>
> *3 No te ensañes con el corazón exasperado, no hagas esperar la dádiva al mendigo.*
>
> *4 No rechaces al suplicante atribulado, ni apartes tu rostro del pobre.*
>
> *5 No apartes del mendigo tus ojos, ni des a nadie ocasión de maldecirte.*
>
> *6 PUES SI TE MALDICE EN LA AMARGURA DE SU ALMA, SU HACEDOR ESCUCHARÁ SU IMPRECACIÓN.*
>
> *ECLESIÁSTICO 4*

Los versículos precedentes enfatizan que, en caso de rechazar al necesitado, si este *"maldice en la amargura de su alma, su Hacedor escuchará su imprecación."*

En la misma línea, el Libro de los Proverbios alerta de las tremendas consecuencias de ignorar a los pobres y negarse a dar limosna. El que niega su ayuda será maldecido:

*<sup></sup>²⁷ El que ayuda al pobre no conocerá la pobreza; EL QUE LE NIEGA SU AYUDA SERÁ MALDECIDO.*
*PROVERBIOS 28*

Y, además, el Libro de los Proverbios advierte que la maldición no viene sin causa:

*² Como el gorrión en su vagar y la golondrina en su vuelo así la maldición no viene sin causa.*
*PROVERBIOS 26*

El Libro del profeta Ezequiel recoge el mandato de Dios según el cual no se heredan los pecados de los padres ni ha de pagarse por ellos, tal y como decreta el Libro del Deuteronomio en su capítulo vigésimo cuatro, visto en el apartado del derecho en la primera parte de este ensayo.

En efecto, Ezequiel transmite la Palabra de Dios que incluye un decreto esencial sobre la responsabilidad del pecado que es exclusivamente individual: *"El que peque es quien morirá; el hijo no cargará con la culpa de su padre, ni el padre con la culpa de su hijo: al justo se le imputará su justicia y al malvado su maldad."*

*¹⁷ apartare su mano de oprimir al pobre, usura ni aumento no recibiere; hiciere según mis derechos, y anduviere en mis ordenanzas, éste no morirá por la iniquidad de su padre; de cierto vivirá.*
*¹⁸ no presta con usura ni cobra intereses, aparta su mano de la*

*injusticia, dicta un juicio honrado entre hombre y hombre,*
*[19] Y vosotros decís: «¿Por qué no carga el hijo con la culpa de su padre?» Pero el hijo ha practicado el derecho y la justicia, ha observado todos mis preceptos y los ha puesto en práctica: vivirá sin duda.*

*[20] EL QUE PEQUE ES QUIEN MORIRÁ; EL HIJO NO CARGARÁ CON LA CULPA DE SU PADRE, NI EL PADRE CON LA CULPA DE SU HIJO: AL JUSTO SE LE IMPUTARÁ SU JUSTICIA Y AL MALVADO SU MALDAD.*
*EZEQUIEL 18*

El Libro del profeta Ezequiel afirma que la clave de la salvación es convertirse al Bien, lo que en el texto bíblico equivale a practicar el derecho y la justicia. El profeta afirma que, incluso los malos serán salvos porque *"cuando el impío se aparta de la maldad que ha cometido y practica el derecho y la justicia, salvará su vida."* Y prosigue diciendo: *"Porque consideró y se apartó de todas las transgresiones que había cometido, ciertamente vivirá, no morirá."*

De los siguientes versículos es esencial tener presente que Dios no se complace en la muerte del impío sino en que se aparte de su mal camino y se salve:

*[21] En cuanto al malvado, si se aparta de todos los pecados que ha cometido, observa todos mis preceptos y practica el derecho y la justicia, vivirá sin duda, no morirá.*

*[22] Ninguno de los crímenes que cometió se le recordará más; vivirá a causa de la justicia que ha practicado.*

*[23] ¿Acaso me complazco yo en la muerte del impío, declara el Señor Dios, y no en que se aparte de sus caminos y viva?*

*[24] Pero si el justo se aparta de su justicia y comete iniquidad, actuando conforme a todas las abominaciones que comete el impío, ¿vivirá? Ninguna de las obras justas que ha hecho le serán recordadas; por la infidelidad que ha cometido y el pecado que ha cometido, por ellos morirá.*

*[25] Y vosotros decís: «No es recto el camino del Señor». Oíd ahora,*

*casa de Israel: ¿No es recto mi camino? ¿No son vuestros caminos*
*los que no son rectos?*
*²⁶ Cuando el justo se aparta de su justicia, comete iniquidad y*
*muere a causa de ello, por la iniquidad que ha cometido, morirá.*
*²⁷ Y cuando el impío se aparta de la maldad que ha cometido y*
*practica el derecho y la justicia, salvará su vida.*
*²⁸ Porque consideró y se apartó de todas las transgresiones que*
*había cometido, ciertamente vivirá, no morirá.*
*EZEQUIEL 18*

El Libro del profeta Jeremías repite en numerosas ocasiones la Palabra del Eterno sobre la clave de la salvación que es practicar el derecho y la justicia. Además, conviene anotar que, las máximas que el profeta Jeremías transmite en Nombre de Dios exigen un compromiso activo, como las del profeta Isaías en su capítulo primero. No se limitan a preconizar que se evite la violencia o el derramamiento de sangre, o que no se atropellen los derechos del forastero, el huérfano o la viuda. Demandan, sobre todo, que se asuma el compromiso de librar al oprimido de manos del opresor. Son preceptos militantes que implican asumir riesgos:

*³ Así dice el Eterno: PRACTICAD EL DERECHO Y LA JUSTICIA, librad al*
*oprimido de manos del opresor, y al forastero, al huérfano y a la*
*viuda no atropelléis; no hagáis violencia ni derraméis sangre*
*inocente en este lugar.*
*JEREMÍAS 22*

El Libro del profeta Zacarías transmite la Palabra del Eterno instando a su pueblo a seguir la vía de la verdad y del juicio justo, a abstenerse de hacer el mal o perjurar *"porque todas estas cosas son las que odio, declara el Señor"*:

*¹⁶ Estas son las cosas que debéis hacer: DECID LA VERDAD UNOS A*
*OTROS, JUZGAD CON VERDAD y con juicio de paz en vuestras*

*puertas,*
*<sup>17</sup> NO TRAMÉIS EN VUESTRO CORAZÓN EL MAL UNO CONTRA OTRO, NI AMÉIS EL JURAMENTO FALSO; PORQUE TODAS ESTAS COSAS SON LAS QUE ODIO», DECLARA EL SEÑOR.*
*ZACARÍAS 8*

El Libro de los Proverbios, en su capítulo décimo noveno, afirma en dos ocasiones y en términos casi idénticos que ni el testigo falso ni el mentiroso podrán escapar al castigo merecido por sus faltas.

- En la primera de las formulaciones que se trascriben a continuación, afirma que el testigo falso no quedará impune y el que cuenta mentiras no escapará:

*<sup>5</sup> El testigo falso no quedará impune, y el que cuenta mentiras NO ESCAPARÁ.*
*PROVERBIOS 19*

- Mientras que, en la segunda de las formulaciones, el que cuenta mentiras, perecerá:

*<sup>9</sup> El testigo falso no quedará impune, y el que cuenta mentiras PERECERÁ.*
*PROVERBIOS 19*

El Libro del profeta Miqueas resume en tres principios lo que Dios manda al ser humano para ir por el camino del Bien. Estos son, practicar la justicia, amar la piedad y andar humildemente con Dios:

*<sup>8</sup> Él te ha declarado, oh hombre, lo que es bueno. ¿Y qué es lo que demanda el Señor de ti, sino solo practicar la justicia, amar la misericordia, y andar humildemente con tu Dios?*
*MIQUEAS 6*

Por su parte, el Salmo primero loa a los justos declarándoles bienaventurados, protegidos por Dios, y vaticina que en todo lo que hagan prosperarán. Ellos son los que se apartan del Mal y tienen por deleite la Ley del Señor en la que meditan día y noche:

*¹ ¡Cuán bienaventurado es el hombre que no anda en el consejo de los impíos, ni se detiene en el camino de los pecadores, ni se sienta en la silla de los escarnecedores,*

*² sino que EN LA LEY DEL SEÑOR ESTÁ SU DELEITE, Y EN SU LEY MEDITA DE DÍA Y DE NOCHE!*

*³ Será como árbol firmemente plantado junto a corrientes de agua, que da su fruto a su tiempo, y su hoja no se marchita; en todo lo que hace, prospera.*

*⁴ No así los impíos, que son como paja que se lleva el viento.*

*⁵ Por tanto, no se sostendrán los impíos en el juicio, ni los pecadores en la congregación de los justos.*

*⁶ Porque el Señor conoce el camino de los justos, mas el camino de los impíos perecerá.*

*SALMO 1*

En el Salmo trigésimo séptimo, el rey David trata del problema que el bienestar temporal del inicuo plantea al justo. Explica la impotencia que experimenta la persona recta cuando observa como el malvado progresa. David subraya que, frente a lo que se vive como una paradoja cruel, el correcto modo de proceder es perseverar en las obras del Bien.

Así pues, David propugna la vía del Bien y la confianza en Dios frente al intrigante que prospera en sus caminos. Afirma que el Eterno *"hará resplandecer tu justicia como la luz, y tu derecho como el mediodía"*, insistiendo una vez más en el valor máximo que es la justicia y su plasmación en el derecho, y concluyendo que *"los malignos serán destruidos"* y *"los que esperan en el Eterno heredarán la tierra"*. En él, David delimita la senda a seguir que es encomendarse y confiar en el Señor, teniendo la absoluta seguridad de que Él obrará recompensando al justo.

Este salmo es capital para aquellos que están comprometidos con el cumplimiento de la Ley del Señor porque, en su camino, observarán inevitablemente el éxito de los malvados contra toda lógica espiritual, lo que puede hacer tambalear su fe:

*¹ No te irrites a causa de los malhechores; no tengas envidia de los que practican la iniquidad.*

*² Porque como la hierba pronto se secarán, y se marchitarán como la hierba verde.*

*³ Confía en el Señor y haz el bien, habita en la tierra y cultiva la fidelidad.*

*⁴ Pon tu delicia en el Eterno, y Él te dará las peticiones de tu corazón.*

*⁵ ENCOMIENDA AL SEÑOR TU CAMINO, CONFÍA EN ÉL, Y ÉL OBRARÁ;*
*⁶ HARÁ RESPLANDECER TU JUSTICIA COMO LA LUZ, Y TU DERECHO COMO EL MEDIODÍA.*

*⁷ CONFÍA CALLADO EN EL ETERNO Y ESPÉRALE CON PACIENCIA; NO TE IRRITES A CAUSA DEL QUE PROSPERA EN SU CAMINO, POR EL HOMBRE QUE LLEVA A CABO SUS INTRIGAS.*

*⁸ Deja la ira y abandona el furor; no te irrites, solo harías lo malo.*

*⁹ Porque los malhechores serán exterminados, mas los que esperan en el Señor poseerán la tierra.*

*¹⁰ Un poco más y no existirá el impío; buscarás con cuidado su lugar, pero él no estará allí.*

*SALMO 37*

Ciertamente, la bonanza del inicuo es uno de los desafíos a los que debe hacer frente el justo. El profeta Jeremías pregunta al Eterno *"por qué prospera el camino de los impíos y viven en paz los que obran con perfidia"*, confirmando en paralelo la inevitabilidad de la justicia de Dios:

*¹ Justo eres tú, Señor, cuando a ti presento mi causa; en verdad*

*asuntos de justicia voy a discutir contigo. ¿Por qué prospera el camino de los impíos y viven en paz todos los que obran con perfidia?*
*JEREMÍAS 12*

Entre otros libros de la Biblia, el del profeta Miqueas aborda el reto para la fe del justo que representa la prosperidad de los malvados y la aparente impunidad con la que se desenvuelven.

Miqueas establece una conexión entre los malvados y los soberbios, asumiendo que la maldad proviene del endiosamiento:

*[15] Por eso ahora llamamos bienaventurados a los soberbios. No solo prosperan los que hacen el mal, sino que también ponen a prueba a Dios y escapan impunes.*
*MALAQUÍAS 3*

La queja a causa de la prosperidad del inicuo es unánime en los libros de la Biblia. Al justo se le escapa tanto su lógica como su razón de ser y tiende a percibirla como una falla en la justicia retributiva que ha de regir el mundo de Dios. Sin embargo, la explicación a ese aparente misterio también se encuentra en el texto bíblico que desvela la protección que otorga el maligno al inicuo por estar a su servicio. El lector bíblico no ignora que el demonio protege a los suyos, a los que se le consagran y que él tiene mando en plaza sobre este mundo de materia y de corrupción. Aunque, Dios siempre prevalece. Esta misma cuestión es tratada en detalle por los Evangelios que se estudiarán en la tercera parte de este ensayo.

Por ello, en el Salmo décimo octavo, David se felicita de haber sido recompensado por el Eterno gracias a su justicia y a su honradez. Este salmo reconforta a los justos y las gentes de bien ya que el gran rey y profeta David atestigua de que Dios siempre premia al irreprochable:

*[20] EL ETERNO ME HA PREMIADO CONFORME A MI JUSTICIA; CONFORME*

*A LA LIMPIEZA DE MIS MANOS ME HA RECOMPENSADO.*
*[21] PORQUE YO HE GUARDADO LOS CAMINOS DEL ETERNO, Y NO ME*
*APARTÉ IMPÍAMENTE DE MI DIOS.*
*[22] PUES TODOS SUS JUICIOS ESTUVIERON DELANTE DE MÍ, Y NO ME HE*
*APARTADO DE SUS ESTATUTOS.*
*[23] HE SIDO ANTE ÉL IRREPROCHABLE Y DE INCURRIR EN CULPA ME HE*
*GUARDADO,*
*[24] POR LO CUAL ME HA RECOMPENSADO EL ETERNO CONFORME A MI*
*JUSTICIA; CONFORME A LA LIMPIEZA DE MIS MANOS DELANTE DE SU*
*VISTA.*
*SALMO 18*

En esa misma línea, el Libro del profeta Ezequiel transmite la Palabra del Eterno acerca del juicio que corresponderá a cada uno conforme a su conducta. El profeta repite el mensaje de Dios que afirma no complacerse con la muerte de nadie, instando a arrepentirse y apartarse de toda transgresión para poder vivir:

*[30] Por tanto, OS JUZGARÉ, A CADA UNO CONFORME A SU CONDUCTA,*
*oh casa de Israel, declara el Señor Dios. ARREPENTÍOS Y APARTAOS*
*DE TODAS VUESTRAS TRANSGRESIONES, para que la iniquidad no os*
*sea piedra de tropiezo.*
*[31] Arrojad de vosotros todas las transgresiones que habéis*
*cometido, y HACEOS UN CORAZÓN NUEVO Y UN ESPÍRITU NUEVO. ¿Por*
*qué habéis de morir, casa de Israel?*
*[32] PUES YO NO ME COMPLAZCO EN LA MUERTE DE NADIE, DECLARA EL*
*SEÑOR DIOS. ARREPENTÍOS Y VIVID.*
*EZEQUIEL 18*

En fin, en el Libro del profeta Ezequiel se encuentra la Palabra de Dios sobre la justicia y la corrupción que confirma la justa retribución en función de los actos individuales. Dice el Señor que, si el justo se corrompe, morirá y si el malvado expía sus pecados y se convierte, ganará su vida:

*[18] CUANDO EL JUSTO SE APARTA DE SU JUSTICIA PARA COMETER*
*INJUSTICIA, MUERE POR ELLO.*
*[19] Y CUANDO EL MALVADO SE APARTA DE SU MALDAD Y OBSERVA EL*
*DERECHO Y LA JUSTICIA, VIVE POR ELLO.*
*EZEQUIEL 33*

Aclara el Libro del Eclesiástico que, si se persigue la justicia, esta será para el justo túnica de gloria:

*[8] Si persigues la justicia, la alcanzarás, y la revestirás como túnica*
*de gloria.*
*ECLESIÁSTICO 27*

En cuanto a la protección que el Señor otorga a sus siervos, dos libros de la Biblia, el Primero de las Crónicas y el de los Salmos, prohíben en términos idénticos hacer daño a sus ungidos y a sus profetas:

*No toquéis, dijo, a mis ungidos, ni hagáis mal a mis profetas.*
*I CRÓNICAS 16, 22*
*SALMO 105, 15*

Según el Salmo cuadragésimo quinto, la condición para ser ungido del Señor es amar la justicia y aborrecer la iniquidad:

*[7] Has amado la justicia y aborrecido la iniquidad; por tanto Dios,*
*tu Dios, te ha ungido con óleo de alegría más que a tus*
*compañeros.*
*SALMO 45*

El Libro de los Proverbios recoge otra máxima de buena conducta para guardar la Ley de Dios que preconiza que el siervo de Dios se aparte de la boca perversa y de los mentirosos:

*²⁴ Aparta de ti la boca perversa, y aleja de ti los labios falsos.*
*PROVERBIOS 4*

Más adelante, el Libro de los Proverbios insiste en que el siervo se parte del Mal y no se desvíe de la senda del Bien:

*²⁷ No te desvíes a la derecha ni a la izquierda; aparta tu pie del mal.*
*PROVERBIOS 4*

Y, en fin, concluye el Libro de los Proverbios que el hombre inicuo es el de boca perversa. Y es que, lo que alberga el corazón se manifiesta en el habla:

*¹² La persona indigna, el hombre inicuo, es el que anda con boca perversa,*
*PROVERBIOS 6*

En efecto, del corazón salen el bien y el mal, del justo sale la benevolencia y de los malos, la perversidad:

*³² Los labios del justo hablan benevolencia; la boca de los malos, de perversidad.*
*PROVERBIOS 10*

El Libro de los Proverbios recuerda asimismo que los justos se guían por su integridad mientras que los falsos son destruidos por su hipocresía:

*³ A los justos los guía su integridad; a los falsos los destruye su hipocresía.*
*PROVERBIOS 11*

Y advierte también que el Eterno aborrece a los mentirosos

y respalda a los leales:

*²² El Señor aborrece a los de labios mentirosos, pero se complace*
*en los que actúan con lealtad.*
PROVERBIOS 12

Tanto como abomina los actos del impío y ama a los que actúan en justicia:

*⁹ Abominación para el Señor es el camino del impío y ama al que*
*va tras la justicia.*
PROVERBIOS 15

Entre los preceptos recogidos por el Libro de los Proverbios, se repite a menudo que es preciso apartarse del mal para preservar la vida y el alma:

*¹⁷ La senda de los rectos es apartarse del mal; el que guarda su*
*camino preserva su alma.*
PROVERBIOS 16

Porque el que sigue la justicia y la misericordia guardará su vida y será recompensado con la justicia y la honra:

*²¹ El que sigue la justicia y la misericordia hallará la vida, la*
*justicia y la honra.*
PROVERBIOS 21

Consecuentemente, el que devuelve mal por bien será perseguido por la adversidad:

*¹³ Al que devuelve mal por bien, el mal no se apartará de su casa.*
PROVERBIOS 17

En fin, el Libro de los Proverbios señala que el alma del impío desea el mal y no aprecia a su prójimo:

*¹⁰ El alma del impío desea el mal; su prójimo no halla favor a sus ojos.*
*PROVERBIOS 21*

Según la Palabra de Dios transmitida por el profeta Ezequiel, las consecuencias para aquellos que incumplen reiteradamente la Ley de Dios son terribles ya que la ira divina acaba por consumirles:

*⁸ . . . Ellos han profanado mi santo nombre con las abominaciones que han cometido; por eso los he consumido en mi ira.*
*EZEQUIEL 43*

Y, como indica el Libro del profeta Jeremías, la ira divina es atroz y supone espada, hambre, pestilencia y oprobio por no haber escuchado la Voz del Eterno que anunciaron sus profetas:

*¹⁸ Los perseguiré con la espada, con el hambre y con la pestilencia, y los haré motivo de espanto para todos los reinos de la tierra, para que sean maldición, horror, burla y oprobio entre todas las naciones adonde los he arrojado,*
*¹⁹ porque no han escuchado mis palabras», declara el Señor, «que les envié repetidas veces por medio de mis siervos los profetas; pero no escuchasteis», declara el Eterno.*
*JEREMÍAS 29*

Según el Libro Primero de los Reyes y el Libro Segundo de las Crónicas, otra manifestación de la cólera de Dios consiste en decretar el mal contra su pueblo equivocando a sus profetas con un espíritu de mentira, con lo que el pueblo estará desorientado e irá a su pérdida. De modo que, esos supuestos profetas no serán los mensajeros del Señor sino meros embaucadores. Ambos libros se expresan con términos idénticos sobre esta cuestión:

*Y ahora, he aquí que el Señor ha puesto un espíritu de mentira en boca de todos estos tus profetas; pues el Señor ha decretado el mal contra ti.*
*I REYES 22, 23*
*II CRÓNICAS 18, 22*

De acuerdo con el Libro de los Proverbios, la desgracia se abatirá sobre el perverso que trama el mal y siembra la discordia:

*14 el que con perversidad en su corazón, continuamente trama el mal, el que siembra discordia.*
*15 Por tanto su desgracia vendrá de repente; al instante será quebrantado, y no habrá remedio.*
*PROVERBIOS 6*

Ya que, siempre según el Libro de los Proverbios, el Señor está lejos de los impíos, pero escucha la oración de los justos:

*29 El Señor está lejos de los impíos, pero escucha la oración de los justos.*
*PROVERBIOS 15*

Los precedentes mandatos propugnan unánimemente seguir el camino del Bien, que es observar el derecho y la justicia, y apartarse del mal. No hay excusa posible, ya que cada persona posee el discernimiento entre lo bueno y lo malo.

En caso de duda sobre la decisión correcta, la vía de salvación es encomendarse al Señor, servirle y escuchar Su Voz.

# Capítulo 13

# Dios es misericordioso

La misericordia de Dios es omnipresente en la Biblia. A lo largo de los libros que la componen, se comprueba el empeño incansable del Eterno en guiar a su pueblo por el buen camino, lo que no siempre es factible porque el ser humano es malo por naturaleza y está inclinado a cometer múltiples transgresiones.

Sin embargo, Dios es perfecto, la humanidad es Su criatura y Su amor es infinito.

En ese sentido, el Libro del profeta Joel explica que Dios es compasivo y clemente, lento para la ira y abundante en misericordia:

> *13 Rasgad vuestro corazón y no vuestros vestidos; volved ahora al Señor vuestro Dios,*
> *porque Él ES COMPASIVO Y CLEMENTE, LENTO PARA LA IRA,*
> *ABUNDANTE EN MISERICORDIA, y se arrepiente de infligir el mal.*
> *JOEL 2*

Los ungidos de Dios, como lo fue el rey David, confirman la afirmación precedente. El Libro Primero de las Crónicas describe cómo David prefiere caer en manos del Señor, que es grande en misericordia, en lugar de ser puesto en manos del hombre:

> *13 Respondió David a Gad: Estoy muy angustiado. Te ruego que me dejes caer en manos del Señor, porque muy grandes son sus misericordias; pero no caiga yo en manos de hombre.*
>
> *I CRÓNICAS 21*

El Salmo primero explica que la misericordia del Eterno y su justicia se extienden por toda la eternidad para los que le temen, guardan su Pacto y cumplen sus mandamientos:

> *17 Mas LA MISERICORDIA DEL ETERNO ES DESDE LA ETERNIDAD Y HASTA LA ETERNIDAD SOBRE LOS QUE LE TEMEN, Y SU JUSTICIA SOBRE LOS HIJOS DE LOS HIJOS;*
> *18 SOBRE LOS QUE GUARDAN SU PACTO, Y LOS QUE SE ACUERDAN DE SUS MANDAMIENTOS PARA PONERLOS POR OBRA.*
>
> *SALMO 1*

El Libro del profeta Nahúm afirma que Dios es *"una fortaleza en los días de angustia"*, lo que da testimonio de Su misericordia:

> *7 Bueno es el Señor, una fortaleza en el día de la angustia, y conoce a los que en Él se refugian.*
>
> *NAHÚM 1*

Según indica el Libro del Eclesiástico, la oración del desvalido va directa a los oídos de Dios y la justicia divina se activa porque Dios no abandona a los suyos:

> *5 La oración del pobre va de su boca a los oídos de Dios, y el juicio divino no se deja esperar.*
>
> *ECLESIÁSTICO 21*

Mientras que, de acuerdo con el Libro de los Proverbios, el Señor aborrece hasta la oración del transgresor:

*⁹ Dios aborrece hasta la oración del que se niega a obedecer la ley.*
*PROVERBIOS 28*

Una de las mayores demostraciones de la misericordia de Dios está recogida en el Libro del profeta Nehemías que relata cómo las múltiples abominaciones y transgresiones del pueblo de Dios, tantas como sus rebeldías y blasfemias, provocan el castigo del Señor y cómo, apenas recuperado de la sanción, el pueblo reincide inmediatamente obstinándose en incumplir la Ley de Dios. A pesar de ello, el Señor en su gran compasión, no lo extermina ni abandona:

*²⁶ Pero fueron desobedientes y se rebelaron contra ti, echaron tu ley a sus espaldas, mataron a tus profetas que los amonestaban para que se volvieran a ti, y cometieron grandes blasfemias.*
*²⁷ Entonces los entregaste en mano de sus enemigos, que los oprimieron, PERO EN EL TIEMPO DE SU ANGUSTIA CLAMARON A TI, Y TÚ ESCUCHASTE DESDE EL CIELO, Y CONFORME A TU GRAN COMPASIÓN les diste libertadores que los libraron de mano de sus opresores.*
*²⁸ Pero cuando tenían descanso, volvían a hacer lo malo delante de ti; por eso tú los abandonabas en mano de sus enemigos para que los dominaran; y cuando clamaban de nuevo a ti, tú oías desde el cielo y muchas veces los rescataste conforme a tu compasión.*
*²⁹ LOS AMONESTASTE PARA QUE VOLVIERAN A TU LEY, PERO ELLOS OBRARON CON SOBERBIA Y NO ESCUCHARON TUS MANDAMIENTOS, SINO QUE PECARON CONTRA TUS ORDENANZAS, LAS CUALES SI EL HOMBRE LAS CUMPLE, POR ELLAS VIVIRÁ. Y DIERON LA ESPALDA EN REBELDÍA, ENDURECIERON SU CERVIZ Y NO ESCUCHARON.*

*30 Sin embargo, tú los soportaste por muchos años, y los amonestaste con tu Espíritu por medio de tus profetas, pero no prestaron oído. Entonces los entregaste en mano de los pueblos de estas tierras.*
*31 PERO EN TU GRAN COMPASIÓN NO LOS EXTERMINASTE NI LOS ABANDONASTE, PORQUE TÚ ERES UN DIOS CLEMENTE Y COMPASIVO.*
*NEHEMÍAS 9*

En la misma línea, el Libro del profeta Jeremías comunica la Palabra del Eterno por la que otorga su perdón a la nación inicua si esta se vuelve de su maldad ya que en Dios no hay rencor. Aunque, se apartará de ella si en lugar del Bien comienza a hacer el Mal:

*7 En un momento yo puedo hablar contra una nación o contra un reino, de arrancar, de derribar y de destruir;*
*8 PERO SI ESA NACIÓN CONTRA LA QUE HE HABLADO SE VUELVE DE SU MALDAD, ME ARREPENTIRÉ DEL MAL QUE PENSABA TRAER SOBRE ELLA.*
*9 Y de pronto puedo hablar acerca de una nación o de un reino, de edificar y de plantar;*
*10 pero si hace lo malo ante mis ojos, no obedeciendo mi voz, entonces me arrepentiré del bien con que había prometido bendecirlo.*
*JEREMÍAS 18*

Según el Libro del profeta Ezequiel, Dios no se complace en la muerte del impío sino en su redención. La conversión del Mal al Bien, salva, y del Bien al Mal, condena. De modo que, el que practica el derecho y la justicia vivirá sean cuales fueren sus pasadas transgresiones:

*11 Diles: «Vivo yo», declara el Señor Dios, «QUE NO ME COMPLAZCO EN LA MUERTE DEL IMPÍO, SINO EN QUE EL IMPÍO SE APARTE DE SU CAMINO Y VIVA. Volveos, volveos de vuestros malos caminos. ¿Por qué habéis de morir, oh casa de Israel?».*

*¹² Y tú, hijo de hombre, di a los hijos de tu pueblo: «LA JUSTICIA DEL JUSTO NO LO SALVARÁ EL DÍA DE SU TRANSGRESIÓN, Y LA MALDAD DEL IMPÍO NO LE SERÁ TROPIEZO EL DÍA QUE SE APARTE DE SU MALDAD; COMO TAMPOCO EL JUSTO PODRÁ VIVIR POR SU JUSTICIA EL DÍA QUE PEQUE».*

*¹³ Cuando yo diga al justo que ciertamente vivirá, si él confía tanto en su justicia que hace iniquidad, ninguna de sus obras justas le será recordada, sino que por la misma iniquidad que cometió morirá.*

*¹⁴ Pero cuando yo diga al impío: «Ciertamente morirás», si él se aparta de su pecado y practica el derecho y la justicia,*

*¹⁵ si el impío devuelve la prenda, restituye lo que ha robado, anda en los preceptos de vida sin cometer iniquidad, ciertamente vivirá, no morirá.*

*¹⁶ Ninguno de los pecados que ha cometido le será recordado. ÉL HA PRACTICADO EL DERECHO Y LA JUSTICIA; CIERTAMENTE VIVIRÁ.*
*EZEQUIEL 33*

El Libro del profeta Jonás confirma la misericordia divina, indicando que, cuando los hombres se apartan del mal camino, Dios renuncia al mal que tenía planeado para ellos:

*¹⁰ Y vio Dios sus acciones, que se habían apartado de su mal camino; entonces se arrepintió Dios del mal que había dicho que les haría, y no lo hizo.*
*JONÁS 3*

Asimismo, el Salmo trigésimo tercero afirma que Dios ama la justicia y el derecho y que la tierra está llena de la misericordia del Señor:

*⁴ Porque recta es la Palabra del Eterno y toda su obra es hecha con fidelidad.*

*⁵ El ama la justicia y el derecho; LLENA ESTÁ LA TIERRA DE LA*

*MISERICORDIA DEL SEÑOR.*
*SALMO 33*

En fin, el Libro de las Lamentaciones reitera que el Eterno se compadece según su gran misericordia, *"porque el Señor no castiga por gusto"*, aunque no aprueba la opresión, ni que se prive del derecho a otro o se defraude a un hombre en su litigio:

*[31] Porque no rechaza para siempre el Señor,*
*[32] antes bien, SI AFLIGE, TAMBIÉN SE COMPADECERÁ SEGÚN SU GRAN MISERICORDIA.*
*[33] Porque el Señor no castiga por gusto, ni aflige a los hijos de los hombres.*
*[34] Aplastar bajo los pies a todos los prisioneros de un país,*
*[35] privar del derecho a un hombre en presencia del Altísimo,*
*[36] defraudar a un hombre en su litigio: estas cosas no aprueba el Señor.*
*LAMENTACIONES 3*

Los versículos precedentes corroboran la tesis avanzada desde el inicio de este ensayo. A saber, que el Eterno se esfuerza en perfeccionar a su pueblo y que no se complace en la retribución sino en la redención. Esa es la explicación del perdón que el Altísimo puede otorgar a pesar de una existencia inicua, ya que, si el impío se arrepiente y expía su pecado, Dios le acogerá en su seno.

Así pues, hay esperanza para el malvado porque, a pesar de haber vivido de espaldas a la virtud, lo esencial es que llegue a redimirse, descubrir al Señor y quedar así iluminado. Lo mismo sucede con las colectividades que se apartan de su mal camino y se salvan. Todo queda resumido en la última frase del capítulo décimo octavo del Libro del profeta Ezequiel: *"Convertíos y vivid"*.

Dios es misericordioso, quiere Luz y esta brilla al seguir la senda de la Justicia.

# PARTE TERCERA

# LOS EVANGELIOS

*$^{30}$ Pero en cuanto a ti, hijo de hombre, los hijos de tu pueblo hablan de ti junto a los muros y en las entradas de las casas; hablan el uno al otro, cada cual a su hermano, diciendo: Venid ahora, y oíd cuál es la palabra que viene del Señor.*
*$^{31}$ Y vienen a ti como viene el pueblo, y se sientan delante de ti como pueblo mío, oyen tus palabras y no las hacen sino que siguen los deseos sensuales expresados por su boca, y sus corazones andan tras sus ganancias.*
*$^{32}$ Y he aquí, tú eres para ellos como la canción de amor de uno que tiene una voz hermosa y toca bien un instrumento; OYEN TUS PALABRAS, PERO NO LAS PONEN EN PRÁCTICA.*
*$^{33}$ Y CUANDO SUCEDA, COMO CIERTAMENTE SUCEDERÁ, SABRÁN QUE HUBO UN PROFETA EN MEDIO DE ELLOS.*
*EZEQUIEL 33*

# Capítulo 14

# La maldad del hombre

Jesús se pronuncia con rotundidad acerca de la inclinación al Mal del ser humano. Revela que ha venido al mundo en medio de un pueblo corrupto y que su misión es redimir y salvar a la humanidad de su podredumbre espiritual. Los cuatro Evangelios dan cumplida prueba de ello.

En el Evangelio de Juan, Jesús afirma tajantemente que los hombres son de su padre el diablo y que a él quieren servir. Y llama al demonio *"mentiroso y padre de la mentira"*:

*44 SOIS DE VUESTRO PADRE EL DIABLO Y QUERÉIS HACER LOS DESEOS DE VUESTRO PADRE. Él fue un homicida desde el principio, y no se ha mantenido en la verdad porque no hay verdad en él. CUANDO HABLA MENTIRA, HABLA DE SU PROPIA NATURALEZA, PORQUE ES MENTIROSO Y EL PADRE DE LA MENTIRA.*

*JUAN 8*

Así, Jesús establece sin fisuras el vínculo de los hombres con el demonio y afirma que, aun siendo hijos del diablo, también son hijos de Dios. Cada persona habrá de experimentar esa dicotomía a lo largo de su vida y deberá elegir entre una u otra orientación.

Abundando en el mismo argumento, Jesús enseña en la parábola del mayordomo infiel que *"los hijos de este siglo son más sagaces en las relaciones con sus semejantes que los hijos de la luz"*. Ello implica que la tendencia al Mal del ser humano facilita sus interacciones en un mundo que es irremediablemente inicuo:

*[8] El Señor elogió al mayordomo injusto porque había procedido con sagacidad, pues LOS HIJOS DE ESTE SIGLO SON MÁS SAGACES EN LAS RELACIONES CON SUS SEMEJANTES QUE LOS HIJOS DE LA LUZ.*
*LUCAS 16*

Hay que subrayar la extrema vigencia de la afirmación de Jesús. También los hijos del siglo XXI, esto es, los hijos de las sombras son más sagaces en las relaciones con sus semejantes que los hijos de la luz. De ello da múltiples muestras la actualidad.

Como en tiempos de Jesús, los hijos de este siglo acosan a los hijos de la luz que habrán de esperar una recompensa ulterior por su rectitud y su honestidad ya que, en vida, difícilmente llegará a producirse dado el estado de descomposición de la sociedad.

Jesús califica a sus contemporáneos con epítetos tales como *"víboras"* y *"serpientes"*. Lo recoge el Evangelio de Mateo en sus capítulos décimo segundo y vigésimo tercero:

*[34] ¡Generación de VÍBORAS! ¿Cómo podéis hablar lo bueno siendo malos? Porque de la abundancia del corazón habla la boca.*
*MATEO 12*

*[33] ¡SERPIENTES! ¡Raza de VÍBORAS! ¿Cómo van a escapar del castigo del infierno?*
*MATEO 23*

Lo mismo podría afirmarse de los hombres de hoy, aunque, tras la desaparición de la ética y de la moral entendidas en sentido bíblico, las serpientes y las víboras son vistas como los elementos más capaces y espabilados de la sociedad. Son los conseguidores y facilitadores de todos los países y de todas las organizaciones, encargados de perpetuar la corrupción colectiva sobre la que el sistema reposa. Y de hacer imperar la Ley del más fuerte.

Los Evangelios de Mateo y de Lucas recogen en idénticos términos la protesta de Jesús contra su generación a la que califica de *"incrédula y perversa"*, para concluir que le resulta insoportable la convivencia con ella:

> *17 Respondiendo Jesús, dijo: ¡Oh GENERACIÓN INCRÉDULA Y PERVERSA! ¿Hasta cuándo estaré con vosotros? ¿Hasta cuándo os tendré que soportar?*
> *MATEO 17, 17*
> *LUCAS 9, 41*

¿Quién podría dejar de sentirse concernido por este reproche? La presente generación también es incrédula y perversa y su compañía resulta insoportable para los justos. Sin embargo, los malvados son mayoría en las posiciones de poder, lo que hace imposible sustraerse a su dominio y a sus abusos.

En el Evangelio de Juan, Jesús afirma que aquel que pertenece a Dios escucha Su palabra y añade que sus coetáneos no le prestan atención, porque no son de Dios:

> *47 EL QUE ES DE DIOS ESCUCHA LAS PALABRAS DE DIOS; por eso VOSOTROS NO ESCUCHÁIS, PORQUE NO SOIS DE DIOS.*
> *JUAN 8*

El ser humano del siglo XXI tampoco es de Dios, por lo que, tampoco escucha a Dios. Lo que ignoran los desjuiciados hombres del mundo actual es que Dios está atento y ante Él tendrán que dar cuentas de su extravío.

En el Evangelio de Lucas, Jesús afirma que la naturaleza profunda de cada ser humano, buena o mala, se distingue a través de sus palabras, lo que resuena con las afirmaciones del capítulo décimo del Libro de los Proverbios, visto en el capítulo 12 de este ensayo:

> *⁴⁵ El buen hombre del buen tesoro de su corazón saca bien; y el mal hombre del mal tesoro de su corazón saca mal; porque de la abundancia del corazón habla su boca.*
> *LUCAS 6*

Ciertamente, el buen o mal fondo del hombre queda en evidencia por medio de sus palabras y aún más por sus hechos, como indica igualmente el Evangelio de Mateo que recoge la afirmación de Jesús de *"por sus frutos los conoceréis"*:

> *¹⁶ POR SUS FRUTOS LOS CONOCERÉIS. ¿Acaso se recogen uvas de los espinos o higos de los abrojos?*
> *¹⁷ Así, todo árbol bueno da frutos buenos; pero el árbol malo da frutos malos.*
> *¹⁸ Un árbol bueno no puede producir frutos malos, ni un árbol malo producir frutos buenos.*
> *¹⁹ Todo árbol que no da buen fruto, es cortado y echado al fuego.*
> *²⁰ Así que, por sus frutos los conoceréis.*
> *MATEO 7*

Esta afirmación bíblica de *"por sus frutos los conoceréis"* ha atravesado el tiempo y se ha convertido en una frase de uso corriente en el lenguaje popular en el que se oye decir que *"el fruto no cae lejos del árbol"* o de modo aún más coloquial *"de tal palo, tal astilla"*. Lo que demuestra que la gente ha hecho suyo el concepto, dando por bueno lo que afirma, incluso sin conocer su origen.

# Capítulo 15

# Jesús contra la corrupción

Los Evangelios dan abundante testimonio de la condena sistemática de Jesús contra la corrupción en todas sus formas, ya sean morales o materiales. Su mensaje central es muy potente porque decreta que, dejarse arrastrar por semejante transgresión, priva del Reino de los Cielos.

La definición del Reino de los Cielos se encuentra en la parábola de la red barredera, relatada en el Evangelio de Mateo. En ella, Jesús compara al Reino con una red que recoge almas para ser clasificadas por los Ángeles entre justas y malvadas y describe cómo estas últimas son descartadas.

Esta parábola evoca lo afirmado por Jesús en el capítulo vigésimo segundo del Evangelio de Mateo cuando exclama que *"muchos son los llamados y pocos los escogidos"*:

*47 El reino de los cielos también es semejante a una red barredera que se echó en el mar, y RECOGIÓ PECES DE TODA CLASE; 48 y cuando se llenó, la sacaron a la playa; y se sentaron y recogieron los peces buenos en canastas, pero echaron fuera los malos.*

*⁴⁹Así será en el fin del mundo; LOS ÁNGELES SALDRÁN, Y SACARÁN*
*A LOS MALOS DE ENTRE LOS JUSTOS,*
*⁵⁰y los arrojarán en el horno de fuego; allí será el llanto y el*
*crujir de dientes.*
*MATEO 13*

Así pues, la definición de Jesús sobre el Reino de los Cielos es semejante a la que ofrece el Pentateuco acerca del pueblo de Dios o Libro de los justos. Se trata de la relación de aquellos que serán salvos, quedando fuera los que han pasado por la muerte segunda que implica ser excluido de la salvación.

Lo apunta el Libro del Apocalipsis, o Libro de la Revelación, en las dos citas siguientes:

*⁸Pero los cobardes, incrédulos, abominables, asesinos, inmorales, hechiceros, idólatras y todos los mentirosos tendrán su herencia en el lago que arde con fuego y azufre, que ES LA MUERTE SEGUNDA.*
*APOCALIPSIS 21*

*¹⁵Afuera están los perros, los hechiceros, los inmorales, los asesinos, los idólatras y todo el que ama y practica la mentira.*
*APOCALIPSIS 22*

En este punto, conviene recordar que Jesús concluye la parábola del mayordomo infiel decretando que no se puede servir a Dios y a las riquezas.

Ambos son antitéticos y una servidumbre excluye a la otra.

Algunas versiones de la Biblia traducen el término riquezas por dinero, pero en otras, aparece citado directamente el nombre del demonio con el que se las asocia que es Mammón, asimilado a la codicia y al pecado de la avaricia.

Así pues, la frase completa sería *"no podéis servir a Dios y a Mammón"* y también, *"no podéis servir a Dios y al demonio"*:

*¹³ Ningún siervo puede servir a dos señores, porque o aborrecerá a uno y amará al otro, o se apegará a uno y despreciará al otro. NO PODÉIS SERVIR A DIOS Y A LAS RIQUEZAS.*
LUCAS 16

En el bellísimo Sermón de la Montaña, que es la piedra angular de las enseñanzas de Jesús, se encuentra la misma afirmación acerca de la imposibilidad de servir a Dios y a Mammón. Lo registra el Evangelio de Mateo:

*²⁴ Ninguno puede servir a dos señores; porque o aborrecerá al uno y amará al otro, o se llegará al uno y menospreciará al otro: no podéis servir a Dios y a Mammón.*
MATEO 6

Antes, en el mismo Evangelio de Mateo, Jesús desarrolla su argumento contra las posesiones materiales y aconseja que se acumulen tesoros en el cielo en lugar de en la tierra *"porque donde esté vuestro tesoro, allí estará también vuestro corazón"*:

*¹⁹ No os hagáis tesoros en la tierra, donde la polilla y el orín corrompen y donde ladrones minan y hurtan, ²⁰ sino acumulud tesoros en el cielo, donde ni la polilla ni el orín corrompen, y donde ladrones no minan ni hurtan. ²¹ Porque donde esté vuestro tesoro, allí estará también vuestro corazón.*
MATEO 6

Los sermones de Jesús se dirigen al individuo más que a la colectividad, responsabilizándole de su propia salvación y guiándole para que alcance la redención.

Jesús apela constantemente a la contrición personal sin amenazar con la destrucción colectiva que deriva de la corrupción, aunque reprocha a las ciudades que son testigos de sus milagros que no se hayan convertido y les promete por ello una severa retribución.

También para Jesús, el valor supremo es la Justicia que conduce al Reino de Dios, como indica el Evangelio de Mateo:

> *³³ Mas buscad primeramente EL REINO DE DIOS Y SU JUSTICIA, y todas estas cosas os serán dadas por añadidura.*
> *MATEO 6*

En virtud de lo cual, en el Sermón de la Montaña, Jesús se congratula por aquellos que tienen el corazón puro, puesto que la pureza conduce a Dios:

> *⁸ Dichosos los de corazón limpio, porque ellos verán a Dios.*
> *MATEO 5*

Jesús señala constantemente el camino hacia la salvación e indica los obstáculos a evitar. La senda pasa por la Justicia, pero de ella se desvía el que se apega a las riquezas, lo que Jesús relaciona con la influencia del demonio Mammón.

El poder corruptor del dinero y la ofensa que darle prioridad constituye para el Señor, quedan patentes en el episodio del Evangelio de Marcos en el que Jesús echa a los mercaderes del Templo:

> *¹⁵ Llegaron a Jerusalén; y entrando Jesús en el templo, comenzó a echar fuera a los que vendían y compraban en el templo; volcó las mesas de los que cambiaban el dinero y los puestos de los que vendían las palomas,*
> *¹⁶ y no permitía que nadie transportara objeto alguno a través del Templo.*
> *¹⁷ Y les enseñaba, diciendo: «¿No está escrito: "MI CASA SERÁ LLAMADA CASA DE ORACIÓN PARA TODAS LAS NACIONES"? Pero vosotros la tenéis hecha una CUEVA DE LADRONES».*

*[18] Los principales sacerdotes y los escribas oyeron esto y buscaban cómo podrían matarle, porque le tenían miedo, pues toda la multitud estaba admirada de Su enseñanza.*
*MARCOS 11*

Su mensaje, aparentemente sencillo, es en realidad de una complejidad extrema debido a su elevación espiritual. Ello hace que sea difícilmente comprensible para el ser humano corriente porque Jesús, que vino para liberar a la humanidad de sus pecados, no juzga a nadie, condena el pecado, pero no al pecador al que siempre otorga la posibilidad de redimirse. Así lo expresa el Evangelio de Juan:

*[15] Vosotros juzgáis según la carne; yo no juzgo a nadie.*
*JUAN 8*

En verdad, Jesús no condena al pecador, como se demuestra en el sublime episodio de la mujer adúltera relatado en el Evangelio de Juan:

*[1] Pero Jesús se fue al Monte de los Olivos.*
*[2] Y al amanecer, vino otra vez al templo, y todo el pueblo venía a Él; y sentándose, les enseñaba.*
*[3] Los escribas y los fariseos trajeron a UNA MUJER SORPRENDIDA EN ADULTERIO, y poniéndola en medio,*
*[4] le dijeron: Maestro, esta mujer ha sido sorprendida en el acto mismo del adulterio.*
*[5] Y en la ley, Moisés nos ordenó apedrear a esta clase de mujeres; ¿tú, pues, qué dices?*
*[6] Decían esto, probándole, para tener de qué acusarle. Pero Jesús se inclinó y con el dedo escribía en la tierra.*
*[7] Pero como insistían en preguntarle, Jesús se enderezó y les dijo: EL QUE DE VOSOTROS ESTÉ SIN PECADO, SEA EL PRIMERO EN TIRARLE UNA PIEDRA.*
*[8] E inclinándose de nuevo, escribía en la tierra.*

*⁹ Pero al oír ellos esto, se fueron retirando uno a uno comenzando por los de mayor edad, y dejaron solo a Jesús y a la mujer que estaba en medio.*
*¹⁰ Enderezándose Jesús, le dijo: Mujer, ¿dónde están ellos? ¿Ninguno te ha condenado?*
*¹¹ Y ella respondió: Ninguno, Señor. Entonces Jesús le dijo: YO TAMPOCO TE CONDENO. VETE; DESDE AHORA NO PEQUES MÁS.*
*JUAN 8*

Cuando Jesús predica en el Sermón de la Montaña sobre la transgresión del adulterio, considerada una abominación y prueba de corrupción, el Maestro vuelve a asombrar por su extraordinaria exigencia moral al depositar la responsabilidad de erradicar el pecado en el propio pecador, esto es, en sus pensamientos y en su corazón. En este sermón, Jesús requiere metafóricamente grandes sacrificios por parte del infractor para que no su falta no se repita:

*²⁷ Habéis oído que se dijo: «No cometerás adulterio».*
*²⁸ Pero yo os digo que todo el que mire a una mujer para codiciarla ya cometió adulterio con ella en su corazón.*
*²⁹ Y si tu ojo derecho te es ocasión de pecar, arráncalo y échalo de ti; porque te es mejor que se pierda uno de tus miembros, y no que todo tu cuerpo sea arrojado al infierno.*
*³⁰ Y si tu mano derecha te es ocasión de pecar, córtala y échala de ti; porque te es mejor que se pierda uno de tus miembros, y no que todo tu cuerpo vaya al infierno.*
*MATEO 5*

Los versículos precedentes son otra demostración de la excelsa interpretación de la Ley que hace Jesús desde una altura espiritual imponente y, por ende, difícilmente alcanzable.

Bienaventurados son los que han podido comprender plenamente su mensaje y, aún más, los pocos benditos capaces de ponerlo en práctica.

# Capítulo 16

# La corrupción en tiempos de Jesús

# Sepulcros blanqueados

En sus sermones, Jesús denuncia agriamente y con honda convicción a los corruptos investidos de autoridad, ya sea religiosa o política. En su tiempo, eran fundamentalmente los escribas y fariseos, considerados por el Maestro como epítome de hipocresía y falsedad. Ellos eran los dignatarios de Israel y estaban profundamente corrompidos. Por ello, Jesús pone en guardia al pueblo contra su doblez e insta a no seguir su mal ejemplo.

Lo recoge el Evangelio de Mateo:

*¹ Entonces Jesús habló a la muchedumbre y a sus discípulos,*
*² diciendo: Los escribas y los fariseos se han sentado en la cátedra de Moisés.*

*³ De modo que haced y observad todo lo que os digan; pero NO HAGÁIS CONFORME A SUS OBRAS, PORQUE ELLOS DICEN Y NO HACEN.*

*⁴ Atan cargas pesadas y difíciles de llevar, y las ponen sobre las espaldas de los hombres, pero ellos ni con un dedo quieren moverlas.*
*MATEO 23*

En el Evangelio de Marcos, Jesús advierte contra los escribas que anhelan acumular honores mientras esquilman a los más vulnerables y afirma que son ellos los que recibirán mayor condena:

*³⁸ Y en su enseñanza les decía: Cuidaos de los escribas, a quienes les gusta andar con vestiduras largas, y aman los saludos respetuosos en las plazas,*
*³⁹ los primeros asientos en las sinagogas y los lugares de honor en los banquetes;*
*⁴⁰ que devoran las casas de las viudas, y por las apariencias hacen largas oraciones; estos recibirán mayor condena.*
*MARCOS 12*

En el Evangelio de Mateo, Jesús reprocha a los escribas y fariseos descuidar *"lo más importante de la Ley: la Justicia, la misericordia y la fe"*. De nuevo, la Justicia es la virtud que vertebra:

*²³ ¡Ay de vosotros, escribas y fariseos hipócritas, que pagáis el diezmo de la menta, del aneto y del comino, y DESCUIDÁIS LO MÁS IMPORTANTE DE LA LEY: LA JUSTICIA, LA MISERICORDIA Y LA FE! Esto es lo que había que practicar, aunque sin descuidar aquello.*
*MATEO 23*

Asimismo, en el Evangelio de Lucas, Jesús reprocha a los fariseos dejar *"a un lado la Justicia y el amor a Dios"*:

*⁴² Pero, ¡ay de vosotros, los fariseos, que pagáis el diezmo de la menta, de la ruda y de toda hortaliza, y DEJÁIS A UN LADO LA JUSTICIA Y EL AMOR A DIOS! Esto es lo que había que practicar,*

*aunque sin omitir aquello.*
*LUCAS 11*

Con su crítica acerba a las autoridades de su tiempo, Jesús condena abiertamente el estado de la sociedad de entonces, así como el sistema que imperaba. Su clamor se eleva con fuerza al afirmar categóricamente que, si la justicia de los hombres no es mayor que la de los escribas y fariseos, no se entrará en el Reino de los Cielos:

*[20] Porque os digo que, SI VUESTRA JUSTICIA NO ES MAYOR QUE LA DE LOS ESCRIBAS Y FARISEOS, NO ENTRARÉIS EN EL REINO DE LOS CIELOS.*
*MATEO 5*

Al denunciar con vigor la hipocresía de los fariseos, Jesús afirma que, a pesar de su imagen impoluta, por dentro están *"llenos de rapiña y de maldad"*:

*[39] Y el Señor le dijo: Ahora vosotros los fariseos limpiáis lo de fuera del vaso y del plato; mas LO QUE ESTÁ DENTRO DE VOSOTROS ESTÁ LLENO DE RAPIÑA Y DE MALDAD.*
*LUCAS 11*

De igual modo, el Evangelio de Mateo recoge las invectivas que Jesús dirige a los escribas y fariseos por su falsedad y por estar *"llenos de robo y de desenfreno"*, de hipocresía y de iniquidad, con la expresión más célebre que haya visto la luz acerca de los corruptos. En ella, Jesús afirma que son *"semejantes a sepulcros blanqueados, que por fuera parecen bonitos, pero por dentro están llenos de huesos muertos y de toda inmundicia"*:

*[25] ¡Ay de vosotros, escribas y fariseos, hipócritas!, porque limpiáis el exterior del vaso y del plato, pero POR DENTRO ESTÁN LLENOS DE ROBO Y DE DESENFRENO.*

*<sup>26</sup> ¡Fariseo ciego! Limpia primero lo de adentro del vaso y del plato, para que lo de afuera también quede limpio.*
*<sup>27</sup> ¡Ay de vosotros, escribas y fariseos, HIPÓCRITAS!, porque SOIS SEMEJANTES A SEPULCROS BLANQUEADOS, QUE POR FUERA PARECEN BONITOS, PERO POR DENTRO ESTÁN LLENOS DE HUESOS DE MUERTOS Y DE TODA INMUNDICIA.*
*<sup>28</sup> Así también vosotros, por fuera PARECÉIS JUSTOS A LOS HOMBRES, PERO POR DENTRO ESTÁIS LLENOS DE HIPOCRESÍA Y DE INIQUIDAD.*
*MATEO 23*

Es esta una alegoría perfecta acerca de las autoridades corruptas y, además, puede ser leída como si se refiriese a los tiempos presentes en los que la corrupción impulsa a la sociedad y la clase dominante la sirve.

En el Evangelio de Lucas, Jesús repite su acusación contra los escribas y fariseos, comparándoles igualmente con sepulcros blanqueados. Y con ello hace una severa denuncia contra los gobernantes y toda clase de autoridades corruptas que resulta universal y atemporal por su pertinencia:

*<sup>43</sup> ¡Ay de vosotros, fariseos!, porque amáis los primeros asientos en las sinagogas y los saludos respetuosos en las plazas.*
*<sup>44</sup> ¡Ay de vosotros!, porque SOIS COMO SEPULCROS QUE NO SE VEN, SOBRE LOS QUE ANDAN LOS HOMBRES SIN SABERLO.*
*LUCAS 11*

En los siguientes versículos del Evangelio de Lucas, Jesús extiende sus reproches a los intérpretes de la Ley, esto es, a los encargados del derecho que, en lugar de respetarlo, lo pervierten.

Jesús precisa que lastran *"a los hombres con cargas difíciles de llevar"* y ellos *"ni siquiera las tocan con uno de sus dedos"*. En el mundo actual, los profesionales concernidos por semejante recriminación serían los legisladores, jueces, fiscales y abogados:

*⁴⁵ Respondiendo uno de los intérpretes de la ley, le dijo: Maestro,*
*cuando dices esto, también a nosotros nos insultas.*
*⁴⁶ Y Él dijo: ¡AY TAMBIÉN DE VOSOTROS, INTÉRPRETES DE LA LEY!,*
*PORQUE CARGÁIS A LOS HOMBRES CON CARGAS DIFÍCILES DE LLEVAR, Y*
*VOSOTROS NI SIQUIERA TOCÁIS LAS CARGAS CON UNO DE VUESTROS*
*DEDOS.*
*LUCAS 11*

Y Jesús acusa asimismo a los intérpretes de la Ley de haber *"quitado la llave del conocimiento"*. Con ello, hace referencia al conocimiento de Dios y reprocha a las clases dominantes no iniciarse en él y ocultárselo al pueblo. Es un reproche gravísimo:

*⁵² ¡Ay de vosotros, intérpretes de la ley!, porque habéis quitado la*
*llave del conocimiento; vosotros mismos no entrasteis, y a los que*
*estaban entrando se lo impedisteis.*
*LUCAS 11*

Para entender la gravedad de la recriminación, conviene volver al Antiguo Testamento y, en concreto, al Libro del profeta Oseas en el que el Eterno afirma que su pueblo es destruido por falta de conocimiento, que rechazar el conocimiento invalida para el sacerdocio y que todo ello aleja de Dios:

*⁶ MI PUEBLO ES DESTRUIDO POR FALTA DE CONOCIMIENTO.*
*Por cuanto tú has rechazado el conocimiento, yo también te*
*rechazaré para que no seas mi sacerdote; como has olvidado la*
*ley de tu Dios, yo también me olvidaré de tus hijos.*
*OSEAS 4*

Por ende, Jesús confirma en el Evangelio de Mateo que los escribas y fariseos impiden a los hombres la entrada al Reino de los Cielos, esto es, al conocimiento de Dios, y ni ellos mismos entran, lo que significa que tampoco ellos se inician:

*13 Pero, ¡ay de vosotros, escribas y fariseos, hipócritas!, porque cerráis el reino de los cielos delante de los hombres, pues ni vosotros entráis, ni dejáis entrar a los que están entrando.*

*MATEO 23*

Es posible completar el panorama de la corrupción de los gobernantes en tiempos de Jesús gracias al episodio del Evangelio de Mateo en el que relata como los principales sacerdotes sobornaron a los soldados que guardaban la tumba de Jesús para que mintiesen sobre la desaparición de su cuerpo. Es una prueba fehaciente del nivel de podredumbre de la sociedad de entonces en la que el soborno se practicaba hasta por los líderes religiosos:

*11 Y mientras ellas iban, he aquí, algunos de la guardia fueron a la ciudad e informaron a los principales sacerdotes de todo lo que había sucedido.*
*12 Y después de reunirse con los ancianos y deliberar con ellos, DIERON UNA GRAN CANTIDAD DE DINERO A LOS SOLDADOS, 13 diciendo: Decid esto: «Sus discípulos vinieron de noche y robaron el cuerpo mientras nosotros dormíamos».*
*14 Y si esto llega a oídos del gobernador, nosotros lo convenceremos y os evitaremos dificultades.*
*15 Ellos tomaron el dinero e hicieron como se les había instruido. Y este dicho se divulgó extensamente entre los judíos hasta hoy.*

*MATEO 28*

Las diatribas de Jesús contra la élite dirigente de su época no podrían ser más actuales. Parecen reflejar el combate de los denunciantes, o personas de conciencia, contra la corrupción de la sociedad. Su célebre expresión, calificando a las autoridades corruptas de *"sepulcros blanqueados"*, da la imagen más fiel de esa calaña, que hace gala de una imagen impecable mientras su interior está lleno de fango y roña.

# Capítulo 17

# Lo que contamina al hombre

El Evangelio de Juan da la definición más precisa de lo que es incurrir en *"el juicio"*, esto es, condenarse, explicando que *"vino la luz al mundo"*, pero *"los hombres amaron más las tinieblas que la luz, porque sus obras eran malas"*:

> [19] *Y EL JUICIO ESTÁ EN QUE VINO LA LUZ AL MUNDO, Y LOS HOMBRES AMARON MÁS LAS TINIEBLAS QUE LA LUZ, PORQUE SUS OBRAS ERAN MALAS.*
>
> *JUAN 3*

Con ello, Jesús afirma que los seres humanos están en sintonía con el mal, al que denomina tinieblas, prefiriéndolo a la luz y ello, a pesar de que vino la luz al mundo para mostrar el camino recto. Con su revelación, Jesús plantea un desarrollo ulterior de la inclinación al Mal del ser humano que se agrava al ser ejercida con obstinación y a conciencia rehusando la luz que se le ha ofrecido. Su constatación sobre la incapacidad de la raza humana de avanzar hacia la luz refleja, además, cierto desengaño que recuerda al expresado por el Señor en el Génesis.

Todo ello se enmarca en la inevitabilidad del juicio que aparece relatada en idénticos términos en las dos partes del Antiguo Testamento y en los Evangelios.

La inexorabilidad del juicio contra los inicuos es, además, una información de gran valor para los hijos de la luz que siempre juegan con desventaja respecto a los hijos de la oscuridad.

El Evangelio de Mateo indica que dos puertas y dos sendas se ofrecen al hombre, pero solo un camino lleva a la salvación, es el más arduo, el de la puerta y la senda estrechas, por lo que pocos la encuentran y son capaces de seguirla:

> *¹³ Entrad por la puerta estrecha, porque ancha es la puerta y amplia es la senda que lleva a la perdición, y muchos son los que entran por ella.*
> *¹⁴ Porque estrecha es la puerta y angosta la senda que lleva a la vida, y pocos son los que la hallan.*
> *MATEO 7*

Jesús enseña que la senda de la salvación pasa por guardar los mandamientos, desprenderse de las posesiones materiales y dedicarse a la vida espiritual. Al incitar a sus seguidores a deshacerse de las posesiones materiales, va incluso más allá en la interpretación de la Ley que los libros del Antiguo Testamento, por lo que, su recomendación influyó decisivamente en las órdenes monásticas y conventuales cristianas creando el voto de pobreza.

El Evangelio de Marcos recoge asimismo la precedente enseñanza en la respuesta que dio Jesús a la pregunta del joven rico sobre la manera de acceder a la vida eterna.

En los versículos siguientes interesa subrayar la tajante réplica de Jesús afirmando que *"nadie es bueno sino Dios"*, afirmación que recuerda a lo expuesto más arriba en el apartado de la perfectibilidad del hombre:

*<sup>17</sup> Se ponía ya en camino cuando uno corrió a su encuentro y arrodillándose ante él, le preguntó: «Maestro bueno, ¿qué he de hacer para tener en herencia vida eterna?»*

*<sup>18</sup> Jesús le dijo: «¿Por qué me llamas bueno? NADIE ES BUENO SINO SÓLO DIOS.*

*<sup>19</sup> Ya sabes los mandamientos: No mates, no cometas adulterio, no robes, no levantes falso testimonio, no seas injusto, honra a tu padre y a tu madre.»*

*<sup>20</sup> El, entonces, le dijo: «Maestro, todo eso lo he guardado desde mi juventud.»*

*<sup>21</sup> Jesús, fijando en él su mirada, le amó y le dijo: «UNA COSA TE FALTA: ANDA, CUANTO TIENES VÉNDELO Y DÁSELO A LOS POBRES Y TENDRÁS UN TESORO EN EL CIELO; LUEGO, VEN Y SÍGUEME.»*

*<sup>22</sup> Pero él, abatido por estas palabras, se marchó entristecido, porque tenía muchos bienes.*

*<sup>23</sup> Jesús, mirando a su alrededor, dice a sus discípulos: «¡QUÉ DIFÍCIL ES QUE LOS QUE TIENEN RIQUEZAS ENTREN EN EL REINO DE DIOS!»*

*<sup>24</sup> Los discípulos quedaron sorprendidos al oírle estas palabras. Mas Jesús, tomando de nuevo la palabra, les dijo: «¡Hijos, qué difícil es entrar en el Reino de Dios!*

*<sup>25</sup> ES MÁS FÁCIL QUE UN CAMELLO PASE POR EL OJO DE LA AGUJA, QUE EL QUE UN RICO ENTRE EN EL REINO DE DIOS.»*

*<sup>26</sup> Pero ellos se asombraban aún más y se decían unos a otros: «Y ¿quién se podrá salvar?»*

*<sup>27</sup> Jesús, mirándolos fijamente, dice: «Para los hombres, imposible; pero no para Dios, porque todo es posible para Dios.»*

*MARCOS 10*

Así, la historia del joven rico pone de relieve la influencia negativa de la fortuna en el camino espiritual del que aspira a la vida eterna. Las riquezas entretienen y distraen del trabajo espiritual y apartan de él cuando importa acumularlas. La Biblia las asimila a la influencia de la codicia y de su demonio, Mammón.

Una vez más, este mensaje de Jesús resulta de plena actualidad. Los personajes más destacados de la casta dominante que gobierna el mundo tienen en común su obsesión por las riquezas y el poder. También por la influencia y la fama, medios todos a través de los cuales se afianza Mammón.

Incluso se podría afirmar que, como en su tiempo, la época presente también está a los pies de Mammón. Por ello, la palabra de Jesús al respecto adquiere una significación capital y conviene recordarla para comprender los esquemas de pensamiento y las razones del comportamiento de los que se oponen a la luz, que son legión y pueblan el mundo.

Antes de Jesús, Juan el Bautista daba el mismo consejo de mantenerse integro y huir de la codicia que lleva a desear ganancias deshonestas.

El Evangelio de Lucas relata lo que el Bautista contestaba a las gentes que se le acercaban para ser bautizados y le interrogaban sobre la correcta manera de proceder para seguir la vía del Señor. El próximo versículo recoge lo que respondió a los recaudadores de impuestos que a él acudían:

*<sup>12</sup> Vinieron también unos recaudadores de impuestos para ser bautizados, y le dijeron: Maestro, ¿qué haremos? <sup>13</sup> Entonces él les respondió: NO EXIJÁIS MÁS DE LO QUE SE OS HA ORDENADO.*

*LUCAS 3*

Juan el Bautista respondía, pues, a los cobradores de impuestos que no debían exigir más de lo que se les había ordenado, esto es, que debían contentarse con recolectar lo convenido y abstenerse de la extorsión y el fraude.

En parecidos términos contestaba el Bautista a los soldados que le preguntaban sobre el correcto proceder en su caso. Y también alertaba a los soldados contra la extorsión, la acusación falsa y la recepción de sobornos:

*14También algunos soldados le preguntaban, diciendo: Y nosotros, ¿qué haremos? Y él les dijo: A NADIE EXTORSIONÉIS, NI A NADIE ACUSÉIS FALSAMENTE, Y CONTENTAOS CON VUESTRO SALARIO.*

*LUCAS 3*

En sus enseñanzas, Juan el Bautista tenía presente la nefasta atracción de sus contemporáneos por las riquezas, o lo que es lo mismo, hasta qué punto estaban bajo la influencia de Mammón.

Por su parte, Jesús vaticina en el Evangelio de Mateo que, con el aumento de la maldad, la caridad de muchos se enfriará.

Inevitablemente, cuando los seres humanos se ven rodeados de injusticia y de abuso, o están movidos por la codicia, su corazón se endurece.

Es el caso de la sociedad actual en la que el triunfo de los malvados y de sus corruptelas, y el progresivo aumento de la indiferencia hacia el dolor ajeno, hace que algunas gentes de bien se repriman e incluso se abstengan de hacer obras de caridad por considerarlas escasamente relevantes. Cuando el mundo va mal y está poblado por inicuos, es posible dudar de que los donativos lleguen realmente a sus destinatarios o que las obras por amor al prójimo sean comprendidas y, aún menos, recompensadas:

*12 Y debido al aumento de la iniquidad, el amor de muchos se enfriará.*

*MATEO 24*

Respecto a los preceptos sobre los alimentos impuros y lo que realmente puede contaminar al hombre, Jesús se muestra muy innovador en comparación con interpretaciones precedentes de la Ley. Él afirma que no hay alimento impuro porque no es lo que entra en el cuerpo sino lo que sale de la boca lo que contamina al ser humano. Lo que corrompe al hombre es, pues, su mala intención y sus perversidades, lo que está en su interior y no lo que viene del exterior.

Nadie puede negar que es en el corazón y en la mente de los hombres donde se gestan las abominaciones que le corrompen y que afligen a los demás al traducirse en actos.

El Evangelio de Marcos recoge esa enseñanza:

*18 Y Él les dijo: ¿También vosotros sois tan faltos de entendimiento? ¿No comprendéis que todo lo que de afuera entra al hombre no le puede contaminar,*
*19 porque no entra en su corazón, sino en el estómago, y se elimina? (Declarando así limpios todos los alimentos.)*
*20 Y (Jesús) decía: "LO QUE SALE DEL HOMBRE, ESO ES LO QUE CONTAMINA AL HOMBRE.*
*21 PORQUE DE DENTRO, DEL CORAZÓN DE LOS HOMBRES, SALEN LAS INTENCIONES MALAS: FORNICACIONES, ROBOS, ASESINATOS,*
*22 ADULTERIOS, AVARICIAS, MALDADES, FRAUDE, LIBERTINAJE, ENVIDIA, INJURIA, INSOLENCIA, INSENSATEZ.*
*23 TODAS ESTAS PERVERSIDADES SALEN DE DENTRO Y CONTAMINAN AL HOMBRE."*
MARCOS 7

En lo que se refiere al tema central de la Justicia, Jesús proclama en el Sermón de la Montaña que son bienaventurados aquellos que *"tienen hambre y sed de justicia"*, y muy felizmente, predice que serán saciados:

*6 Bienaventurados los que tienen HAMBRE Y SED DE JUSTICIA, porque ellos serán saciados.*
MATEO 5

También en el Sermón de la Montaña, Jesús declara bienaventurados a los que son perseguidos por defender la Justicia y vaticina que de ellos es el Reino de los Cielos, lo que, como se ha indicado, es la mayor de las recompensas espirituales:

> *[10] Bienaventurados los PERSEGUIDOS POR CAUSA DE LA JUSTICIA,*
> *porque de ellos es el Reino de los Cielos.*
> MATEO 5

En fin, en el Evangelio de Mateo, Jesús anuncia a sus seguidores que serán perseguidos por la justicia de los hombres. Una vez más, el mensaje del Mesías atraviesa las épocas porque en todo tiempo los heraldos de la virtud han sido perseguidos por los hijos del mundo que están inclinados al Mal y hacen lo que es malo:

> *[17] Pero cuidaos de los hombres, porque os entregarán a los*
> *tribunales y os azotarán en sus sinagogas;*
> MATEO 10

En el Evangelio de Marcos, Jesús augura que sus discípulos serán entregados a los tribunales y serán maltratados.

Teniendo en cuenta la degradación del ser humano en un mundo tan depravado como el actual, no es difícil imaginar que cualquier emisario de la luz recibiría parecido trato.

> *[9] Pero estad alerta; porque os entregarán a los tribunales y seréis*
> *azotados en las sinagogas, y compareceréis delante de*
> *gobernadores y reyes POR MI CAUSA, para que deis testimonio ante*
> *ellos.*
> MARCOS 13

Volviendo a la codicia, raíz de toda corrupción, en el Evangelio de Lucas se encuentra otra prédica de Jesús contra cualquier forma de avaricia, en la que alerta contra esa grave tentación que constituye, como es sabido, el pecado de Mammón.

En los versículos siguientes, Jesús señala que la vida no consiste en la abundancia y, en el trascurso de la conversación con una persona de la multitud, precisa además que su misión no es la de ser juez o árbitro de sus contemporáneos:

*<sup>13</sup> Uno de la multitud le dijo: Maestro, dile a mi hermano que divida la herencia conmigo.*
*<sup>14</sup> Pero Él le dijo: ¡Hombre! ¿QUIÉN ME HA PUESTO POR JUEZ O ÁRBITRO SOBRE VOSOTROS?*
*<sup>15</sup> Y les dijo: ESTAD ATENTOS Y GUARDAOS DE TODA FORMA DE AVARICIA; PORQUE AUN CUANDO ALGUIEN TENGA ABUNDANCIA, SU VIDA NO CONSISTE EN SUS BIENES.*
*LUCAS 12*

Ciertamente, a pesar de lo limitado de la comprensión humana cuando se trata de mensajes espirituales tan profundos como los que transmitió Jesús, es posible entender que el Mesías no vino al mundo a impartir justicia como corresponde a los reyes, jueces o árbitros, sino que vino a mostrar la senda de la Luz, la senda que conduce a Dios. Lo recoge el Evangelio de Juan en sus capítulos octavo y primero:

*<sup>12</sup> Otra vez Jesús les habló, diciendo: YO SOY LA LUZ DEL MUNDO; el que me sigue, no andará en tinieblas, sino que tendrá la luz de la vida.*
*JUAN 8*

*<sup>5</sup> Y LA LUZ RESPLANDECE EN LAS TINIEBLAS, Y LAS TINIEBLAS NO HAN PODIDO VENCERLA.*
*JUAN 1*

Jesús no vino a juzgar, sino a mostrar el camino que conduce de vuelta a la esencia divina del ser humano. Por eso fue el Maestro del amor incondicional que viene de Dios y que se esconde dentro de cada ser humano. Durante su ministerio, Jesús dio, asimismo, el testimonio más fidedigno de la corrupción de la sociedad y de la ceguera de los hombres de su época que rehusaron aceptar a aquel que vino a traer la luz en Nombre de Dios.

# Capítulo 18

# Jesús vence a Satanás

En la parábola del sembrador, Jesús describe cómo se va sembrando la palabra del Señor y el aprovechamiento que de ella hacen los hombres según su evolución espiritual. Está recogida en tres Evangelios, en el capítulo décimo tercero del Evangelio de Mateo, en el capítulo octavo del Evangelio de Lucas y también en el capítulo cuarto del Evangelio de Marcos.

Por medio de esa parábola, Jesús resalta la importancia de escuchar las enseñanzas sagradas, de respetar la Ley e indica que Satanás arrebata la Palabra de Dios en cuanto ha sido sembrada en los siervos de Dios, despojando de ella a los más superficiales:

*14 El sembrador siembra la palabra.*
*15 Y estos que están junto al camino donde se siembra la palabra, son aquellos que en cuanto la oyen, al instante VIENE SATANÁS Y SE LLEVA LA PALABRA QUE SE HA SEMBRADO EN ELLOS.*
*16 Y de igual manera, estos en que se sembró la semilla en pedregales son los que al oír la palabra enseguida la reciben con gozo;*

*¹⁷pero no tienen raíz profunda en sí mismos, sino que solo son temporales. Entonces, CUANDO VIENE LA AFLICCIÓN O LA PERSECUCIÓN POR CAUSA DE LA PALABRA, ENSEGUIDA TROPIEZAN Y CAEN.*

*¹⁸ Otros son aquellos en los que se sembró la semilla entre los espinos; estos son los que han oído la palabra,*
*¹⁹ pero LAS PREOCUPACIONES DEL MUNDO, Y EL ENGAÑO DE LAS RIQUEZAS, Y LOS DESEOS DE LAS DEMÁS COSAS ENTRAN Y AHOGAN LA PALABRA, Y SE VUELVE ESTÉRIL.*

*²⁰ Y otros son aquellos en que se sembró la semilla en tierra buena; los cuales oyen la palabra, la aceptan y dan fruto, unos a treinta, otros a sesenta y otros a ciento por uno.*

*MARCOS 4*

Satanás es una figura central en los Evangelios, tanto como en el Libro de Job. La parábola del sembrador demuestra su función de adversario y con él debe medirse el Mesías para superar el obstáculo que el Mal representa y proseguir con su misión redentora.

La constante batalla de Jesús contra Satanás recuerda a otra gran batalla, la del Arcángel Miguel con Lucifer. Es la eterna pugna entre el Bien y el Mal, que ha de librarse para mantener el equilibrio del mundo, en la que el Bien siempre resulta vencedor después de ímprobos esfuerzos, pero sin llegar a aniquilar el Mal por completo.

En el Evangelio de Juan, Jesús presenta a Satanás como el príncipe de este mundo y precisa que él ha venido a este mundo para vencerle. Lo recogen los versículos siguientes:

*³⁰ No hablaré mucho más con vosotros, porque viene EL PRÍNCIPE DE ESTE MUNDO, Y ÉL NO TIENE NADA EN MÍ;*

*JUAN 14*

*³¹ AHORA ES EL JUICIO DE ESTE MUNDO; AHORA EL PRÍNCIPE DE ESTE MUNDO SERÁ ECHADO FUERA.*

*JUAN 12*

Las tentaciones de Jesús en el desierto se suceden como una batalla contra Satanás en tres etapas, al final de la cual, el demonio es derrotado. Las tentaciones están reseñadas en los Evangelios de Mateo, Marcos y Lucas.

Respecto al orden de la narración, los Evangelios comienzan precisando que el Espíritu Santo llevó a Jesús al desierto para ser tentado por el demonio y enfrentarse a las pruebas que debía superar por su misión. En los tres Evangelios, Satanás aparece como el antagonista de toda rectitud.

El Evangelio de Mateo es el que refiere este episodio de modo más detallado. Mateo explica que Jesús ayunó cuarenta días y cuarenta noches en el desierto y entonces tuvo hambre. Satanás se acercó a tentarle diciéndole que, si era hijo de Dios, convirtiese las piedras en pan, pero su esfuerzo fue en vano. Después, trató de persuadir a Jesús para que utilizase la invulnerabilidad que le otorgaba su estatus divino y, en fin, le propuso poder y riquezas.

Ninguno de los intentos del demonio dio fruto. Jesús superó las tres pruebas invocando primero la Palabra de Dios, recordando después que no hay que tentar al Señor y, en fin, afirmando que solo el Eterno debe ser adorado y servido.

Una vez superadas las tentaciones, el Evangelio de Mateo cuenta que los Ángeles vinieron para servir al Mesías:

*¹ Entonces Jesús FUE LLEVADO POR EL ESPÍRITU al desierto para ser tentado por el diablo.*

*² Y después de haber ayunado cuarenta días y cuarenta noches, entonces tuvo hambre.*

*³ Y acercándose el tentador, le dijo: Si eres Hijo de Dios, di que estas piedras se conviertan en pan.*

*⁴ Pero Él respondiendo, dijo: Escrito está: «NO SOLO DE PAN VIVIRÁ EL HOMBRE, SINO DE TODA PALABRA QUE SALE DE LA BOCA DE DIOS».*

*⁵ Entonces el diablo le llevó a la ciudad santa, y le puso sobre el pináculo del templo,*

*⁶ y le dijo: Si eres Hijo de Dios, lánzate abajo, pues escrito está: «A SUS ÁNGELES TE ENCOMENDARÁ», y: «EN SUS MANOS TE LLEVARÁN, NO SEA QUE TU PIE TROPIECE EN PIEDRA».*
*⁷ Jesús le dijo: También está escrito: «NO TENTARÁS AL SEÑOR TU DIOS».*
*⁸ Otra vez el diablo le llevó a un monte muy alto, y le mostró todos los reinos del mundo y la gloria de ellos,*
*⁹ y le dijo: Todo esto te daré, si postrándote me adoras.*
*¹⁰ Entonces Jesús le dijo: ¡Vete, Satanás! Porque escrito está: «AL SEÑOR TU DIOS ADORARÁS, Y SOLO A ÉL SERVIRÁS».*
*¹¹ El diablo entonces le dejó; y he aquí, Ángeles vinieron y le servían.*
MATEO 4

Jesús fue tentado, pues, por medio de los tres grandes desafíos del hambre, del orgullo y del poder, de los que salió invicto.

Durante la segunda tentación, Satanás citó el Salmo nonagésimo primero: *"A sus Ángeles te encomendará"*, y *"En sus manos te llevarán, no sea que tu pie tropiece en piedra"*, en un intento sacrílego por parte del maligno, no solo de tentar a Jesús, sino de profanar el salmo que de modo más directo conecta al devoto con Dios, el más providencialista y sublime de los 150 que componen el Libro de los Salmos.

Por su parte, el Evangelio de Marcos describe de manera sucinta el episodio de las tentaciones de Jesús. Como el de Mateo, atribuye al Espíritu Santo la iniciativa de conducir a Jesús hacia el desierto, añade que Jesús se encontraba etre las fieras y anuncia que los Ángeles le servían:

*¹² Enseguida el Espíritu le impulsó a ir al desierto.*
*¹³ Y estuvo en el desierto cuarenta días, siendo tentado por Satanás; y estaba entre las fieras, y los Ángeles le servían.*
MARCOS 1

La narración que hace el Evangelio de Lucas de las tres tentaciones es casi idéntica a la del Evangelio de Mateo. Sin embargo, el relato de Lucas introduce precisiones altamente interesantes en su capítulo cuarto. Primero, en el versículo sexto en que aparece la confirmación por Satanás mismo que él es el príncipe de este mundo: *"Y el diablo le dijo: Todo este dominio y su gloria te daré; pues a mí me ha sido entregado, y a quien quiero se lo doy."* y después en el versículo séptimo que refleja la aberrante petición de Satanás a Jesús de que le adore: *"Por tanto, si te postras delante de mí, todo será tuyo."* Terrible demanda que implicaba el mayor de los pecados, dar culto al Mal. Y es eso precisamente lo que hacen todos los que firman un pacto con el demonio, servir al Mal.

En fin, en el Evangelio de Lucas, las respuestas que Jesús da al demonio son idénticas a las que registra el Evangelio de Mateo.

*[1] Jesús, lleno del Espíritu Santo, volvió del Jordán y FUE LLEVADO POR EL ESPÍRITU AL DESIERTO*

*[2] por cuarenta días, siendo tentado por el diablo. Y no comió nada durante esos días, pasados los cuales tuvo hambre.*

*[3] Entonces el diablo le dijo: Si eres Hijo de Dios, di a esta piedra que se convierta en pan.*

*[4] Jesús le respondió: Escrito está: «NO SOLO DE PAN VIVIRÁ EL HOMBRE».*

*[5] Llevándole a una altura, el diablo le mostró en un instante todos los reinos del mundo.*

*[6] Y el diablo le dijo: TODO ESTE DOMINIO Y SU GLORIA TE DARÉ; PUES A MÍ ME HA SIDO ENTREGADO, Y A QUIEN QUIERO SE LO DOY.*

*[7] Por tanto, si te postras delante de mí, todo será tuyo.*

*[8] Respondiendo Jesús, le dijo: Escrito está: «AL SEÑOR TU DIOS ADORARÁS, Y A ÉL SOLO SERVIRÁS».*

*[9] Entonces el diablo le llevó a Jerusalén y le puso sobre el pináculo del templo, y le dijo: Si eres Hijo de Dios, lánzate abajo desde aquí,*

*[10] pues escrito está: «A SUS ÁNGELES TE ENCOMENDARÁ PARA QUE TE*

*GUARDEN»,*

*[11] y: «EN SUS MANOS TE LLEVARÁN, NO SEA QUE TU PIE TROPIECE EN PIEDRA».*

*[12] Respondiendo Jesús, le dijo: Se ha dicho: «NO TENTARAS AL SEÑOR TU DIOS».*

*[13] Cuando el diablo hubo acabado toda tentación, se alejó de Él esperando un tiempo oportuno.*

*LUCAS 4*

Conviene detenerse un momento en el reconocimiento expreso por parte de Satanás de ser el príncipe de este mundo, puesto que *"a él se le ha entregado este dominio y su gloria y se lo da a quién le place"*. Afirmación corroborada por Jesús al declarar que Satanás es el príncipe de este mundo. De esas dos revelaciones mayores es obligado concluir, si aún quedasen dudas, que la tierra está cimentada sobre el Mal, por lo que es lugar de sufrimiento para los justos. De ahí que, en este mundo, solo los malignos prosperen y solo a ellos les vaya bien y que los justos se erijan en minoría como heroica resistencia al servicio del Bien en Nombre de Dios.

De lo anterior se deduce que Jesús revela que una parte de su misión consiste en luchar y vencer al diablo para salvar a la humanidad. Pero su batalla contra Satanás solo llega a consumarse con el sacrificio de su vida, que representa su victoria final. Por conllevar tanto dolor, su pasión es difícil de entender, aunque todo su recorrido, ministerio y misión sea un ininterrumpido avance hacia el suplicio que él conoce y acepta.

Así lo refleja el Evangelio de Marcos. En los siguientes versículos, Jesús anuncia su muerte a sus discípulos y califica a Pedro de *"Satanás"* cuando este le contradice y trata de disuadirle:

*[31] Y comenzó a enseñarles que el Hijo del Hombre debía padecer muchas cosas, y ser rechazado por los ancianos, los principales sacerdotes y los escribas, y SER MUERTO, Y DESPUÉS DE TRES DÍAS RESUCITAR.*

*³² Y les decía estas palabras claramente. Y Pedro le llevó aparte y comenzó a reprenderle.*
*³³ Mas Él volviéndose y mirando a sus discípulos, REPRENDIÓ A PEDRO Y LE DIJO: ¡QUÍTATE DE DELANTE DE MÍ, SATANÁS!, PORQUE NO TIENES EN MENTE LAS COSAS DE DIOS, SINO LAS DE LOS HOMBRES.*
MARCOS 8

La misión sacrificial de Jesús, precedida por su larga pasión, es uno de los mayores misterios descritos en el Nuevo Testamento. No es difícil aventurar que, para todo devoto, entender la determinación del Maestro de ofrecerse en sacrificio representa un enorme desafío espiritual y un inextricable enigma.

Con el fin de situar tamaña incógnita en su contexto histórico, conviene recordar que el gran profeta Isaías predijo que ese sería precisamente el destino sagrado del Mesías.

En efecto, la totalidad del capítulo quincuagésimo tercero del Libro del profeta Isaías describe la misión del Mesías. Es un texto largo y para ilustrarlo baste citar aquí los versículos más pertinentes. En ellos, Isaías revela que el Mesías cargaría con los dolores humanos, sería herido por las rebeldías humanas y molido por sus culpas. Y añade que soportó el castigo que trae la paz y curó a los hombres con sus heridas. Esto era pues lo fundamental, salvar a la humanidad mediante su sufrimiento:

*⁴ ¡Y CON TODO ERAN NUESTRAS DOLENCIAS LAS QUE ÉL LLEVABA Y NUESTROS DOLORES LOS QUE SOPORTABA! NOSOTROS LE TUVIMOS POR AZOTADO, HERIDO DE DIOS Y HUMILLADO.*
*⁵ ÉL HA SIDO HERIDO POR NUESTRAS REBELDÍAS, MOLIDO POR NUESTRAS CULPAS. ÉL SOPORTÓ EL CASTIGO QUE NOS TRAE LA PAZ, Y CON SUS HERIDAS HEMOS SIDO CURADOS.*
ISAÍAS 53

Más adelante, el profeta Isaías desvela expresamente y sin ambages la misión sacrificial del Mesías con la frase siguiente:

*"Cuando él se entregue a sí mismo como ofrenda de expiación".*

*[10] Pero QUISO EL SEÑOR QUEBRANTARLE, SOMETIÉNDOLE A PADECIMIENTO.*
*CUANDO ÉL SE ENTREGUE A SÍ MISMO COMO OFRENDA DE EXPIACIÓN, verá a su descendencia, prolongará sus días, y la voluntad del Señor en su mano prosperará.*
*ISAÍAS 53*

En el versículo precedente, el profeta Isaías revela que el Señor quiso quebrantar al Mesías, sometiéndole a padecimiento, en un suceso que parece haber sido la última tentación que había de superar.

Es atroz tener que aceptar que el Hijo de Dios viniese al mundo para entregarse como ofrenda sacrificial y que Su Padre, el Señor, quisiera *"quebrantarle, sometiéndole a padecimiento"*. El Mesías culmina pues su misión con un sacrificio humano, práctica que su Padre había proscrito firmemente en el Antiguo Testamento. Solo los elegidos y los santos serán capaces de comprender lo que para los demás aparece como un arcano indescifrable. Esta es sin duda la parte más impenetrable de la misión del Mesías.

Puede que un principio de explicación de la incógnita se encuentre en la diferencia entre sacrificio y ofrenda. El sacrificio es impuesto mientras que la ofrenda es consentida. Es radicalmente distinto arrancar la vida a un ser humano o entregarla voluntariamente. Si se entrega, es una ofrenda de expiación, como indicó el profeta Isaías.

Sea como fuere, Jesús ofrece la demostración de haber transformado su cuerpo en catalizador para devenir salvador de la humanidad.

Los caminos del Eterno son inescrutables y la misión de Jesús es innegablemente un gran misterio. Bendito sea.

# Capítulo 19

# Oración, fe y prudencia

El mensaje de Jesús, a pesar del terrible dolor de la pasión, está lleno de luz y de esperanza porque ilustra a cada paso el vínculo que los seres humanos tienen con Dios que se activa por medio de la oración y la fe.

Las enseñanzas de Jesús presentan la oración como el canal de comunicación con el Eterno.

En el Evangelio de Mateo lo expresa como sigue: *"Pedid, y se os dará; buscad, y hallaréis; llamad, y se os abrirá."*

Y se le pide al Padre, al Eterno:

*7 Pedid, y se os dará; buscad, y hallaréis; llamad, y se os abrirá.*

*8 Porque todo el que pide, recibe; y el que busca, halla; y al que llama, se le abrirá.*

*9 ¿O qué hombre hay entre vosotros que si su hijo le pide pan, le dará una piedra,*

*10 o si le pide un pescado, le dará una serpiente?*

*<sup>11</sup> Pues si vosotros, siendo malos, sabéis dar buenas dádivas a vuestros hijos, ¿CUÁNTO MÁS VUESTRO PADRE QUE ESTÁ EN LOS CIELOS DARÁ COSAS BUENAS A LOS QUE LE PIDEN?*
*MATEO 7*

El Evangelio de Lucas recoge la instrucción de Jesús acerca de la oración en parecidos términos al de Mateo, aunque introduce un aspecto importante, el don que el Padre hará del Espíritu Santo a los que se lo pidan:

*<sup>9</sup> Y yo os digo: Pedid, y se os dará; buscad, y hallaréis; llamad, y se os abrirá.*
*<sup>10</sup> Porque todo el que pide, recibe; y el que busca, halla; y al que llama, se le abrirá.*
*<sup>11</sup> O suponed que a uno de vosotros que es padre, su hijo le pide pan; ¿acaso le dará una piedra? O si le pide un pescado; ¿acaso le dará una serpiente en lugar del pescado?*
*<sup>12</sup> O si le pide un huevo; ¿acaso le dará un escorpión?*
*<sup>13</sup> Pues si vosotros siendo malos, sabéis dar buenas dádivas a vuestros hijos, ¿CUÁNTO MÁS VUESTRO PADRE CELESTIAL DARÁ EL ESPÍRITU SANTO A LOS QUE SE LO PIDAN?*
*LUCAS 11*

En el Evangelio de Lucas, Jesús enfatiza, además, la importancia de orar en todo momento sin desanimarse, y lo explica mediante la parábola del juez injusto que accede a hacer justicia a una viuda, harto de su insistencia en solicitarla:

*<sup>1</sup> Y les refería Jesús una parábola para enseñarles que ellos debían orar en todo tiempo, y no desfallecer,*
*<sup>2</sup> diciendo: Había en cierta ciudad un juez que ni temía a Dios ni respetaba a hombre alguno.*
*<sup>3</sup> Y había en aquella ciudad una viuda, la cual venía a él constantemente, diciendo: «Hazme justicia de mi adversario».*

*⁴ Por algún tiempo él no quiso, pero después dijo para sí: «Aunque ni temo a Dios, ni respeto a hombre alguno,*
*⁵ sin embargo, porque esta viuda me molesta, le haré justicia; no sea que por venir continuamente me agote la paciencia».*
*⁶ Y el Señor dijo: Escuchad lo que dijo el juez injusto.*
*⁷ ¿Y no hará Dios justicia a sus escogidos, que claman a Él día y noche? ¿Se tardará mucho en responderles?*
*⁸ Os digo que pronto les hará justicia. No obstante, cuando el Hijo del Hombre venga, ¿hallará fe en la tierra?*
*LUCAS 18*

Y en el Evangelio de Mateo, Jesús supedita el poder de la oración al poder de la fe:

*²² Y todo lo que pidáis en oración, creyendo, lo recibiréis.*
*MATEO 21*

Siguen una serie de versículos que destacan el poder catalizador de la fe para obtener lo que se solicita al Altísimo.

En el Evangelio de Marcos, Jesús desarrolla el argumento precedente y revela que tener fe en que se ha recibido lo que se pide es lo que hará que se realice:

*²⁴ Por eso os digo que todas las cosas por las que oréis y pidáis, creed que ya las habéis recibido, y os serán concedidas.*
*MARCOS 11*

En el Evangelio de Marcos, Jesús reitera el poder absoluto de la fe, al revelar que, para el que cree, todo es posible:

*²³ Jesús le dijo: Si puedes creer, todas las cosas son posibles para el que cree.*
*MARCOS 9*

En fin, en el Evangelio de Juan, Jesús recuerda que el que cree verá la gloria de Dios:

*⁴⁰ Jesús le dijo: ¿No te dije que si crees, verás la gloria de Dios?*
*JUAN 11*

Acerca de los milagros que produce la fe, Jesús utiliza el símil del grano de mostaza, en línea con los episodios del Libro del Éxodo que relatan los milagros que realiza el hombre perfecto.

El Evangelio de Lucas lo narra en los términos siguientes:

*⁵ Y los apóstoles dijeron al Señor: ¡Auméntanos la fe!*
*⁶ Entonces el Señor dijo: Si tuvierais fe como un grano de mostaza, diríais a este sicómoro: «Desarráigate y plántate en el mar». Y os obedecería.*
*LUCAS 17*

Y en el Evangelio de Mateo, Jesús añade que, con fe, *"nada os será imposible"*, lo que evoca su afirmación sobre el poder absoluto de la fe vertida en el capítulo noveno del Evangelio de Marcos que se ha visto anteriormente:

*²⁰ Y Él les dijo: Por vuestra poca fe; porque en verdad os digo que si tenéis fe como un grano de mostaza, diréis a este monte: «Pásate de aquí allá», y se pasará; y NADA OS SERÁ IMPOSIBLE.*
*MATEO 17*

Jesús atribuye a la fe el poder de curar, como en el episodio del centurión narrado en el capítulo séptimo del Evangelio de Lucas o el de la liberación del endemoniado referida en el capítulo noveno del Evangelio de Marcos.

En fin, en el Evangelio de Mateo, se encuentra el bellísimo episodio de la hemorroísa en el que Jesús le dice a la mujer enferma, que se ha limitado a rozar su manto, que su fe la ha sanado:

*²⁰ Y he aquí, una mujer que había estado sufriendo de flujo de sangre durante doce años, se le acercó por detrás y tocó el borde de su manto;*
*²¹ pues decía para sí: Si tan solo toco su manto, sanaré.*
*²² Pero Jesús, volviéndose y viéndola, dijo: Hija, ten ánimo, tu fe te ha sanado. Y al instante la mujer quedó sana.*
*MATEO 9*

Como se ha indicado anteriormente, en la parábola del sembrador, Jesús enseña que los hombres asimilan la Palabra de Dios según su nivel de desarrollo espiritual. La parábola finaliza con la referencia de Jesús a *"los que han oído la palabra con corazón recto y bueno, y la retienen, y dan fruto con su perseverancia"* y a ellos insta a dejar brillar la luz y a no esconderla porque, al que más haya acumulado en justicia y en verdad, más se le dará, pero que al que no tenga, *"aun lo que cree que tiene se le quitará."*

Lo transcribe el Evangelio de Lucas:

*¹⁵ Pero la semilla en la tierra buena, estos son los que han oído la palabra con corazón recto y bueno, y la retienen, y dan fruto con su perseverancia.*
*¹⁶ Nadie enciende una lámpara y la cubre con una vasija, o la pone debajo de una cama, sino que la pone sobre un candelero para que los que entren vean la luz.*
*¹⁷ Pues no hay nada oculto que no haya de ser manifiesto, ni secreto que no haya de ser conocido y salga a la luz.*
*¹⁸ Por tanto, tened cuidado de cómo oís; porque al que tiene, más le será dado; y al que no tiene, aun lo que cree que tiene se le quitará.*
*LUCAS 8*

El Evangelio de Mateo concluye con idéntica invitación a la del Evangelio de Lucas de mostrar la luz a los hombres, añadiendo que las buenas obras tienen la capacidad de glorificar al Eterno:

*<sup>16</sup> Así alumbre vuestra luz delante de los hombres, para que vean vuestras buenas obras, y glorifiquen a vuestro Padre que está en los cielos.*

MATEO 5

Jesús invita a dejar brillar la propia luz espiritual, aunque, también exhorta a la prudencia para tener buen cuidado de las cosas de Dios y no contaminarlas.

El texto que contiene dicha advertencia se encuentra en el Evangelio de Mateo, en el Sermón de la Montaña, y pone en guardia a los fieles para no dar *"lo santo a los perros"* ni echar *"vuestras perlas a los cerdos"*, *"no sea que os despedacen"*.

A la fuerza de la fe y la constancia en la oración procede pues añadir la prudencia, el discernimiento y el buen criterio en asuntos espirituales para proteger las cosas de Dios:

*<sup>6</sup> NO DEIS LO SANTO A LOS PERROS, NI ECHÉIS VUESTRAS PERLAS DELANTE DE LOS CERDOS, NO SEA QUE LAS HUELLEN CON SUS PATAS, Y VOLVIÉNDOSE OS DESPEDACEN.*

MATEO 7

Para terminar este capítulo que concluye el análisis de la Justicia y la corrupción en los Evangelios, cerrando así la tercera parte de este ensayo, es imperativo que el versículo final sea el que contiene la REGLA DE ORO tal y como la formuló Jesús, también en el Sermón de la Montaña. Es el precepto espiritual por excelencia y se repite en todas las tradiciones religiosas de manera muy similar:

*<sup>12</sup> POR ESO, TODO CUANTO QUERÁIS QUE OS HAGAN LOS HOMBRES, ASÍ TAMBIÉN HACED VOSOTROS CON ELLOS, PORQUE ESTA ES LA LEY Y LOS PROFETAS.*

MATEO 7

# Conclusión

Este ensayo ha propuesto un recorrido acerca de las máximas que contiene la Biblia sobre la Justicia y la corrupción, siendo la Justicia un valor fundacional, la plasmación del Bien, la emanación de Dios mismo sobre la tierra.

El recordatorio es necesario y puede que sea indispensable, ya que el mensaje bíblico tiende a difuminarse en los tiempos presentes, a ser ignorado, olvidado y hasta menospreciado, aunque su conocimiento sea ineludible para poder escuchar la Voz de Dios y cumplir Su voluntad.

Tal y como está el mundo, hoy más que nunca, es urgente asimilar la Palabra del Altísimo y extraer todas las enseñanzas que contiene. Los paralelismos con la vida moderna son asombrosos, desde la Ley del Pentateuco, pasando por los preceptos de los libros de la segunda parte del Antiguo Testamento y terminando por el luminoso mensaje de Jesús y por su extraordinaria descripción de la sociedad de su tiempo que tanto se asemeja a la actual, en la que también abundan los sepulcros blanqueados.

Así, la Biblia demuestra que su mensaje y enseñanzas son universales y atemporales porque la Palabra de Dios se dirige a los seres humanos de todos los tiempos.

Como se ha visto a lo largo de este trabajo, los dos pilares fundamentales de la vida justa son buscar a Dios y conocerle, todo lo demás viene por añadidura. Y se conoce a Dios a través de las Sagradas Escrituras donde se encuentra Su Voz.

Así, el Libro de los Proverbios recuerda que la sabiduría, el conocimiento y la inteligencia vienen de Dios, como cada uno de los dones puesto que todo procede del Señor:

> *⁶ Porque el Señor da sabiduría, de su boca vienen el conocimiento*
> *y la inteligencia.*
> PROVERBIOS 2

Por ende, el buscador del Eterno se empeña en adquirir sabiduría e inteligencia para no apartarse de la Palabra de Dios, siguiendo el consejo del Libro de los Proverbios:

> *⁵ Adquiere sabiduría, adquiere inteligencia; no te olvides ni te*
> *apartes de las palabras de mi boca.*
> *⁶ No la abandones y ella velará sobre ti, ámala y ella te protegerá.*
> *⁷ Lo principal es la sabiduría; adquiere sabiduría, y con todo lo*
> *que obtengas adquiere inteligencia.*
> *⁸ Estímala, y ella te ensalzará; ella te honrará si tú la abrazas;*
> PROVERBIOS 4

El hombre no está solo en su afán porque el Señor mismo afirma que le instruirá, como recoge el Libro de los Salmos:

> *⁸ El Señor dice: «Yo te instruiré, yo te mostraré el camino que*
> *debes seguir; yo te daré consejos y velaré por ti.»*
> SALMO 32

Y cuando se profundice en el conocimiento de Dios, el Eterno dará al buscador acceso al conocimiento oculto, según la Palabra anunciada por el Libro del profeta Jeremías:

*³ "Clama a mí y te responderé, y te daré a conocer cosas grandes y ocultas que tú no conoces."*
JEREMÍAS 33

Puesto que a la Palabra divina nada cabe añadir, esta conclusión se limitará a aportar algunos pasajes que completan el análisis de la Justicia y la corrupción en el texto bíblico. Con ese propósito se recurrirá a los grandes profetas portavoces del Eterno, a los libros históricos, sapienciales, salmos y Evangelios.

En primer lugar, la Palabra del Altísimo que transmite el Libro del profeta Jeremías alerta contra la autosatisfacción y los propios logros e indica que la verdadera gloria es conocer a Dios que hace *"misericordia, derecho y justicia en la tierra"* porque en esas cosas se complace el Señor:

*²³ Así dice el Señor: No se gloríe el sabio de su sabiduría, ni se gloríe el poderoso de su poder, ni el rico se gloríe de su riqueza; ²⁴ MAS EL QUE SE GLORÍE, GLORÍESE DE ESTO: DE QUE ME ENTIENDE Y ME CONOCE, pues yo soy el Señor que hago MISERICORDIA, DERECHO Y JUSTICIA EN LA TIERRA, porque en estas cosas me complazco, declara el Eterno.*
JEREMÍAS 9

Con ello revela que, la auténtica gloria es el conocimiento de Dios y se obtiene buscándolo de todo corazón:

*¹³ Me buscaréis y me encontraréis, cuando me busquéis de todo corazón.*
JEREMÍAS 29

Sin embargo, tal como alerta el Libro de los Proverbios, los hombres malvados no entienden de justicia, no así los que buscan al Señor:

*⁵ Los hombres malvados no entienden de justicia, mas los*
*que buscan al Señor lo entienden todo.*
PROVERBIOS 28

La gloria del conocimiento de Dios que adorna a los que Le buscan, recuerda una de las historias más bellas contadas en la Biblia y que es, al mismo tiempo, uno de los testimonios más acabados de esperanza para los valientes que se atienen a su integridad y siguen la vía de la Justicia. Se trata del Libro del profeta Daniel, gran intérprete de sueños y, por tanto, gran místico.

El libro cuenta la vida de Daniel como extranjero exiliado en Babilonia donde servía a reyes crueles y vivía en un ambiente hostil, lleno de envidias e intrigas y rodeado de peligros.

La narración da testimonio de la impecabilidad de Daniel en su servicio al reino y de su extraordinario talento para la adivinación de los sueños, habilidad a la que los sucesivos reyes recurrían frecuentemente.

El primer rey al que sirvió Daniel fue Nabucodonosor, tan tiránico que, cuando tuvo un sueño que le conmovió, llamó a los sabios de Babilonia y les exigió adivinar el contenido del sueño y, después, interpretarlo. Daniel fue el único que pasó la prueba, siendo capaz de repetirle a Nabucodonosor lo que había soñado y también desvelar su significado. Con ello, se distinguió sobremanera ante el rey y siguió progresando socialmente gracias a su saber onírico y también a su competencia y probidad en la gestión de la ciudad.

Quién era Daniel, lo explica la reina al rey Belsasar, sucesor del rey Nabucodonosor:

*¹¹ Hay un hombre en tu reino en quien está el espíritu de los*
*dioses santos; y en los días de tu padre se halló en él luz,*
*inteligencia y sabiduría como la sabiduría de los dioses. Y tu*
*padre, el rey Nabucodonosor, tu padre el rey, lo nombró jefe de*
*los magos, encantadores, caldeos y adivinos,*
*¹² debido a que se halló un espíritu extraordinario,*

*conocimiento e inteligencia, interpretación de sueños, explicación de enigmas y solución de problemas difíciles en este hombre, Daniel, a quien el rey llamaba Beltsasar. Llámese, pues ahora, a Daniel, y él declarará la interpretación.*
*DANIEL 5*

Muertos Nabucodonosor y su hijo Belsasar, Darío, el medo, accedió al poder y Daniel continuó sirviendo impecablemente y haciendo gala de sus dones. De ahí que fuera envidiado por los demás funcionarios y sátrapas del reino que buscaban un medio de destruirle. Así pues, acusaron a Daniel de corrupción, pero no se halló evidencia alguna de negligencia o malversación:

*³ Pero este mismo Daniel sobresalía entre los funcionarios y sátrapas porque había en él un espíritu extraordinario, de modo que el rey pensó ponerlo sobre todo el reino.*
*⁴ Entonces los funcionarios y sátrapas buscaron un motivo para acusar a Daniel con respecto a los asuntos del reino; pero no pudieron encontrar ningún motivo de acusación NI EVIDENCIA ALGUNA DE CORRUPCIÓN, por cuanto él era fiel, y NINGUNA NEGLIGENCIA NI CORRUPCIÓN PODÍA HALLARSE EN ÉL.*
*DANIEL 6*

No es infrecuente que, antes y ahora, se trate de destruir a quién es íntegro e inteligente por medio de falsas acusaciones. El que brilla molesta a los mediocres que conforman gran parte de la sociedad. Sin embargo, al que nada tiene que reprocharse, nada se le puede encontrar, salvo si se presentan pruebas fabricadas. Ese suele ser el recurso final cuando la voluntad es firme de destruir al recto, en el pasado, físicamente y hoy, como mínimo, civilmente.

De modo que, aunque no cabía reproche contra Daniel, porque era inocente de todos los cargos presentados y nada podía recriminársele en cuanto a los asuntos del reino, la envidia de los demás funcionarios y los sátrapas del reino era tenaz. Así, buscaron el modo de perjudicarle con alguna acusación relativa a su fe:

*⁵ Entonces estos hombres dijeron: No encontraremos ningún motivo de acusación contra este Daniel a menos que encontremos algo contra él en relación con la ley de su Dios.*
*DANIEL 6*

Entonces concibieron la idea de persuadir al rey Darío para que firmase un decreto irrevocable que prohibiese dar culto a otro dios que no fuera el rey mismo y, así, toda adoración no dirigida a Darío quedó prohibida en Babilonia:

*⁷ Todos los funcionarios del reino, prefectos, sátrapas, altos oficiales y gobernadores, han acordado que el rey promulgue un edicto y ponga en vigor el mandato de que cualquiera que en el término de treinta días haga petición a cualquier dios u hombre fuera de ti, oh rey, sea echado en el foso de los leones.*
*DANIEL 6*

Poco después, en aplicación del decreto, Daniel fue acusado de venerar al Eterno, su Dios, mediante testimonios abyectos. A pesar de su corrección, Daniel acabó siendo condenado por el rey Darío a ser arrojado a la fosa de los leones.

Cuando llegó el momento de cumplir la sentencia, el rey Darío, que apreciaba a Daniel, le espetó que su Dios le libraría, convencido del poder del Altísimo:

*¹⁶ El rey entonces dio órdenes que trajeran a Daniel y lo echaran en el foso de los leones. El rey habló a Daniel y le dijo: TU DIOS, A QUIEN SIRVES CON PERSEVERANCIA, ÉL TE LIBRARÁ.*
*DANIEL 6*

La orden se ejecutó entre grandes medidas de seguridad y el relato describe el pesar de Darío por haber tenido que aplicarla:

*<sup>17</sup> Trajeron una piedra y la pusieron sobre la boca del foso; el rey la selló con su anillo y con los anillos de sus nobles, para que nada pudiera cambiarse de lo ordenado en cuanto a Daniel.*
*<sup>18</sup> Después el rey se fue a su palacio y pasó la noche en ayuno; ningún entretenimiento fue traído ante él y se le fue el sueño.*
*DANIEL 6*

La injusticia perpetrada contra Daniel había sido terrible, pero, Dios protege a los suyos. El Libro afirma que Dios *"halló justicia"* en Daniel y aún delante del su rey no hizo corrupción, esto es, estaba sin mácula. Por ello, el Ángel del Señor fue enviado para protegerle de los leones en uno de los milagros más asombrosos de la segunda parte del Antiguo Testamento:

*<sup>19</sup> Entonces el rey se levantó al amanecer, al rayar el alba, y fue a toda prisa al foso de los leones.*
*<sup>20</sup> Y acercándose al foso, gritó a Daniel con voz angustiada. El rey habló a Daniel y le dijo: Daniel, siervo del Dios viviente, tu Dios, a quien sirves con perseverancia, ¿te ha podido librar de los leones?*
*<sup>21</sup> Entonces Daniel respondió al rey: Oh rey, vive para siempre.*
*<sup>22</sup> Mi Dios envió su Ángel, que cerró la boca de los leones, para que no me hicieran mal; porque fui hallado inocente ante Él; y tampoco ante ti, oh rey, no he hecho corrupción.*
*<sup>23</sup> El rey entonces se alegró mucho y mandó sacar a Daniel del foso. Cuando Daniel fue sacado del foso, no se encontró en él lesión alguna, PORQUE HABÍA CONFIADO EN SU DIOS.*
*DANIEL 6*

En virtud de lo cual, el Señor resguardó a Daniel de los leones. Cuando Darío vio que estaba indemne, se alegró y mandó sacarle del foso afirmando que Daniel había salido ileso *"porque había confiado en su Dios"*.

El milagro que el Señor realizó con Daniel fue doble puesto

que preservó su vida y reforzó el convencimiento de Darío acerca del poder del Altísimo lo que afianzó la influencia del Dios de los hebreos en la poderosa Babilonia, tierra de todas las perversiones.

En fin, desde un punto de vista transcendente, fue una nueva demostración de que el Eterno se erige en defensor del justo porque, cuando el entorno falla y es hostil, Dios no abandona a los suyos.

El Libro de Daniel concluye la historia de su protagonista explicando que este prosperó durante los sucesivos reinados, aunque pasó toda su vida en exilio:

> *²⁸ Y este mismo Daniel prosperó durante el reinado de Darío y durante el reinado de Ciro el Persa.*
> *DANIEL 6*

Como se ha visto a lo largo de este ensayo, los profetas reportan numerosos casos de justos hostigados por hombres que buscan enconadamente su destrucción, pero que son salvados en última instancia por la intervención divina. Y también se ha visto que la misericordia, la justicia y el derecho pavimentan la senda del justo maltratado en un mundo dominado por el Mal.

Por ello, son varios los salmos que garantizan que el Señor se erige en baluarte del oprimido en días de angustia.

Es el caso del Salmo noveno:

> *⁷ Pero el Señor permanece para siempre; ha establecido su trono para juicio,*
> *⁸ y juzgará al mundo con justicia; con equidad ejecutará juicio sobre los pueblos.*
> *⁹ SERÁ TAMBIÉN EL SEÑOR BALUARTE PARA EL OPRIMIDO, BALUARTE EN TIEMPOS DE ANGUSTIA.*
> *SALMO 9*

Como confirma el Salmo trigésimo séptimo, la salvación de los justos viene del Señor y Él es su fortaleza en tiempos de angustia.

El Eterno los libra y los salva porque en Él se refugian:

> *³⁹ Mas LA SALVACIÓN DE LOS JUSTOS VIENE DEL SEÑOR; ÉL ES SU FORTALEZA EN EL TIEMPO DE LA ANGUSTIA.*
> *⁴⁰ EL SEÑOR LOS AYUDA Y LOS LIBRA; LOS LIBRA DE LOS IMPÍOS Y LOS SALVA, PORQUE EN ÉL SE REFUGIAN.*
> *SALMO 37*

Cuando los tiempos son difíciles y el mal arrecia, los justos que habitan sobre la tierra han de recordar su eminente papel como representantes del Eterno ya que, según la expresión de Jesús, los justos son la sal y la luz del mundo.

La sal de la tierra es lo que impide la corrupción y la luz, la guía que muestra el camino hacia el Señor. Así, los justos y los profetas son los enlaces de Dios sobre la tierra.

Lo recoge el Evangelio de Mateo:

> *¹³ Vosotros sois la sal de la tierra; pero si la sal se desvaneciere, ¿con qué será salada? No sirve más para nada, sino para ser echada fuera y hollada por los hombres.*
> *¹⁴ Vosotros sois la luz del mundo; una ciudad asentada sobre un monte no se puede esconder.*
> *¹⁵ Ni se enciende una luz y se pone debajo de un almud, sino sobre el candelero, y alumbra a todos los que están en casa.*
> *MATEO 5*

Como se ha mencionado anteriormente, la índole de las crisis que atraviesa hoy la humanidad parece presagiar el *"fin de los tiempos"* a causa de la acumulación de sus pecados durante siglos.

A ese respecto, el Libro de Daniel declara que, en el tiempo del fin, un tiempo de angustia sin precedentes, el gran Arcángel Miguel se levantará y los justos serán librados y los que guiaron a muchos a la justicia, brillarán:

*¹ En aquel tiempo se levantará MIGUEL, el gran príncipe que vela sobre los hijos de tu pueblo. Será un tiempo de angustia cual nunca hubo desde que existen las naciones hasta entonces; y en ese tiempo tu pueblo será librado, todos los que se encuentren inscritos en el libro.*

*² Y muchos de los que duermen en el polvo de la tierra despertarán, unos para la vida eterna, y otros para la ignominia, para el desprecio eterno.*

*³ Los doctos brillarán como el resplandor del firmamento, y LOS QUE GUIARON A MUCHOS A LA JUSTICIA, como las estrellas, por siempre jamás.*

*⁴ Pero tú, Daniel, guarda en secreto estas palabras y sella el libro hasta el tiempo del fin. Muchos correrán de aquí para allá, y el conocimiento aumentará.*

DANIEL 12

Daniel recibe el precedente mensaje de la divinidad, pero no lo entiende e inquiere al Señor acerca de su significado:

*⁸ Yo oí, pero no pude entender. Entonces dije: Señor mío, ¿cuál será el resultado de estas cosas?*

*⁹ Y él respondió: Anda, Daniel, porque estas palabras están cerradas y selladas hasta el tiempo del fin.*

*¹⁰ Muchos serán purificados, emblanquecidos y refinados; los impíos seguirán haciendo el mal, y ninguno de los impíos comprenderá, solo los doctos comprenderán.*

DANIEL 12

Conviene detenerse un momento en el último versículo del texto precedente que afirma de modo críptico que *"muchos serán purificados"*, que *"los impíos seguirán haciendo el mal"* sin entender y que *"solo los doctos comprenderán"*. Interpela por las similitudes que presenta con el momento actual, lo que podría sugerir un próximo peligro para la humanidad.

Frente a esa hipótesis, solo cabe recordar a cada uno que se ha de tener presente al Eterno en el momento de la muerte.

Para ello, es posible encomendarse al justo juicio de Dios inspirándose en las indicaciones que da el Salmo vigésimo sexto:

*¹ Hazme justicia, oh Señor, porque yo en mi integridad he andado,*
*y en el Señor he confiado sin titubear.*
*² Examíname, oh Señor, y pruébame; escudriña mi mente y mi*
*corazón.*
*³ Porque delante de mis ojos está tu misericordia, y en tu verdad*
*he andado.*
*SALMO 26*

El Libro del Eclesiastés ilustra la importancia de tener presente a Dios en el momento del tránsito y describe ese instante como aquel en el que se rompe el hilo de plata, se quiebra el cuenco de oro, se rompe el cántaro junto a la fuente y se hace pedazos la rueda junto al pozo. Estas bellas metáforas podrían indicar las etapas de salida del cuerpo de los cuatro elementos:

*⁶ Acuérdate de Él antes que se rompa el hilo de plata, se quiebre el*
*cuenco de oro, se rompa el cántaro junto a la fuente, y se haga*
*pedazos la rueda junto al pozo;*
*⁷ entonces volverá el polvo a la tierra como lo que era, y el espíritu*
*volverá a Dios que lo dio.*
*⁸ Vanidad de vanidades, dice el Predicador, todo es vanidad.*
*ECLESIASTÉS 12*

En fin, como describe el rey David en el salmo cuadragésimo, si lo acumulado durante la vida lo permite, es legítimo prevalerse del balance del justo:

*¹⁰ No he escondido tu justicia dentro de mi corazón; he*
*proclamado tu fidelidad y tu salvación; no he ocultado a la gran*

*congregación tu misericordia y tu fidelidad.*
*SALMOS 40*


Ese ha de ser el espíritu de la meditación del justo llegado el momento final de la existencia, con la certeza de que, habiendo sido recto a ojos del Eterno y habiéndose guardado de cometer iniquidad, será recompensado en consecuencia.

Lo asegura el Segundo Libro de Samuel:

*24 Y fui perfecto para con él, y me guardé de mi iniquidad.*
*25 Por lo cual me ha recompensado el Eterno conforme a mi justicia; conforme a la limpieza de mis manos delante de su vista.*
*II SAMUEL 22*


Y con la confianza del justo concluye este ensayo cuyo tono ha podido ser sombrío por momentos en adecuación a sus temas centrales, aunque las cosas de Dios siempre vienen de la Luz.

Por ello, el círculo se cierra con la luminosa promesa de salvación para los que guardan el derecho y hacen justicia, para los que escuchan Su Voz.

Es Palabra de Dios en el Libro del profeta Isaías:

*1 Así dijo el Eterno: Guardad derecho, y haced justicia; porque mi salvación está por venir, y mi justicia para manifestarse.*
*ISAÍAS 56*


Recordando que, el Eterno no abandona a los que le buscan:

*10 En ti pondrán su confianza los que conocen tu Nombre, porque tú, Señor, no abandonas a los que te buscan.*
*SALMO 9*

# Bibliografía


- BIBLIA REINA-VALERA, International Bible Society, 1977

- LA BIBLE DE JERUSALEM, Club Français du Livre, Les Éditions du Cerf, 1955

- LA BIBLIA DE JERUSALÉN, Desclée de Brouwer, 1971, 1976

- LA BIBLIA DE LAS AMÉRICAS, B&H Publishing Group, 2002

- BIBLIA PESHITTA, Holman Bible Publishers 2006, 2015

- LA SAGRADA BIBLIA, Casa de la Biblia de Madrid, Reader's Digest,1969

- BIBLIA NUEVA VERSIÓN INTERNACIONAL, Bíblica, 1999

- HOLY BIBLE NEW INTERNATIONAL VERSION, International Bible Society, 2006

- HOLY BIBLE NEW REVISED STANDARD VERSION, Collins, 2007

- BIBLIA NACAR-COLUNGA, La Editorial Católica, 1960

- THE JEWISH STUDY BIBLE, Oxford University Press, 2014

- SAINT JAMES BIBLE, Collins, 1991

- BIBLE CHOURAQUI, Desclée de Brouwer, 1989

- LA SAINTE BIBLE DU CHANOINE CRAMPON, Desclée et Cie, Éditeurs pontificaux,1951

- LA BIBLE LOUIS SEGOND, Société Biblique Belge, 1968

- LA BIBLE TOB, TRADUCTION ŒCUMÉNIQUE DE LA BIBLE, Société Biblique Française, Les Éditions du Cerf, 2000, 2010

# Acerca de la autora

La autora propone al lector un recorrido indispensable a través de las máximas de la Biblia acerca de la Justicia y la corrupción, siendo la Justicia el valor fundacional, la plasmación del Bien, la emanación de Dios mismo sobre la tierra, mientras que la corrupción es un residuo maléfico que se va acumulando a partir de las abominaciones y las transgresiones a la Ley de Dios cometidas por los seres humanos, lo que acaba por destruir a la sociedad.

Este ensayo ofrece pues un minucioso estudio de las Sagradas Escrituras acerca de las materias objeto de estudio que recuerda a las personas de bien las normas de conducta que Dios ha puesto a disposición de la humanidad para alcanzar la salvación del alma en los tiempos actuales, tan similares en muchos aspectos a los tiempos bíblicos.

Es el cuarto libro publicado por la autora sobre estudios bíblicos a partir del conocimiento acumulado durante cinco décadas de estudio de las Sagradas Escrituras. Ella es seglar, independiente de cualquier grupo o religión y a ninguno representa. Sus anteriores publicaciones son: "Orar con los Ángeles de la Cábala", "El Apocalipsis del Ángel erradicador" y "La Biblia revela la plaga".

<sup></sup>*<sup>14</sup> Pues la tierra se llenará del conocimiento de la gloria del Señor
como las aguas cubren el mar.*

*HABACUC 2*